PROYECTO ÁGORA

religión católica

JUAN MANUEL RUEDA

sm PPC

2 ESO

conoce tu libro

[1 PÁGINA INICIAL]

"La religión no es un asteroide que cae del cielo, basta con mirar alrededor para descubrir su presencia"

entra en smSaviadigital.com

1. Escribe en internet la siguiente dirección: smSaviadigital.com
2. Regístrate e introduce el número de licencia que encontrarás nada más abrir tu libro
3. Como solo debes registrarte una vez, anota tu identificador y contraseña

Dialoga con tus compañeros y compañeras

1 ¿Quiénes somos?

¿Quién soy yo? ¿Por qué yo soy yo? ¿Por qué soy distinto de los demás? ¿Quiénes son los otros? ¿Qué nos une? ¿Por qué estoy aquí?

A MI ALREDEDOR

Observa las imágenes de esta página.

- ¿Qué te sugieren?
- El mundo es multicultural. ¿Tienes amigos de otras nacionalidades? ¿De cuáles?
- A pesar de las diferencias, ¿qué te une a los demás?, ¿qué comparten todas las personas?

DIALOGAMOS

Una de las canciones del Campeonato Mundial de Fútbol Brasil 2014 fue *We are one (ole ola)* de Pitbull, con Jennifer Lopez y Claudia Leitte. Esta canción es un llamamiento a la unión entre las personas y a considerar que el mundo pertenece a todos.

WE ARE ONE (OLE OLA)

Pon tus banderas en el cielo
y muévelas de lado a lado.
Muéstrale al mundo de dónde eres,
muéstrale al mundo que somos uno.
Ole ole, ole ola.
Cuando las cosas se ponen difíciles
tienes que seguir adelante.
Un amor, una vida, un mundo,
una lucha, el mundo entero, una noche, un lugar: Brasil.
Todo el mundo ponga sus banderas en el cielo
y haz lo que sientes.
Es tu mundo, mi mundo, nuestro mundo de hoy.
Invitamos a todo el mundo,
todo el mundo a jugar.
Es mi mundo, tu mundo, el mundo de nosotros.
Invitamos a todo el mundo a jugar con nosotros.
Una noche, mira al mundo unirse,
dos caras, una lucha, un millón de ojos,
corazones llenos, van a trabajar muy duro.
Dispara para las estrellas,
levanta tus puños hasta el cielo,
esta noche, mira el mundo unirse [...].

www.e-sm.net/2ag_1_1

- La letra dice "tu mundo, mi mundo, nuestro mundo": ¿crees que las personas se sienten parte de un mismo mundo?
- La canción presenta el fútbol como un medio que une a las personas. Pon otros tres ejemplos de cosas que unen a las personas y tres de cosas que las separan.
- En tu colegio, en tu barrio o en tu localidad, ¿viven personas de países o culturas distintas a la tuya? ¿Te sientes unido a ellas?

smSaviadigital.com PONTE A PUNTO
Comprueba lo que sabes.

7

Observa lo que ocurre a tu alrededor

Realiza las actividades interactivas de saviadigital smSaviadigital.com conoce tu libro

2 LEER LA BIBLIA, A MI ALREDEDOR

"La Biblia no es un libro de arqueología, ilumina el presente cuando dialoga con él"

DIÁLOGO FE-CULTURA

La Biblia en su contexto

Realidad cotidiana

Compromiso social

Preguntas vitales

Lee la Biblia (textos íntegros en el libro)

Reflexiona sobre lo que ocurre a tu alrededor

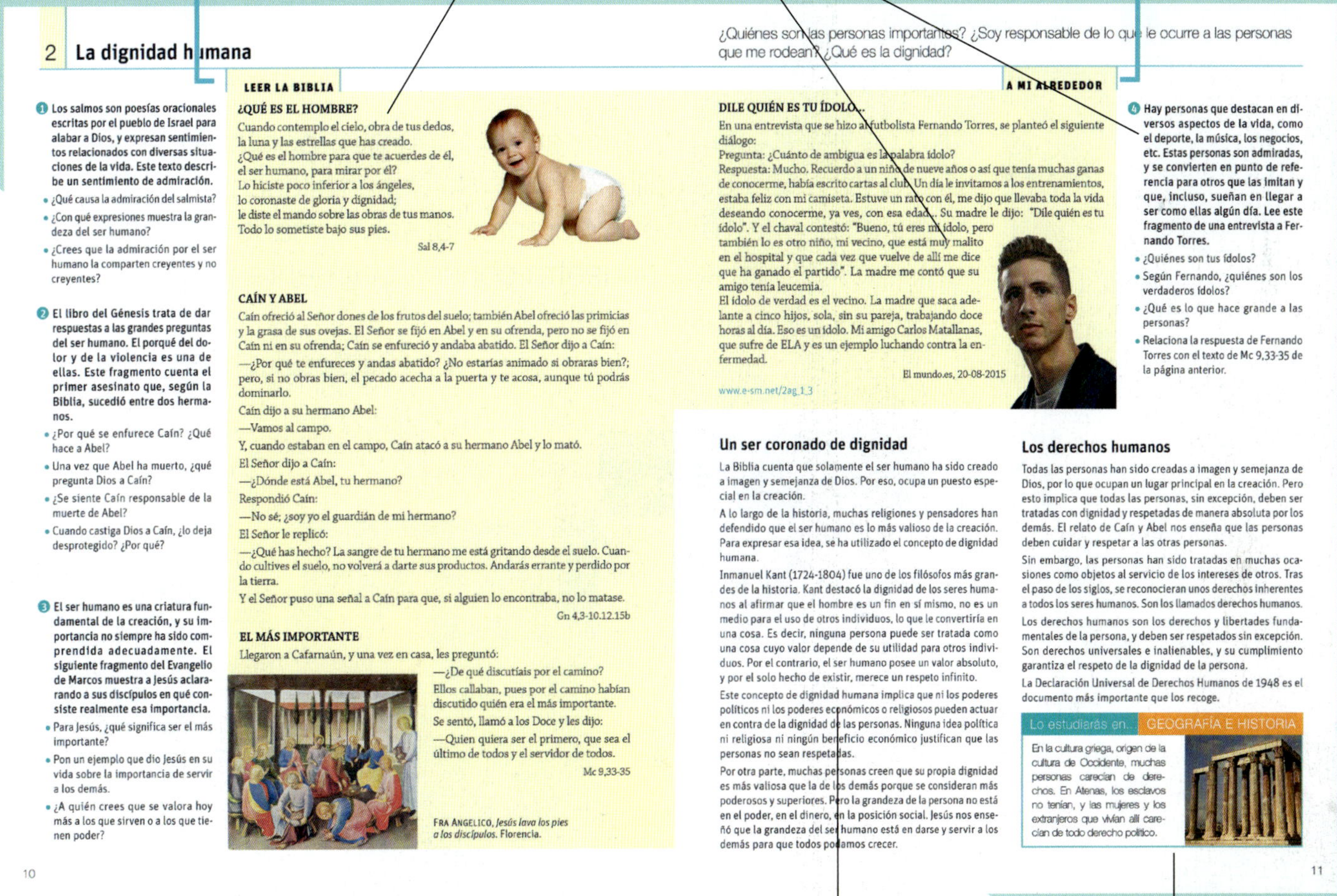

2 La dignidad humana

¿Quiénes son las personas importantes? ¿Soy responsable de lo que le ocurre a las personas que me rodean? ¿Qué es la dignidad?

1 Los salmos son poesías oracionales escritas por el pueblo de Israel para alabar a Dios, y expresan sentimientos relacionados con diversas situaciones de la vida. Este texto describe un sentimiento de admiración.

- ¿Qué causa la admiración del salmista?
- ¿Con qué expresiones muestra la grandeza del ser humano?
- ¿Crees que la admiración por el ser humano la comparten creyentes y no creyentes?

2 El libro del Génesis trata de dar respuestas a las grandes preguntas del ser humano. El porqué del dolor y de la violencia es una de ellas. Este fragmento cuenta el primer asesinato que, según la Biblia, sucedió entre dos hermanos.

- ¿Por qué se enfurece Caín? ¿Qué hace a Abel?
- Una vez que Abel ha muerto, ¿qué pregunta Dios a Caín?
- ¿Se siente Caín responsable de la muerte de Abel?
- Cuando castiga Dios a Caín, ¿lo deja desprotegido? ¿Por qué?

3 El ser humano es una criatura fundamental de la creación, y su importancia no siempre ha sido comprendida adecuadamente. El siguiente fragmento del Evangelio de Marcos muestra a Jesús aclarando a sus discípulos en qué consiste realmente esa importancia.

- Para Jesús, ¿qué significa ser el más importante?
- Pon un ejemplo que dio Jesús en su vida sobre la importancia de servir a los demás.
- ¿A quién crees que se valora hoy más a los que sirven o a los que tienen poder?

LEER LA BIBLIA

¿QUÉ ES EL HOMBRE?

Cuando contemplo el cielo, obra de tus dedos,
la luna y las estrellas que has creado.
¿Qué es el hombre para que te acuerdes de él,
el ser humano, para mirar por él?
Lo hiciste poco inferior a los ángeles,
lo coronaste de gloria y dignidad;
le diste el mando sobre las obras de tus manos.
Todo lo sometiste bajo sus pies.

Sal 8,4-7

CAÍN Y ABEL

Caín ofreció al Señor dones de los frutos del suelo; también Abel ofreció las primicias y la grasa de sus ovejas. El Señor se fijó en Abel y en su ofrenda, pero no se fijó en Caín ni en su ofrenda; Caín se enfureció y andaba abatido. El Señor dijo a Caín:

—¿Por qué te enfureces y andas abatido? ¿No estarías animado si obraras bien?; pero, si no obras bien, el pecado acecha a la puerta y te acosa, aunque tú podrás dominarlo.

Caín dijo a su hermano Abel:

—Vamos al campo.

Y, cuando estaban en el campo, Caín atacó a su hermano Abel y lo mató.

El Señor dijo a Caín:

—¿Dónde está Abel, tu hermano?

Respondió Caín:

—No sé; ¿soy yo el guardián de mi hermano?

El Señor le replicó:

—¿Qué has hecho? La sangre de tu hermano me está gritando desde el suelo. Cuando cultives el suelo, no volverá a darte sus productos. Andarás errante y perdido por la tierra.

Y el Señor puso una señal a Caín para que, si alguien lo encontraba, no lo matase.

Gn 4,3-10.12.15b

EL MÁS IMPORTANTE

Llegaron a Cafarnaún, y una vez en casa, les preguntó:

—¿De qué discutíais por el camino?

Ellos callaban, pues por el camino habían discutido quién era el más importante.

Se sentó, llamó a los Doce y les dijo:

—Quien quiera ser el primero, que sea el último de todos y el servidor de todos.

Mc 9,33-35

FRA ANGELICO, *Jesús lava los pies a los discípulos*. Florencia.

10

A MI ALREDEDOR

DILE QUIÉN ES TU ÍDOLO...

En una entrevista que se hizo al futbolista Fernando Torres, se planteó el siguiente diálogo:

Pregunta: ¿Cuánto de ambigua es la palabra ídolo?

Respuesta: Mucho. Recuerdo a un niño de nueve años o así que tenía muchas ganas de conocerme, había escrito cartas al club. Un día le invitamos a los entrenamientos, estaba feliz con mi camiseta. Estuve un rato con él, me dijo que llevaba toda la vida deseando conocerme, ya ves, con esa edad... Su madre le dijo: "Dile quién es tu ídolo". Y el chaval contestó: "Bueno, tú eres mi ídolo, pero también lo es otro niño, mi vecino, que está muy malito en el hospital y que cada vez que vuelve de allí me dice que ha ganado el partido". La madre me contó que su amigo tenía leucemia.

El ídolo de verdad es el vecino. La madre que saca adelante a cinco hijos, sola, sin su pareja, trabajando doce horas al día. Eso es un ídolo. Mi amigo Carlos Matallanas, que sufre de ELA y es un ejemplo luchando contra la enfermedad.

El mundo.es, 20-08-2015

www.e-sm.net/2ag_1_3

4 Hay personas que destacan en diversos aspectos de la vida, como el deporte, la música, los negocios, etc. Estas personas son admiradas, y se convierten en punto de referencia para otros que las imitan y que, incluso, sueñan en llegar a ser como ellas algún día. Lee este fragmento de una entrevista a Fernando Torres.

- ¿Quiénes son tus ídolos?
- Según Fernando, ¿quiénes son los verdaderos ídolos?
- ¿Qué es lo que hace grande a las personas?
- Relaciona la respuesta de Fernando Torres con el texto de Mc 9,33-35 de la página anterior.

Un ser coronado de dignidad

La Biblia cuenta que solamente el ser humano ha sido creado a imagen y semejanza de Dios. Por eso, ocupa un puesto especial en la creación.

A lo largo de la historia, muchas religiones y pensadores han defendido que el ser humano es lo más valioso de la creación. Para expresar esa idea, se ha utilizado el concepto de dignidad humana.

Inmanuel Kant (1724-1804) fue uno de los filósofos más grandes de la historia. Kant destacó la dignidad de los seres humanos al afirmar que el hombre es un fin en sí mismo, no es un medio para el uso de otros individuos, lo que le convertiría en una cosa. Es decir, ninguna persona puede ser tratada como una cosa cuyo valor depende de su utilidad para otros individuos. Por el contrario, el ser humano posee un valor absoluto, y por el solo hecho de existir, merece un respeto infinito.

Este concepto de dignidad humana implica que ni los poderes políticos ni los poderes económicos o religiosos pueden actuar en contra de la dignidad de las personas. Ninguna idea política ni religiosa ni ningún beneficio económico justifican que las personas no sean respetadas.

Por otra parte, muchas personas creen que su propia dignidad es más valiosa que la de los demás porque se consideran más poderosos y superiores. Pero la grandeza de la persona no está en el poder, en el dinero, en la posición social. Jesús nos enseñó que la grandeza del ser humano está en darse y servir a los demás para que todos podamos crecer.

Los derechos humanos

Todas las personas han sido creadas a imagen y semejanza de Dios, por lo que ocupan un lugar principal en la creación. Pero esto implica que todas las personas, sin excepción, deben ser tratadas con dignidad y respetadas de manera absoluta por los demás. El relato de Caín y Abel nos enseña que las personas deben cuidar y respetar a las otras personas.

Sin embargo, las personas han sido tratadas en muchas ocasiones como objetos al servicio de los intereses de otros. Tras el paso de los siglos, se reconocieran unos derechos inherentes a todos los seres humanos. Son los llamados derechos humanos.

Los derechos humanos son los derechos y libertades fundamentales de la persona, y deben ser respetados sin excepción. Son derechos universales e inalienables, y su cumplimiento garantiza el respeto de la dignidad de la persona.

La Declaración Universal de Derechos Humanos de 1948 es el documento más importante que los recoge.

Lo estudiarás en... GEOGRAFÍA E HISTORIA

En la cultura griega, origen de la cultura de Occidente, muchas personas carecían de derechos. En Atenas, los esclavos no tenían, y las mujeres y los extranjeros que vivían allí carecían de todo derecho político.

11

Estudia la síntesis de contenidos

Relaciona la religión con el resto de asignaturas

3 LO ESENCIAL

"El estudio de la asignatura favorece síntesis personales"

Repasa los contenidos aprendidos

Completa el mapa conceptual en smSaviadigital.com

Amplía contenidos con textos del magisterio de la Iglesia católica

Haz actividades lúdicas y competenciales

Entra en smSaviadigital.com y comprueba lo que has aprendido

4 POR DENTRO, POR FUERA

"No podría existir una formación integral y, por tanto, una educación de calidad, si no se desarrollasen todas las capacidades inherentes al ser humano entre las cuales se encuentra constitutivamente la capacidad transcendente"

(Currículo de Religión y Moral Católica de la CEE)

Contempla tu mundo interior

Trabaja la inteligencia espiritual

Desarrolla tu inteligencia emocional

Descubre expresiones culturales y testimonios personales en torno a la unidad

[contenidos ÁGORA 2 ESO

Formación de la Biblia

La Biblia es más que un libro. La componen 73 libros (46 del Antiguo Testamento y 27 del Nuevo) que con el paso del tiempo han conformado uno solo. La palabra *biblia* es el plural de la palabra griega *biblion* que significa 'libro'. Por tanto, como indica su nombre, la Biblia es una pequeña biblioteca.

Muchos libros en uno

Desde que se empezó a escribir el primer libro hasta que se concluyó el último, pasaron cerca de 1100 años, ya que el primero comenzó a transcribirse en torno al año 1000 a. C. y el último se terminó hacia el 100 d. C. En consecuencia, la Biblia fue escrita por muchas personas.

Teniendo en cuenta esta gran diversidad, ¿cómo libros de épocas tan distintas y de escritores tan diversos pueden tener relación?

La unidad de la Biblia se debe a su contenido. Todos los libros presentan un mismo tema: la relación de Dios con los seres humanos a lo largo del tiempo. La Biblia cuenta la experiencia del pueblo de Israel con Dios y de los primeros cristianos con Jesús, el Hijo de Dios.

Un libro religioso

La Biblia es un libro religioso porque cuenta la relación entre Dios y las personas a lo largo del tiempo. Más aún, la Biblia no solo transmite ideas o historias sobre Dios sino que, a través de ellas, Dios mismo se comunica a las personas. Por eso se dice que es Palabra de Dios.

Leer la Biblia como si fuera un libro de historia o un libro científico es un error. La Biblia transmite información sobre personajes, acontecimientos o sobre la creación del mundo, pero su principal objetivo es transmitir el mensaje de Dios para que los seres humanos puedan alcanzar la salvación y la felicidad total. Como dijo Galileo, la Biblia no dice "cómo va el cielo, sino cómo se va al cielo".

La Biblia cuenta la historia de la relación entre Dios y los seres humanos dividiéndola en dos grandes partes: el Antiguo y el Nuevo Testamento.

El Antiguo Testamento narra la experiencia de Dios que tuvo el pueblo de Israel hasta el nacimiento de Jesús.

El Nuevo Testamento cuenta la vida de Jesús y su mensaje, y la vida de las primeras comunidades cristianas.

¿Quién es el autor de la Biblia?

Los libros de la Biblia son libros inspirados, es decir, libros que han sido escritos por personas bajo la inspiración del Espíritu Santo. De esta forma, se puede decir que la Biblia tiene una doble autoría: Dios y las personas.

Dios ha inspirado a los autores humanos, por medio del Espíritu Santo. Esto significa que Dios ha iluminado el entendimiento y movido la voluntad de los escritores para la realización de la Biblia. Pero Dios no ha dictado a los escritores lo que deben escribir. Los escritores son también autores, porque han utilizado el vocabulario, el conocimiento y el estilo de una lengua y época determinadas. De esta forma, el mensaje de salvación de Dios se expresa en un lenguaje humano, con el fin de que pueda ser comprendido y vivido por las personas que quieran acogerlo.

En consecuencia, para poder comprender bien el mensaje de la Biblia, se debe tener en cuenta la forma de escribir de los autores y el contexto histórico en el que fueron escritos. Después, partiendo de ahí, es más fácil descubrir el mensaje de salvación que Dios comunica y que es válido para todas las personas de todas las épocas y de todos los lugares.

Al ser un libro de contenido religioso, la Biblia no se escribió como otros libros sino que los relatos que contiene la Biblia tardaron años, incluso siglos, en ponerse por escrito ya que no son un diario o una crónica de un periodista sino escritos que surgieron de una reflexión de fe tras vivir una experiencia con Dios.

Las lenguas de la Biblia

La Biblia fue escrita en tres lenguas: hebreo, arameo y griego. La mayor parte del Antiguo Testamento fue escrito en hebreo. El griego fue usado para el Nuevo Testamento y los últimos libros del Antiguo Testamento. Y en arameo se escribieron algunos fragmentos del Antiguo Testamento.

Tras el Concilio Vaticano II, la Biblia ha sido traducida a las lenguas propias de cada país y cada cultura. Antes se utilizaba la versión en latín, llamada Vulgata, que fue traducida del hebreo y del griego por san Jerónimo, en el siglo IV, ya que el latín era la lengua más utilizada en la época.

Por qué esos libros y no otros

Además de los libros de la Biblia, existen otros libros que también hablan sobre Dios o Jesús, pero que no han sido calificados como Palabra de Dios, porque el magisterio y la tradición de la Iglesia han considerado que no recogen fielmente el mensaje de salvación revelado por Dios. Estos libros, que no se encuentran en la Biblia, reciben el nombre de "apócrifos".

Los que sí están en la Biblia reciben el nombre de "canónicos", porque están incluidos en el canon o lista de libros que la Iglesia ha admitido como inspirados. Estos libros contienen, por escrito y de forma correcta, la revelación de Dios.

El magisterio en la Iglesia

Es la responsabilidad que tienen el conjunto de los obispos en comunión con el Papa de enseñar con autoridad la correcta interpretación de la Palabra de Dios.

La tradición de la Iglesia

Es la transmisión vivencial de la fe que se da en el interior de la comunidad.

PROCESO DE FORMACIÓN DE LA BIBLIA

↓

1. ACONTECIMIENTO
Se produce un acontecimiento o hecho histórico. En el origen está la experiencia que viven determinadas personas.

↓

2. REFLEXIÓN CREYENTE
Las personas reflexionan sobre lo ocurrido y hacen una interpretación, desde la fe, de aquello que han vivido relacionándolo con Dios.
Las personas interpretan que Dios se ha hecho presente en ese acontecimiento.

↓

3. TRANSMISIÓN ORAL
Esta reflexión de fe se transmite oralmente. Las personas van contando de boca en boca, a través de diferentes generaciones, aquello que vivieron y cómo consideraron que Dios se había hecho presente en ese acontecimiento.

↓

4. ESCRITURA
En un determinado momento, la tradición oral se pone por escrito y van surgiendo los diferentes libros.

↓

5. SELECCIÓN
Todos los libros que se escriben se van uniendo hasta formar la Biblia actual.

Géneros literarios

La aportación de los distintos escritores que han participado se observa en los diferentes géneros literarios de la Biblia. Los géneros literarios son las distintas categorías en los que se pueden clasificar los textos. En la Biblia, el mensaje de Dios se transmite en un lenguaje humano, cuya forma varía según la finalidad de cada autor.

1 Los géneros literarios clasifican los textos atendiendo a su contenido y estructura, y son los modos de expresión escrita de cualquier lengua.

- Cuáles de los géneros literarios te resultan cercanos. Indícalos y pon un texto de ejemplo para cada uno de ellos.
- Señala los que te parecen que son más exclusivos de la Biblia.

Géneros literarios en la Biblia

Historia: el texto tiene forma de relato, real o imaginario. Incluye narraciones populares, leyendas, sagas, cuentos. También hay relatos y crónicas de hechos ocurridos y de acontecimientos cotidianos que se registraban por escrito, p. ej. 2 Re 18,9-10.

Lírica: expresa sentimientos, vivencias internas, pasión, amor. Su lenguaje tiende al simbolismo y a la poesía, que evoca mejor las vivencias íntimas del acontecimiento religioso, p. ej. Sal 8.

Narración didáctica: son historias que tratan de transmitir una enseñanza acerca de Dios, p. ej. Rut 2,11-12.

Profecía: revela la existencia de un "mensajero", el profeta, que habla a las personas en nombre de Dios inspirado por su Espíritu. La acción simbólica es un recurso muy utilizado por el profeta para expresar lo que quiere decir. La profecía a veces contiene relatos autobiográficos, p. ej. Ez 31,1-4.

Sabiduría: contiene reflexiones sobre diversos aspectos de la vida, sobre los grandes interrogantes del ser humano, formulados por sabios y pensadores, p. ej. Eclo 30,14.

Cartas: son escritos enviados por un remitente a un destinatario. Sus contenidos son muy variados. Reflejan la vida de las primeras comunidades cristianas, p. ej. 1 Cor 1,1-9.

Apocalíptica: es el relato de las revelaciones obtenidas mediante visiones y sueños, expresados de forma enigmática y simbólica, p. ej. Ap 21,1-4.

2 Los géneros literarios más propios de los cuatro evangelios son las narraciones, los relatos de vocación, los discursos y las parábolas, si bien algunos de los géneros del Antiguo Testamento también aparecen.

- Lee en la Biblia cada uno de los ejemplos presentados.
- Busca en los evangelios y escribe en tu cuaderno las citas de dos pasajes escritos en cada uno de estos cuatro géneros literarios.

Géneros literarios en los evangelios

Narraciones: describen hechos de la vida de Jesús, como sus milagros o aspectos del propio Jesús, y contextualizan y dan sentido a sus enseñanzas, por ejemplo Mc 6,45-52.

Relatos de vocación: en los que Jesús llama a sus discípulos, p. ej. Mc 1,16-20.

Discursos: contienen enseñanzas y recomendaciones de Jesús p. ej. Mt 5,1-12.

Parábolas: relatos escritos en pequeñas historias relacionadas con la vida cotidiana de los que se deduce por comparación una enseñanza sobre Dios o su reino, p. ej. Lc 13,18-21.

PASO DEL MAR ROJO

Moisés extendió su mano sobre el mar y el Señor hizo retirarse el mar con un fuerte viento del este que sopló toda la noche; el mar se secó y se dividieron las aguas. Los hijos de Israel entraron en medio del mar, en lo seco, y las aguas les hacían de muralla a derecha e izquierda. Los egipcios los persiguieron y entraron tras ellos, en medio del mar: todos los caballos del faraón, sus carros y sus jinetes. Era ya la vigilia matutina cuando el Señor miró desde la columna de fuego y humo hacia el ejército de los egipcios y sembró el pánico en el ejército egipcio. Trabó las ruedas de sus carros, haciéndolos avanzar pesadamente. Los egipcios dijeron: "Huyamos ante Israel, porque el Señor lucha por él contra Egipto". Luego dijo el Señor a Moisés: "Extiende tu mano sobre el mar, y vuelvan las aguas sobre los egipcios, sus carros y sus jinetes". Moisés extendió su mano sobre el mar; y al despuntar el día el mar recobró su estado natural, de modo que los egipcios, en su huida, toparon con las aguas. Así precipitó el Señor a los egipcios en medio del mar. Las aguas volvieron y cubrieron los carros, los jinetes y todo el ejército del faraón, que había entrado en el mar. Ni uno solo se salvó. Mas los hijos de Israel pasaron en seco por medio del mar, mientras las aguas hacían de muralla a derecha e izquierda. Aquel día salvó el Señor a Israel del poder de Egipto, e Israel vio a los egipcios muertos, en la orilla del mar. Vio, pues, Israel la mano potente que el Señor había desplegado contra los egipcios, y temió el pueblo al Señor, y creyó en el Señor y en Moisés, su siervo.

Ex 14,21-31

CÁNTICO DE ACCIÓN DE GRACIAS

Entonces Moisés y los hijos de Israel entonaron este canto al Señor:

—Cantaré al Señor, gloriosa es su victoria, caballos y carros ha arrojado en el mar. Mi fuerza y mi poder es el Señor, él fue mi salvación.
él es mi Dios: yo lo alabaré;
el Dios de mis padres: yo lo ensalzaré.
El Señor es un guerrero,
su nombre es "El Señor".
Los carros del faraón los lanzó al mar,
ahogó en el mar Rojo
a sus mejores capitanes.
Las olas los cubrieron,
bajaron hasta el fondo como piedras.
Tu diestra, Señor, es magnífica en poder,
tu diestra, Señor, tritura al enemigo.
Tu gran majestad
destruye al adversario,
arde tu furor y los devora como paja.
Al soplo de tu nariz,
se amontonaron las aguas,
las corrientes se alzaron como un dique,
las olas se cuajaron en el mar.
Decía el enemigo:
"Los perseguiré y alcanzaré,
repartiré el botín, se saciará mi codicia,
empuñaré la espada,
los agarrará mi mano".
Pero sopló tu aliento y los cubrió el mar,
se hundieron como plomo
en las aguas formidables.

Ex 15,1-10

3 **Un mismo hecho se puede contar de maneras distintas dependiendo de quién lo cuenta, a quién se cuenta o por qué se cuenta. Un ejemplo son los relatos del paso del mar Rojo.**

- Los dos hablan del momento del paso del mar Rojo, pero son textos de géneros diferentes. Indica cuáles son.
- Señala en tu cuaderno las ideas que comparten y transmiten los dos textos aunque lo expresen de forma diferente.

4 **El uso de géneros literarios se puede comparar con el uso de los estilos artísticos. Un mismo suceso da origen a obras diferentes, según la interpretación de cada artista, aunque el contenido que se transmite parte del mismo hecho original.**

- Observa los dos cuadros. ¿Qué suceso cuentan? Si no lo reconoces puedes leer Mc 15,16-20.
- ¿Qué diferencias aprecias en color, expresiones, composición, etc?
- Expresa lo que te transmite cada uno.

EMIL NOLDE, *Martyrium*. Fráncfort

VAN DYCK, *Coronación de espinas*. Madrid

Correcta interpretación

La Biblia es un elemento central en la vida de la Iglesia. El Concilio Vaticano II, en su Constitución *Dei Verbum*, habla de ella y expone los elementos y criterios necesarios para que se dé una correcta interpretación y comprensión del mensaje revelado por Dios en la Sagrada Escritura.

1 Los cristianos consideran que el Espíritu ayuda a la correcta lectura de la Biblia cuando lo hacen en comunión con la Iglesia. Sin embargo, es necesario un aprendizaje en el conocimiento de la Biblia para evitar lecturas erróneas. Los textos bíblicos son peculiares al ser palabras divinas con ropaje humano.

- ¿En qué está exenta de error la Biblia?
- Expresa brevemente la unidad que hay entre las dos partes de la Biblia.
- Lee detenidamente los criterios para interpretar la Biblia.
- Para cada criterio busca un pasaje bíblico en el que se aprecie la necesidad de tener en cuenta el criterio considerado.

La inspiración y la verdad de la Biblia

Al ser inspirados por el Espíritu Santo, los libros de la Biblia dicen la verdad sobre todo aquello que tiene relación con la salvación de las personas. A esta característica de no equivocarse en materia de salvación se le llama "inerrancia", exento de error. Pero esto no implica que la inerrancia de la Biblia se aplique a todos sus contenidos, como los contenidos científicos, ya que lo expresado en ella responde al saber del momento en que se escribió.

DOMENICO GHIRLANDAIO, *La Visitación*. París. Isabel y María representan el encuentro entre el Antiguo y el Nuevo Testamento mediante Cristo. Lc 1,41-44

Unidad entre el Antiguo y el Nuevo Testamento

Las dos partes de la Biblia tienen una gran unidad porque ambas hablan de la revelación de Dios. Esta revelación ha sido progresiva, Dios se ha ido dando a conocer poco a poco y teniendo en cuenta las capacidades de las personas de cada época. Así, el Nuevo Testamento está latente en el Antiguo, y el Antiguo está patente en el Nuevo.

Los cristianos han aceptado el Antiguo Testamento como Sagrada Escritura porque en sus libros hay una profunda unidad con el Nuevo Testamento siendo el centro de unión Cristo. El Antiguo anuncia de forma profética la venida de Cristo y el Nuevo da cumplimiento a lo anunciado por el Antiguo. Así, Jesús es el centro de unión entre las dos partes de la Biblia: el Nuevo Testamento da cumplimiento a lo anunciado por el Antiguo. Por ello, los evangelios, al hablar de Jesús, hacen continuas referencias a textos del Antiguo Testamento para mostrar que lo que allí se dice se cumple con su venida.

CRITERIOS PARA INTERPRETAR LA BIBLIA

A la hora de leer cualquier texto de la Biblia hay que distinguir entre lo que escribieron los escritores humanos y lo que Dios quiere dar a conocer con sus palabras; los escritores pertenecían a un contexto histórico y cultural concreto y, por tanto, usaban el vocabulario y el estilo literario de su época.

Así, hay que tener en cuenta:

- **los géneros literarios** porque la verdad de un texto se puede expresar de diferentes maneras;
- **investigar el sentido** que el autor humano quiso dar al texto valorando que lo escribió en su contexto histórico y cultural concreto;
- **leer el texto con el mismo Espíritu** que se escribió. Los libros de la Biblia tienen un objetivo religioso ya que buscan la salvación de las personas. Por tanto, la Biblia hay que leerla como un libro donde Dios comunica el camino de la salvación, no como un libro de historia, de ciencia o de literatura. A la hora de leerla, no hay que buscar en ella objetivos o intenciones distintas al fin para el que se escribió y tener en cuenta la guía del magisterio de la Iglesia;
- **reconocer al magisterio de la Iglesia** como la última autoridad para establecer una correcta interpretación de la Biblia.

TEXTOS DE LA CONSTITUCIÓN *DEI VERBUM*

[...] Ya que la Sagrada Escritura es la palabra de Dios en cuanto se consigna por escrito bajo la inspiración del Espíritu Santo, y la sagrada Tradición transmite íntegramente a los sucesores de los apóstoles la palabra de Dios, a ellos confiada por Cristo Señor y por el Espíritu Santo para que, con la luz del Espíritu de la verdad la guarden fielmente, la expongan y la difundan con su predicación [...]. DV 9

[...] El oficio de interpretar auténticamente la palabra de Dios escrita o transmitida ha sido confiado únicamente al Magisterio vivo de la Iglesia, cuya autoridad se ejerce en el nombre de Jesucristo [...]. DV 10

Las verdades reveladas por Dios, que se contienen y manifiestan en la Sagrada Escritura, se consignaron por inspiración del Espíritu Santo. La santa Madre Iglesia, según la fe apostólica, tiene por santos y canónicos los libros enteros del Antiguo y Nuevo Testamento con todas sus partes, porque, escritos bajo la inspiración del Espíritu Santo, tienen a Dios como autor y como tales se le han entregado a la misma Iglesia. Pero en la redacción de los libros sagrados, Dios eligió a hombres, que utilizó usando de sus propias facultades y medios, de forma que obrando Él en ellos y por ellos, escribieron, como verdaderos autores, todo y sólo lo que Él quería.
Pues, como todo lo que los autores inspirados o hagiógrafos afirman, debe tenerse como afirmado por el Espíritu Santo, hay que confesar que los libros de la Escritura enseñan firmemente, con fidelidad y sin error, la verdad que Dios quiso consignar en las sagradas letras para nuestra salvación [...]. DV 11

[...] Para descubrir la intención de los hagiógrafos, entre otras cosas hay que atender a "los géneros literarios". Puesto que la verdad se propone y se expresa de maneras diversas en los textos de diverso género: histórico, profético, poético o en otros géneros literarios. Conviene, además, que el intérprete investigue el sentido que intentó expresar y expresó el hagiógrafo en cada circunstancia según la condición de su tiempo y de su cultura, según los géneros literarios usados en su época. Pues para entender rectamente lo que el autor sagrado quiso afirmar en sus escritos, hay que atender cuidadosamente tanto a las formas nativas usadas de pensar, de hablar o de narrar vigentes en los tiempos del hagiógrafo, como a las que en aquella época solían usarse en el trato mutuo de los hombres.
Y como la Sagrada Escritura hay que leerla e interpretarla con el mismo Espíritu con que se escribió para sacar el sentido exacto de los textos sagrados, hay que atender no menos diligentemente al contenido y a la unidad de toda la Sagrada Escritura, teniendo en cuanta la Tradición viva de toda la Iglesia y la analogía de la fe. Es deber de los exegetas trabajar según estas reglas para entender y exponer totalmente el sentido de la Sagrada Escritura, para que, como en un estudio previo, vaya madurando el juicio de la Iglesia. Porque todo lo que se refiere a la interpretación de la Sagrada Escritura, está sometido en última instancia a la Iglesia, que tiene el mandato y el ministerio divino de conservar y de interpretar la palabra de Dios. DV 12

La economía del Antiguo Testamento estaba ordenada, sobre todo, para preparar, anunciar proféticamente y significar con diversas figuras la venida de Cristo redentor universal y la del Reino Mesiánico [...]. DV 15

Dios, pues, inspirador y autor de ambos Testamentos, dispuso las cosas tan sabiamente que el Nuevo Testamento está latente en el Antiguo y el Antiguo está patente en el Nuevo. Porque, aunque Cristo fundó el Nuevo Testamento en su sangre, no obstante los libros del Antiguo Testamento recibidos íntegramente en la proclamación evangélica, adquieren y manifiestan su plena significación en el Nuevo Testamento, ilustrándolo y explicándolo al mismo tiempo. DV 16

LUKICH VLADIMIR BOROVIKOVSKY, *Evangelista Mateo*. San Petersburgo. Durante mucho tiempo los creyentes consideraban que la inspiración divina de los autores sagrados de la Biblia consistía en escribir al dictado de un ángel o de Dios mismo.

2 Lee los textos de la Constitución *Dei Verbum* de esta página.

- Haz un resumen de los criterios fundamentales que son necesarios para una correcta interpretación de la Biblia.
- ¿Cuál de ellos te llama más la atención? ¿Por qué?

Sarcófago de los dos Testamentos. Roma. En las primeras comunidades cristianas se tenía una conciencia clara de la estrecha relación entre los textos del Antiguo Testamento y del Nuevo Testamento. En este sarcófago se muestran escenas de ambos.

1 ¿Quiénes somos?

¿Quién soy yo? ¿Por qué yo soy yo? ¿Por qué soy distinto de los demás? ¿Quiénes son los otros? ¿Qué nos une? ¿Por qué estoy aquí?

A MI ALREDEDOR

Observa las imágenes de esta página.

- ¿Qué te sugieren?
- El mundo es multicultural. ¿Tienes amigos de otras nacionalidades? ¿De cuáles?
- A pesar de las diferencias, ¿qué te une a los demás?, ¿qué comparten todas las personas?

DIALOGAMOS

Una de las canciones del Campeonato Mundial de Fútbol Brasil 2014 fue *We are one (ole ola)* de Pitbull, con Jennifer Lopez y Claudia Leitte. Esta canción es un llamamiento a la unión entre las personas y a considerar que el mundo pertenece a todos.

WE ARE ONE (OLE OLA)

Pon tus banderas en el cielo
y muévelas de lado a lado.
Muéstrale al mundo de dónde eres,
muéstrale al mundo que somos uno.
Ole ole, ole ola.
Cuando las cosas se ponen difíciles
tienes que seguir adelante.
Un amor, una vida, un mundo,
una lucha, el mundo entero, una noche, un lugar: Brasil.
Todo el mundo ponga sus banderas en el cielo
y haz lo que sientes.
Es tu mundo, mi mundo, nuestro mundo de hoy.
Invitamos a todo el mundo,
todo el mundo a jugar.
Es mi mundo, tu mundo, el mundo de nosotros.
Invitamos a todo el mundo a jugar con nosotros.
Una noche, mira al mundo unirse,
dos caras, una lucha, un millón de ojos,
corazones llenos, van a trabajar muy duro.
Dispara para las estrellas,
levanta tus puños hasta el cielo,
esta noche, mira el mundo unirse [...].

www.e-sm.net/2ag_1_1

- La letra dice: "tu mundo, mi mundo, nuestro mundo", ¿crees que las personas se sienten parte de un mismo mundo?
- La canción presenta el fútbol como un medio que une a las personas. Pon otros tres ejemplos de cosas que unen a las personas y tres de cosas que las separan.
- En tu colegio, en tu barrio o en tu localidad, ¿viven personas de países o culturas distintas a la tuya? ¿Te sientes unido a ellas?

smSaviadigital.com PONTE A PUNTO
Comprueba lo que sabes.

1 Hombre y mujer fueron creados

1 **El libro del Génesis ofrece dos relatos de la creación. Según Gn 1, Dios fue creando a los distintos seres hasta llegar a la creación del hombre y la mujer. Y según Gn 2, Dios creó al hombre y a la mujer de la misma forma que un alfarero modela el barro.**

- ¿Qué características del hombre y de la mujer señalan los textos?
- ¿Qué mandato dio Dios al hombre y a la mujer?
- ¿Fueron hechos los seres humanos para vivir solos? Justifica tu respuesta basándote en los textos.
- ¿Por qué estos textos ponen de relieve la igualdad entre hombres y mujeres?

2 **El libro del Eclesiástico se escribió mucho más tarde que el del Génesis, por lo que presenta elementos del pensamiento griego que dan una reflexión más racional sobre los seres humanos.**

- ¿Qué añade este texto a lo que señalaba el Génesis?
- ¿En qué afirmaciones coinciden?

3 **En la primera carta de Juan, se encuentran afirmaciones esenciales sobre quién es Dios y quiénes las personas.**

- ¿Qué característica del ser humano aporta este texto?

LEER LA BIBLIA

CREACIÓN DEL HOMBRE Y LA MUJER PRIMER RELATO

Dijo Dios:

—Hagamos al hombre a nuestra imagen y semejanza; que domine los peces del mar, las aves del cielo, los ganados y los reptiles de la tierra.

Y creó Dios al hombre a su imagen, a imagen de Dios lo creó, varón y mujer los creó. Dios los bendijo; y les dijo Dios:

—Sed fecundos y multiplicaos, llenad la tierra y sometedla; dominad los peces del mar, las aves del cielo y todos los animales que se mueven sobre la tierra.

Y así fue. Vio Dios todo lo que había hecho, y era muy bueno. Pasó una tarde, pasó una mañana: el día sexto.

Gn 1,26-28.31

TAMARA LEMPICKA, *Adán y Eva*

SEGUNDO RELATO

Entonces el Señor Dios modeló al hombre del polvo del suelo e insufló en su nariz aliento de vida; y el hombre se convirtió en ser vivo. Luego el Señor Dios plantó un jardín en Edén, hacia Oriente, y colocó en él al hombre que había modelado.

El Señor Dios se dijo:

—No es bueno que el hombre esté solo; voy a hacerle a alguien como él, que le ayude.

Entonces el Señor Dios modeló de la tierra todas las bestias del campo y todos los pájaros del cielo, y se los presentó a Adán, para ver qué nombre les ponía. Y cada ser vivo llevaría el nombre que Adán le pusiera. Así Adán puso nombre a todos los ganados, a los pájaros del cielo y a las bestias del campo; pero no encontró ninguno como él, que le ayudase.

Entonces el Señor Dios hizo caer un letargo sobre Adán, que se durmió; le sacó una costilla, y le cerró el sitio con carne. Y el Señor Dios formó, de la costilla que había sacado de Adán, una mujer, y se la presentó a Adán. Adán dijo:

—¡Esta sí que es hueso de mis huesos y carne de mi carne! Su nombre será "mujer", porque ha salido del varón.

Por eso abandonará el varón a su padre y a su madre, se unirá a su mujer y serán los dos una sola carne.

Gn 2,7-8.18-24

HECHOS A SU IMAGEN

El Señor creó al ser humano de la tierra, y a ella lo hará volver de nuevo. Concedió a los humanos días contados y un tiempo fijo, y les dio autoridad sobre cuanto hay en la tierra. Los revistió de una fuerza como la suya y los hizo a su propia imagen. Hizo que todo ser viviente los temiese, para que dominaran sobre fieras y aves. Recibieron el uso de las cinco cualidades del Señor, como sexta, les concedió participar de la inteligencia; y como séptima, la palabra que explica sus acciones. Los llenó de ciencia y entendimiento, y les enseñó el bien y el mal.

Eclo 17,1-5.7

¡HIJOS!

Mirad qué amor nos ha tenido el Padre
para llamarnos hijos de Dios,
pues ¡lo somos!

1 Jn 3,1

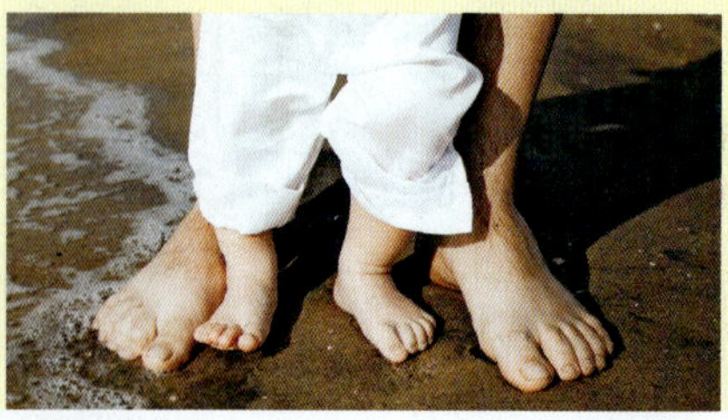

¿Son iguales todas las personas? ¿Puede el ser humano dominar la naturaleza a su antojo? ¿Tienen los mismos derechos el hombre y la mujer?

A MI ALREDEDOR

LA MUJER, FUENTE DE VIDA

Nuria Juvanteny, carmelita vedruna, no duda en señalar que "en África, la mujer es despreciada y no es valorada para la toma de decisiones, y eso a pesar de que ella es la fuente de vida y la que de verdad saca adelante a su familia". A Nuria, le impresiona "la gran paciencia que tienen las mujeres en África, que saben esperar a que el grano crezca para poder alimentar a su familia".

Parte de su trabajo consiste en acompañar a las mujeres al campo y compartir con ellas su trabajo: "La imagen que me viene siempre a la cabeza es la de la mujer que camina horas y horas con una carga pesada a la espalda, y que a pesar de sus esfuerzos ve morir a sus hijos por falta de alimentos y por no tener los medios para llevarlos a un dispensario donde puedan recibir medicinas".

"En África, la tradición dicta que la mujer tiene que hacer todo el trabajo, pero sin tener voz ni poder de decisión, aunque no debemos olvidar que esto mismo ocurría en España hasta hace no muchos años", sentencia.

www.e-sm.net/2ag_1_2

4 **Al mismo tiempo que las sociedades modernas van avanzado, la situación de la mujer ha ido mejorando. Para lograrlo, es y ha sido decisiva la actuación de movimientos feministas y de mujeres pioneras que han luchado para estar en ámbitos destinados tradicionalmente al varón. Pero, todavía hoy, no se reconoce la igualdad de derechos en muchos lugares.**

- Según las palabras de Nuria, ¿qué destacarías de la situación de la mujer africana?
- ¿Qué sabes sobre la situación de la mujer en España "hace no muchos años"?
- Explica alguna situación en la que la mujer es discriminada.

smSaviadigital.com
INTERACTIVO
El segundo relato.

Creados "a imagen y semejanza"

El ser humano se ha planteado preguntas como quién soy o de dónde vengo a lo largo de toda su historia. La ciencia, la filosofía y la religión han ofrecido respuestas distintas que no han satisfecho a todo el mundo. Por eso, en muchos aspectos, las personas siguen siendo un misterio para ellas mismas.

La Biblia, en sus primeras páginas, ofrece dos relatos que tratan de dar respuestas. Son relatos escritos con un lenguaje simbólico, es decir, que explica realidades relacionándolas con imágenes sencillas de entender. De esta forma, las personas de hace mucho tiempo comprendían fácilmente el mensaje que transmitía la Biblia: el ser humano es una criatura creada por Dios, hecha a su imagen y semejanza. Por eso, la verdad del relato de la creación no está en la forma de contarlo, sino en lo que quiere explicar.

Ambos relatos coinciden en que el ser humano, tanto el hombre como la mujer, ocupa un puesto muy especial dentro de la creación porque ha sido creado "a imagen y semejanza" de Dios. Con esta expresión, se da a entender que Dios y el ser humano pueden relacionarse.

De esta forma, los creyentes explican que la esencia más profunda del ser humano es ser hijo de Dios.

Características del ser humano

La persona es una unidad conformada por varias dimensiones y capacidades.

Por una parte, el ser humano, como cualquier otro ser vivo, posee una dimensión corporal, es decir, tiene un cuerpo físico que se relaciona con el entorno. La persona es, ante todo, un ser social porque se relaciona con otras personas y establece una serie de lazos sociales. El libro del Génesis lo refleja cuando narra que Dios creó al hombre y a la mujer para que compartieran su vida en igualdad y armonía. Pero la persona se distingue de los demás seres vivos por su capacidad racional y por su libertad para elegir. Su inteligencia le sirve para conocer de forma profunda el mundo que le rodea; su libertad le permite elegir cómo actuar con el entorno que le rodea y decidir cómo quiere ser, porque la persona no es un ser acabado, sino que se va haciendo a sí mismo.

La otra dimensión de la persona es la dimensión espiritual. Esta es otra característica propia de las personas, junto con su capacidad racional y su libertad para elegir. Gracias a su dimensión espiritual, la persona puede abrirse a lo trascendente, es decir, a conocer todo aquello que va más allá del mundo físico. La dimensión espiritual permite a las personas comprender la existencia de Dios y, por tanto, relacionarse con él.

❶ Los salmos son oraciones en forma de poemas escritas por el pueblo de Israel para alabar a Dios, y expresan sentimientos relacionados con diversas situaciones de la vida. Este texto describe un sentimiento de admiración.

- ¿Qué causa la admiración del salmista?
- ¿Con qué expresiones muestra la grandeza del ser humano?
- ¿Crees que la admiración por el ser humano la comparten creyentes y no creyentes?

❷ El libro del Génesis trata de dar respuestas a las grandes preguntas del ser humano. El porqué del dolor y de la violencia es una de ellas. Este fragmento cuenta el primer asesinato que, según la Biblia, sucedió entre dos hermanos.

- ¿Por qué se enfurece Caín? ¿Qué hace a Abel?
- Una vez que Abel ha muerto, ¿qué pregunta Dios a Caín?
- ¿Se siente Caín responsable de la muerte de Abel?
- Cuando castiga Dios a Caín, ¿lo deja desprotegido? ¿Por qué?

❸ El ser humano es una criatura fundamental de la creación, y su importancia no siempre ha sido comprendida adecuadamente. El siguiente fragmento del Evangelio de Marcos muestra a Jesús aclarando a sus discípulos en qué consiste realmente esa importancia.

- Para Jesús, ¿qué significa ser el más importante?
- Pon un ejemplo que dio Jesús en su vida sobre la importancia de servir a los demás.
- ¿A quién crees que se valora hoy más, a los que sirven o a los que tienen poder?

LEER LA BIBLIA

¿QUÉ ES EL HOMBRE?

Cuando contemplo el cielo, obra de tus dedos,
la luna y las estrellas que has creado.
¿Qué es el hombre para que te acuerdes de él,
el ser humano, para mirar por él?
Lo hiciste poco inferior a los ángeles,
lo coronaste de gloria y dignidad;
le diste el mando sobre las obras de tus manos.
Todo lo sometiste bajo sus pies.

Sal 8,4-7

CAÍN Y ABEL

Caín ofreció al Señor dones de los frutos del suelo; también Abel ofreció las primicias y la grasa de sus ovejas. El Señor se fijó en Abel y en su ofrenda, pero no se fijó en Caín ni en su ofrenda; Caín se enfureció y andaba abatido. El Señor dijo a Caín:

—¿Por qué te enfureces y andas abatido? ¿No estarías animado si obraras bien?; pero, si no obras bien, el pecado acecha a la puerta y te acosa, aunque tú podrás dominarlo.

Caín dijo a su hermano Abel:

—Vamos al campo.

Y, cuando estaban en el campo, Caín atacó a su hermano Abel y lo mató.

El Señor dijo a Caín:

—¿Dónde está Abel, tu hermano?

Respondió Caín:

—No sé; ¿soy yo el guardián de mi hermano?

El Señor le replicó:

—¿Qué has hecho? La sangre de tu hermano me está gritando desde el suelo. Cuando cultives el suelo, no volverá a darte sus productos. Andarás errante y perdido por la tierra.

Y el Señor puso una señal a Caín para que, si alguien lo encontraba, no lo matase.

Gn 4,3-10.12.15b

EL MÁS IMPORTANTE

Llegaron a Cafarnaún, y una vez en casa, les preguntó:

—¿De qué discutíais por el camino?

Ellos callaban, pues por el camino habían discutido quién era el más importante.

Se sentó, llamó a los Doce y les dijo:

—Quien quiera ser el primero, que sea el último de todos y el servidor de todos.

Mc 9,33-35

FRA ANGELICO, *Jesús lava los pies a los discípulos*. Florencia

A MI ALREDEDOR

DILE QUIÉN ES TU ÍDOLO...

En una entrevista que se hizo al futbolista Fernando Torres, se planteó el siguiente diálogo:
Pregunta: ¿Cuánto de ambigua es la palabra ídolo?
Respuesta: Mucho. Recuerdo a un niño de nueve años o así que tenía muchas ganas de conocerme, había escrito cartas al club. Un día le invitamos a los entrenamientos, estaba feliz con mi camiseta. Estuve un rato con él, me dijo que llevaba toda la vida deseando conocerme, ya ves, con esa edad... Su madre le dijo: "Dile quién es tu ídolo". Y el chaval contestó: "Bueno, tú eres mi ídolo, pero también lo es otro niño, mi vecino, que está muy malito en el hospital y que cada vez que vuelve de allí me dice que ha ganado el partido". La madre me contó que su amigo tenía leucemia.
El ídolo de verdad es el vecino. La madre que saca adelante a cinco hijos, sola, sin su pareja, trabajando doce horas al día. Eso es un ídolo. Mi amigo Carlos Matallanas, que sufre de ELA y es un ejemplo luchando contra la enfermedad.

El mundo.es, 20-08-2015

www.e-sm.net/2ag_1_3

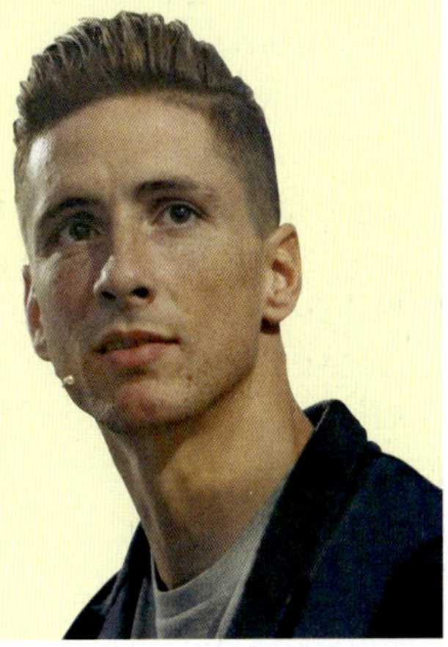

4 Hay personas que destacan en diversos aspectos de la vida, como el deporte, la música, los negocios, etc. Estas personas son admiradas, y se convierten en punto de referencia para otros que las imitan y que, incluso, sueñan en llegar a ser como ellas algún día. Lee este fragmento de una entrevista a Fernando Torres.

- ¿Quiénes son tus ídolos?
- Según Fernando, ¿quiénes son los verdaderos ídolos?
- ¿Qué es lo que hace grande a las personas?
- Relaciona la respuesta de Fernando Torres con el texto de Mc 9,33-35 de la página anterior.

Un ser coronado de dignidad

La Biblia cuenta que solamente el ser humano ha sido creado a imagen y semejanza de Dios. Por eso, ocupa un puesto especial en la creación.

A lo largo de la historia, muchas religiones y pensadores han defendido que el ser humano es lo más valioso de la creación. Para expresar esa idea, se ha utilizado el concepto de dignidad humana.

Inmanuel Kant (1724-1804) fue uno de los filósofos más grandes de la historia. Kant destacó la dignidad de los seres humanos al afirmar que el hombre es un fin en sí mismo, no es un medio para el uso de otros individuos, lo que le convertiría en una cosa. Es decir, ninguna persona puede ser tratada como una cosa cuyo valor depende de su utilidad para otros individuos. Por el contrario, el ser humano posee un valor absoluto, y por el solo hecho de existir, merece un respeto infinito.

Este concepto de dignidad humana implica que ni los poderes políticos ni los poderes económicos o religiosos pueden actuar en contra de la dignidad de las personas. Ninguna idea política ni religiosa ni ningún beneficio económico justifican que las personas no sean respetadas.

Por otra parte, muchas personas creen que su propia dignidad es más valiosa que la de los demás porque se consideran más poderosos y superiores. Pero la grandeza de la persona no está en el poder, en el dinero, en la posición social. Con independencia de nuestras capacidades físicas, cognitivas, intelectuales o sociales, todas las personas tenemos la misma dignidad.

Los derechos humanos

Todas las personas han sido creadas a imagen y semejanza de Dios, por lo que ocupan un lugar principal en la creación. Pero esto implica que todas las personas, sin excepción, deben ser tratadas con dignidad y respetadas de manera absoluta por los demás. El relato de Caín y Abel nos enseña que las personas deben cuidar y respetar a las otras personas.

Sin embargo, las personas han sido tratadas en muchas ocasiones como objetos al servicio de los intereses de otros. Tras el paso de los siglos, se reconocieron unos derechos inherentes a todos los seres humanos. Son los llamados derechos humanos.

Los derechos humanos son los derechos y libertades fundamentales de la persona, y deben ser respetados sin excepción. Son derechos universales e inalienables, y su cumplimiento garantiza el respeto de la dignidad de la persona.

La Declaración Universal de Derechos Humanos de 1948 es el documento más importante que los recoge.

Lo estudiarás en... GEOGRAFÍA E HISTORIA

En la cultura griega, origen de la cultura de Occidente, muchas personas carecían de derechos. En Atenas, los esclavos no tenían, y las mujeres y los extranjeros que vivían allí carecían de todo derecho político.

3 Libertad y responsabilidad

1 **Dios liberó a Israel de la esclavitud de Egipto, pero nunca les obligó a creer en él ni a que permaneciesen como miembros de su pueblo si ellos no querían. Por ello, en varios momentos del éxodo, como muestra el texto del Deuteronomio, Dios preguntó al pueblo si querían seguir con él o no, porque Dios creó al ser humano libre.**

- ¿Qué dos opciones expone Dios al pueblo de Israel?
- Pon ejemplos de decisiones que llevan a la vida y otras que llevan a la muerte.
- ¿Son las personas realmente libres de elegir lo que quieren?
- ¿Por qué se identifica la vida con el bien y la muerte con el mal? ¿Hay personas que hacen el mal y les va bien? Pon algún ejemplo.

2 **Elegir supone asumir la responsabilidad de los propios actos y, por tanto, asumir sus consecuencias. Ni Dios ni las circunstancias obligan a elegir aquello que no se quiere.**

- ¿Cuáles son las razones por las que Dios no se hace responsable de las decisiones de las personas?
- ¿Crees que, en ocasiones, las circunstancias obligan a hacer cosas que no se quieren hacer? ¿Quién es entonces el responsable último?

LEER LA BIBLIA

VIDA Y BIEN, MUERTE Y MAL

Mira: hoy pongo delante de ti la vida y el bien, la muerte y el mal. Pues yo te mando hoy amar al Señor, tu Dios, seguir sus caminos, observar sus preceptos, mandatos y decretos, y así vivirás y crecerás y el Señor, tu Dios, te bendecirá en la tierra donde vas a entrar para poseerla.

Hoy cito como testigos contra vosotros al cielo y a la tierra. Pongo delante de ti la vida y la muerte, la bendición y la maldición. Elige la vida, para que viváis tú y tu descendencia, amando al Señor, tu Dios, escuchando su voz, adhiriéndote a él, pues él es tu vida y tus muchos años en la tierra que juró dar a tus padres, Abrahán, Isaac y Jacob.

Dt 30,15-16.19-20

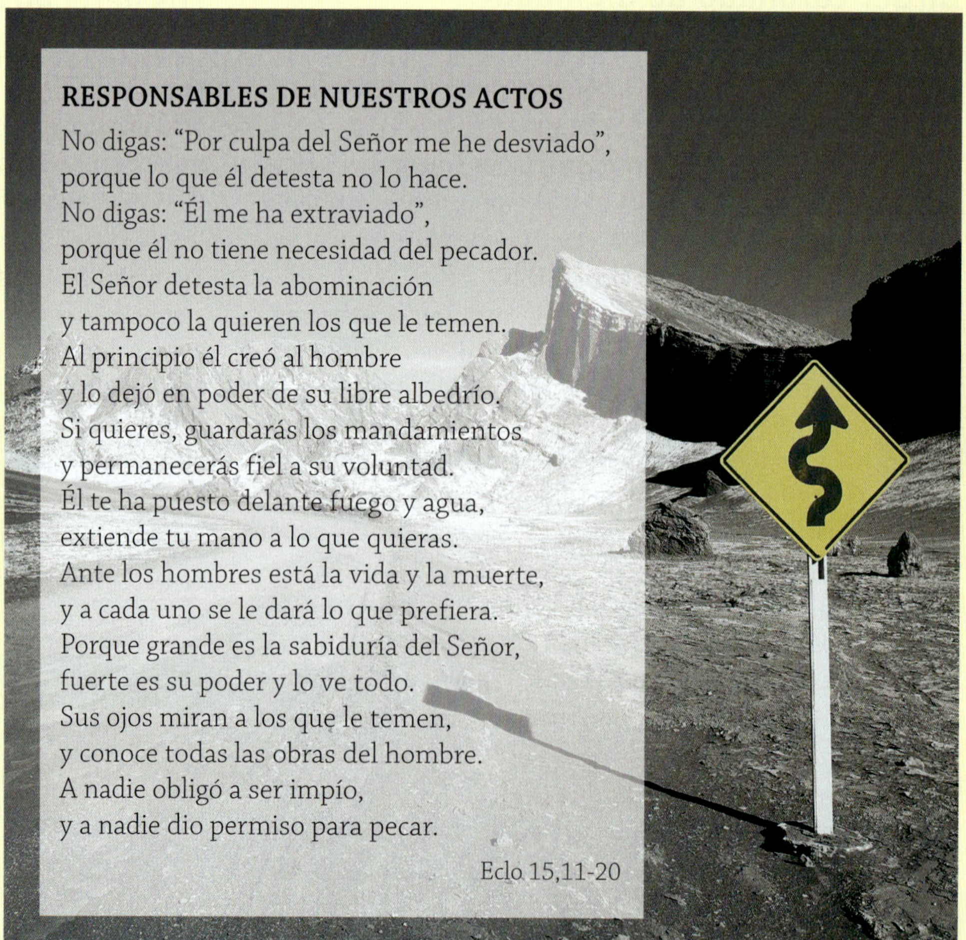

RESPONSABLES DE NUESTROS ACTOS

No digas: "Por culpa del Señor me he desviado",
porque lo que él detesta no lo hace.
No digas: "Él me ha extraviado",
porque él no tiene necesidad del pecador.
El Señor detesta la abominación
y tampoco la quieren los que le temen.
Al principio él creó al hombre
y lo dejó en poder de su libre albedrío.
Si quieres, guardarás los mandamientos
y permanecerás fiel a su voluntad.
Él te ha puesto delante fuego y agua,
extiende tu mano a lo que quieras.
Ante los hombres está la vida y la muerte,
y a cada uno se le dará lo que prefiera.
Porque grande es la sabiduría del Señor,
fuerte es su poder y lo ve todo.
Sus ojos miran a los que le temen,
y conoce todas las obras del hombre.
A nadie obligó a ser impío,
y a nadie dio permiso para pecar.

Eclo 15,11-20

¿Siempre elijo lo que es mejor? ¿Por qué hay veces que me equivoco al elegir? ¿Qué puedo hacer para ayudar a las personas que sufren? ¿Está el ser humano destruyendo la Tierra?

A MI ALREDEDOR

LA ELECCIÓN ES NUESTRA

Estamos en un momento crítico de la historia de la Tierra, en el cual la humanidad debe elegir su futuro. A medida que el mundo se vuelve cada vez más interdependiente y frágil, el futuro depara, a la vez, grandes riesgos y grandes promesas. Para seguir adelante, debemos reconocer que en medio de la magnífica diversidad de culturas y formas de vida, somos una sola familia humana y una sola comunidad terrestre con un destino común [...]. Los patrones dominantes de producción y consumo están causando devastación ambiental, agotamiento de recursos y una extinción masiva de especies. Las comunidades están siendo destruidas. Los beneficios del desarrollo no se comparten equitativamente y la brecha entre ricos y pobres se está ensanchando [...]. Estas tendencias son peligrosas, pero no inevitables.

La elección es nuestra: formar una sociedad global para cuidar la Tierra y cuidarnos unos a otros o arriesgarnos a la destrucción de nosotros mismos y de la diversidad de la vida. Se necesitan cambios fundamentales en nuestros valores, instituciones y formas de vida.

Preámbulo de *La Carta de la Tierra*

3 **Los adelantos científico-técnicos hacen posible hoy día que las personas dispongan de capacidad suficiente para destruir a los demás y la propia naturaleza. El modo de vida actual puede estar ocasionando un daño irreparable a las generaciones futuras.**

- Según el texto, ¿por qué se está viviendo un momento crítico?
- ¿Qué solución propone?
- Este documento destaca la necesidad de un cambio en los valores, instituciones y forma de vida. Pon tres ejemplos de valores o formas de vida que se deben cambiar.

Somos libres y responsables

Como dice el libro del Deuteronomio, las personas pueden elegir entre hacer el bien o hacer el mal. Los seres humanos pueden elegir varias opciones ante una situación o estímulo. Los animales, por el contrario, actúan por instinto. Ante un estímulo, los animales no poseen la capacidad de pensar y, por eso, reaccionan de forma instintiva, "automática". Por ejemplo, un animal huye ante el fuego, y no se para a pensar en cómo apagarlo. En cambio, una persona ante un fuego sabe que puede extinguirlo, alimentarlo o huir de él, y dependiendo de lo que haga, los demás le considerarán un buen ciudadano, un pirómano o un cobarde. Por tanto, las personas sí pueden decidir qué quieren hacer porque poseen la capacidad de pensar, y sus decisiones no están limitadas a unas pautas de reacción concretas, como ocurre en los animales.

Esa capacidad de elegir que tiene el ser humano se llama libertad. Pero, precisamente porque el ser humano es libre para elegir, él es el responsable de sus actos. Por eso, hay que pensar bien lo que se quiere hacer y asumir las consecuencias que puede conllevar una decisión.

Se considera que una persona actúa libremente cuando se dan dos condiciones: sabe lo que hace y decide hacerlo o no hacerlo sin que nadie le obligue. Pero por más que las circunstancias condicionen la decisión de una persona, nunca dejará de ser el responsable último de sus acciones.

Guardianes de la creación

Según el libro del Génesis, Dios encargó al hombre y a la mujer guardar y dominar todo lo que él había creado. Y el ser humano, por haber sido creado a imagen y semejanza de Dios, debería cuidar la creación con el mismo cuidado que lo hace Dios. Por ello, el mandato de Dios de dominar y someter a los demás seres vivos no debe entenderse como un derecho a abusar y a explotar la naturaleza de manera descontrolada.

En la actualidad, el desarrollo científico y la invención de medios tecnológicos y máquinas cada vez más potentes han desarrollado de manera espectacular la capacidad de actuación de las personas sobre su entorno. Estos avances científico-técnicos están mejorando la vida de las personas de una manera nunca vista, pero si son mal utilizados pueden causar una destrucción de proporciones incalculables.

Así, la capacidad de cada individuo para modificar su entorno ha aumentado considerablemente, por lo que también ha aumentado la responsabilidad de cada uno respecto al cuidado de la creación. Por eso, a la hora de decidir, la persona tiene que pensar muy bien las consecuencias positivas y negativas de su acción, para no poner en peligro la vida de otros y la conservación del planeta.

En consecuencia, la libertad del ser humano no es una facultad ilimitada, porque debe ser utilizada siempre para buscar el bien de los demás y del entorno, y no para causar destrucción y muerte.

Lo esencial

¿Quiénes somos?

Hombre y mujer fueron creados

- El libro del Génesis afirma que el ser humano ha sido creado a imagen y semejanza de Dios.
- Las personas se caracterizan por poseer una dimensión corporal y una dimensión espiritual. La capacidad de razonar, la libertad y su dimensión espiritual las diferencian de los demás seres vivos.

La dignidad

- El ser humano ocupa un lugar especial dentro de la creación y posee un valor absoluto solo por existir. Por eso, se debe respetar la dignidad de todos.
- Los derechos humanos surgen para hacer realidad y garantizar el respeto de la dignidad de las personas.

Libertad y responsabilidad

- Por la libertad, el ser humano puede elegir hacer el bien o el mal.
- Como puede elegir, la persona es responsable de las consecuencias que tienen sus acciones.
- El desarrollo científico-técnico puede servir para mejorar la vida de las personas, o puede causar muerte y la destrucción de la naturaleza.

smSaviadigital.com
MAPA CONCEPTUAL
Despliega.

SABER MÁS...

LA PERSONA CENTRO Y CIMA DE TODOS LOS BIENES

Creyentes y no creyentes están generalmente de acuerdo en este punto: todos los bienes de la tierra deben ordenarse en función del hombre, centro y cima de todos ellos.

Pero ¿qué es el hombre? Muchas son las opiniones que el hombre se ha dado y se da sobre sí mismo [...].

La Biblia nos enseña que el hombre ha sido creado "a imagen de Dios", con capacidad para conocer y amar a su Creador, y que por Dios ha sido constituido señor de la entera creación visible para gobernarla y usarla glorificando a Dios. ¿Qué es el hombre para que tú te acuerdes de él? ¿O el hijo del hombre para que te cuides de él? Apenas lo has hecho inferior a los ángeles al coronarlo de gloria y esplendor. Tú lo pusiste sobre la obra de tus manos. Todo fue puesto por ti debajo de sus pies (Sal 8,5-7).

Pero Dios no creó al hombre en solitario. Desde el principio los hizo hombre y mujer (Gn 1,27). Esta sociedad de hombre y mujer es la expresión primera de la comunión de personas humanas. El hombre es, en efecto, por su íntima naturaleza, un ser social, y no puede vivir ni desplegar sus cualidades sin relacionarse con los demás [...] .

CV II, *Gaudium et Spes* 12

AL CUIDADO DE LA NATURALEZA

No somos Dios. La tierra nos precede y nos ha sido dada. Esto permite responder a una acusación lanzada al pensamiento judío-cristiano: se ha dicho que, desde el relato del Génesis que invita a "dominar" la tierra (Gn 1,28), se favorecería la explotación salvaje de la naturaleza presentando una imagen del ser humano como dominante y destructivo [...]. Es importante leer los textos bíblicos en su contexto, con una hermenéutica adecuada, y recordar que nos invitan a "labrar y cuidar" el jardín del mundo (Gn 2,15). Mientras "labrar" significa cultivar, arar o trabajar, "cuidar"significa proteger, custodiar, preservar, guardar, vigilar. Esto implica una relación de reciprocidad responsable entre el ser humano y la naturaleza [...].

PAPA FRANCISCO, *Laudato si´* 67

- ¿Con qué contenidos estudiados en la unidad se relacionan estos textos?
- Según la encíclica del papa Francisco, ¿cómo hay que entender el mandato divino de dominar la tierra?

Actividades complementarias

1 Lee estas definiciones del ser humano que se han dado a lo largo de la historia.

- Escribe en tu cuaderno aquella definición con la que estés más de acuerdo y aquella con la que lo estés menos. Explica por qué las has elegido.
- Escribe tu propia definición de ser humano.

– *El ser humano es imagen y semejanza de Dios.*
Libro del Génesis

– *El ser humano es un lobo para el hombre.*
T. HOBBES

– *El ser humano es el animal que puede decir no.*
M. SCHELER

– *El ser humano es el animal que se engaña a sí mismo.*
P. ERNST

– *El ser humano es un animal racional.*
ARISTÓTELES

2 Encuentra en esta sopa de letras seis palabras que expresan características del ser humano que has estudiado en esta unidad.

A	S	P	V	A	F	P	Z	I	P	E
G	E	J	O	Ñ	I	E	A	T	R	K
I	M	A	G	E	N	Y	T	B	D	A
S	E	Q	W	K	A	E	I	O	A	B
I	J	Y	T	O	L	L	G	E	D	W
E	A	Z	C	T	E	P	F	L	I	R
H	N	X	V	A	S	O	X	R	N	I
L	Z	Ñ	M	H	I	D	P	O	G	O
L	A	N	O	I	C	A	R	S	I	L
N	O	K	I	S	O	L	I	V	D	A
R	E	S	P	O	N	S	A	B	L	E

3 Realiza en tu cuaderno el siguiente salto de caballo, que empieza por "Quien", y descubre la enseñanza de Jesús sobre quiénes son las personas importantes.

QUIEN	MO	QUE	SER	RA
TO	EL	QUIE	DE	SEA
TI	RO,	DOS.	SER	VI
Y	DE	PRI	EL	TO
ME	ÚL	DOS	DOR	EL

4 Esta acuarela fue realizada en 1795 por William Blake, se inspiró en el fresco hecho por Miguel Ángel en 1512. Te proponemos compararlas.

- ¿Cuál es el contenido de ambas obras de arte? ¿Qué similitudes encuentras entre ellas?
- ¿Qué diferencias encuentras en color, contenido, gestos, estilo, etc.?
- Argumenta cuál te parece que describe mejor los relatos del Génesis.
- ¿Cuál te agrada más personalmente? ¿Por qué?

5 La Declaración Universal de los Derechos Humanos está referida a todo ser humano, lo cual indica que ningún pueblo o nación quedan excluidos.

- Dibuja una bandera que refleje a todos los pueblos del mundo.

smSaviadigital.com **VALORA LO APRENDIDO**
¿Qué has aprendido?

[Por dentro]

Afirmar que la persona es el ser más valioso que existe no tiene sentido si la propia persona no se lo cree.
La dignidad de la persona no solo implica el respeto a los demás, sino que, en primer lugar, supone que uno debe quererse a sí mismo.

autoestima

La valoración positiva de uno mismo, la autoestima, es la base para que los seres humanos puedan ser felices y hacer felices a los demás.

Para tener alta la autoestima, tienes que mirar en tu interior, descubrir lo positivo y lo negativo que hay en ti y quererte como eres. Pero siempre debes cambiar y mejorar, y no olvidar nunca el valor que tienes por el simple hecho de ser persona, a pesar de los propios defectos.

1 Algunas personas viven pendientes de los demás y no son capaces de reconocer el verdadero tesoro que son ellos mismos. Lee con atención la historia del anillo.

- ¿Qué mensaje transmite la historia?
- ¿Por qué se da tanto valor a lo que piensen los demás sobre uno mismo?
- ¿Te pasa a ti lo mismo?
- ¿Cómo reaccionas cuando los demás te dicen algo que no corresponde con lo que eres?
- ¿Y cuando te dicen lo positivo?
- ¿Y cuando te dicen algo que no es positivo pero que es verdad?

2 Como ocurre con el anillo, las personas valen más de lo que creen y son un verdadero tesoro, una joya valiosa y única. Ahora, céntrate en lo que piensas de ti mismo.

- Señala cinco aspectos negativos de ti mismo y los sentimientos que te produce pensar lo negativo que hay en ti.
- Señala cinco aspectos positivos de ti mismo y los sentimientos que te produce pensar lo positivo que hay en ti.
- ¿Estás contento con tu forma de ser?
- ¿Tus limitaciones hacen que valgas menos?
- ¿Qué es lo que hace que tú seas valioso?

El verdadero valor del anillo

Un joven acudió a su maestro:

—Vengo, maestro, porque me dicen que no sirvo, que no hago nada bien, que soy torpe y bastante tonto. ¿Qué puedo hacer para que me valoren más?

El maestro lo miró en silencio y, al poco tiempo, se quitó un anillo que llevaba en la mano izquierda y, dándoselo, al muchacho, añadió:

—Vete al mercado. Debo vender este anillo porque tengo que pagar una deuda. Es necesario que obtengas por él la mayor suma posible, y no aceptes menos de una moneda de oro.

El joven, extrañado, tomó el anillo y partió en su caballo. Apenas llegó al mercado, empezó a ofrecer el anillo a los mercaderes, que lo miraban con algo de interés hasta que el joven decía lo que pedía por él. ¡No le pagaban más de una moneda de plata! Abatido por su fracaso, montó en el caballo y regresó.

—Maestro —dijo—, lo siento. Quizás hubiera podido conseguir dos o tres monedas de plata, pero no creo que pueda engañar a nadie respecto del verdadero valor del anillo.

—Eso que has dicho es muy importante, joven amigo —contestó sonriente el maestro—. Debemos conocer primero el verdadero valor del anillo. Ve a ver al joyero. ¿Quién mejor que él puede saberlo? Dile que desearías vender el anillo y pregúntale cuánto te da por él. Pero no se lo vendas. Vuelve aquí con mi anillo.

El joven volvió a cabalgar. El joyero, después de examinar la joya, le dijo al chico:

—Dile al maestro, muchacho, que si lo quiere vender ya mismo, no puedo darle más de cincuenta y ocho monedas de oro por su anillo.

—¿Cincuenta y ocho monedas? —exclamó el joven.

El joven corrió emocionado a casa del maestro a contarle lo sucedido.

—Siéntate —dijo el maestro después de escucharlo—. Tú eres como ese anillo: una joya, valiosa y única. Y como tal solo puede evaluarte un verdadero experto. ¿Por qué vas por la vida pretendiendo que cualquiera descubra tu verdadero valor?

Aunque el ser humano se presente como el centro de todo lo que existe, no siempre es tratado como se merece. Muchas veces, pasa de ser la criatura más importante a la menos respetada. Por ello, se han creado documentos que han tratado de resaltar el valor absoluto de la persona.

El "Hombre de Vitruvio"

Leonardo da Vinci, inspirándose en el estudio de un arquitecto de la antigua Roma llamado Vitruvio, realizó este famoso dibujo del ser humano. En él, Leonardo muestra su concepción de la persona como centro del universo. En la arquitectura clásica, el cuadrado simboliza la Tierra; mientras que el círculo representa el Cielo. Así, el dibujo, que sitúa al hombre en el centro del cuadrado y el círculo, quiere reflejar la idea del humanismo de que el hombre es el centro del Cielo y de la Tierra, es decir, del universo y, por tanto, es el ser más valioso. De ahí su dignidad.

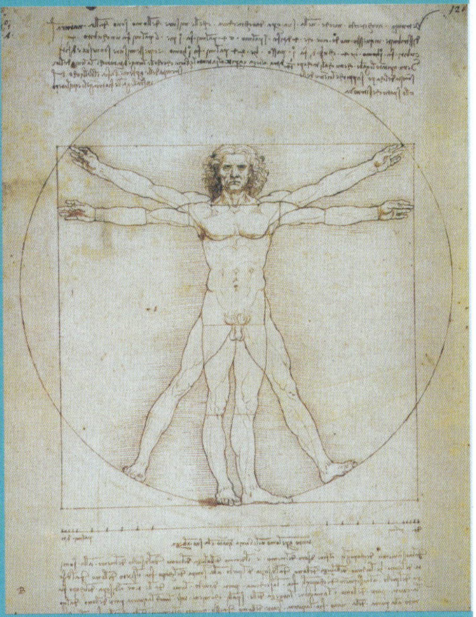

Preámbulo de la Declaración Universal de Derechos Humanos

Considerando que la libertad, la justicia y la paz en el mundo tienen por base el reconocimiento de la dignidad intrínseca y de los derechos iguales e inalienables de todos los miembros de la familia humana;

Considerando que el desconocimiento y el menosprecio de los derechos humanos han originado actos de barbarie ultrajantes para la conciencia de la humanidad, y que se ha proclamado, como la aspiración más elevada del hombre, el advenimiento de un mundo en que los seres humanos, liberados del temor y de la miseria, disfruten de la libertad de palabra y de la libertad de creencias; [...];

La Asamblea General proclama la presente Declaración Universal de Derechos Humanos como ideal común por el que todos los pueblos y naciones deben esforzarse, a fin de que tanto los individuos como las instituciones, inspirándose constantemente en ella, promuevan, mediante la enseñanza y la educación, el respeto a estos derechos y libertades.

www.e-sm.net/2ag_1_4

grandeza de la persona

1 **Con el dibujo del *Hombre de Vitruvio*, Leonardo reflejó el espíritu del humanismo del Renacimiento, corriente de pensamiento que exaltaba el valor de la persona humana.**

- ¿Hoy día se trata a las personas como si fuesen el centro del universo?
- ¿Conoces otros símbolos que muestren la grandeza del ser humano?
- Crea un dibujo donde se exprese el valor de la persona.

2 **Tras las numerosas muertes y la destrucción de la Segunda Guerra Mundial, algunos países tomaron conciencia de la necesidad de establecer un documento que recogiera los principales derechos de la persona para que tales hechos no volvieran a repetirse. Fue así como en 1948 se creó la Declaración Universal de Derechos Humanos que trata de ser una guía en la elaboración de las leyes de los países y en la acción de los seres humanos para que la dignidad de las personas sea siempre respetada.**

- ¿Qué relación existe entre la dignidad y los derechos humanos?
- Según el texto, ¿qué consecuencias ha tenido el desconocimiento y menosprecio de los derechos humanos? Pon algún ejemplo concreto de la sociedad.
- ¿Crees que es importante que exista este documento? ¿Por qué?
- Elabora una lista con los cinco derechos que tú consideras más importantes.

2 Abiertos a Dios

¿Qué queremos de la vida? ¿Cuál es su sentido? ¿Sabemos lo que buscamos? ¿Qué merece la pena? ¿Podemos ser felices estando solos?

A MI ALREDEDOR

Fíjate en la imagen de esta página.

- ¿Qué representa? ¿Te sugiere algo?
- ¿Cuál es su relación con el título de la unidad?
- ¿Crees que las personas, en general, se conforman con lo que les ofrece la vida o buscan algo más?

DIALOGAMOS

Nico Montero es un cantautor español que, a través de sus canciones, trata de transmitir el mensaje de Jesús. En esta canción, Nico describe el deseo de plenitud que sienten todos los seres humanos.

BUSCO ALGO MÁS

Busco algo más
que dé sentido a mis
sentidos,
que despierte el
corazón
solitario,
adormecido.
Y es que busco una razón
que sea razón de todos mis
motivos.
Busco la Verdad
por encima de "verdades",
y es que busco esa Luz
que ilumine realidades;
voy buscando un Corazón
de un amor inagotable.
Voy buscando algo más...
Busco algo más que dé
sentido. Busco algo más que
me despierte.
Busco algo más que dé
latidos a mi pobre corazón.

Busco algo más
que transforme mi egoísmo
y me descubra a los demás
como partes de mí mismo;
voy buscando ser la sal
y ser la luz que alumbre los
abismos.
Busco la Palabra
por encima de palabras
y es que busco una señal
una voz, una mirada;
voy buscando en mi interior
el poder de su llamada [...].

www.e-sm.net/2ag_2_1

- ¿Qué mensaje transmite la canción? ¿Cuál es su relación con la imagen de esta página?
- ¿Qué busca el autor según la letra de la canción?
- Muchas personas buscan el sentido de sus vidas, ¿dónde pueden encontrar respuestas?
- ¿Te has planteado tú alguna vez el sentido de tu vida?

smSaviadigital.com PONTE A PUNTO
Comprueba lo que sabes.

1. El deseo de Dios que muchas personas sienten fue expresado con gran fuerza en los salmos. A través de imágenes de la vida y de la naturaleza, el salmista expresa la necesidad de Dios.
   - ¿Qué sentimientos expresan estos salmos?
   - ¿Qué imágenes emplean para transmitir esos sentimientos?
   - ¿Crees que el salmista y Dios tienen una relación profunda o superficial?
2. El libro del Éxodo narra la relación que Dios mantuvo con el pueblo de Israel mientras caminaba por el desierto hacia la tierra prometida. Durante este tiempo, Dios se manifestó de distintas maneras a los israelitas, pero con Moisés mantuvo un trato especial.
   - ¿Para qué servía la Tienda del Encuentro?
   - ¿Qué ocurría cuando Moisés entraba en la Tienda del Encuentro?
   - ¿Cómo hablaba Dios con Moisés?
   - Hoy día, ¿los amigos se comunican de la misma manera o hay nuevas formas de comunicación? ¿Pueden los nuevos medios tecnológicos sustituir el diálogo cara a cara?
3. El evangelio de Juan narra el encuentro entre la samaritana y Jesús en el pozo de Jacob. Los samaritanos eran descendientes de extranjeros que habían repoblado la zona de Samaría y no mantenían una buena relación con los judíos.
   - ¿Qué pide Jesús a la mujer y por qué esta se sorprende?
   - Según Jesús, ¿el que bebe de su agua vuelve a tener sed?
   - ¿Por qué la mujer piensa que Jesús puede ser el Mesías?
   - Los vecinos ¿creen en Jesús por lo que ha dicho la mujer o porque ellos mismos le han oído hablar?

LEER LA BIBLIA

DESEO DE DIOS

Oh Dios, tú eres mi Dios, por ti madrugo, mi alma está sedienta de ti; mi carne tiene ansia de ti, como tierra reseca, agostada, sin agua.

Sal 63,2

Como busca la cierva corrientes de agua, así mi alma te busca a ti, Dios mío; mi alma tiene sed de Dios, del Dios vivo: ¿cuándo entraré a ver el rostro de Dios?

Sal 42,2-3

LA TIENDA DEL ENCUENTRO

Moisés levantó la tienda y la plantó fuera, a distancia del campamento, y la llamó "Tienda del Encuentro". El que deseaba visitar al Señor, salía fuera del campamento y se dirigía a la Tienda del Encuentro. Cuando Moisés salía en dirección a la tienda, todo el pueblo se levantaba y esperaba a la entrada de sus tiendas, mirando a Moisés hasta que este entraba en la tienda. En cuanto Moisés entraba en la tienda, la columna de nube bajaba y se detenía a la entrada de la tienda, mientras el Señor hablaba con Moisés. Cuando el pueblo veía la columna de nube a la puerta de la tienda, se levantaba y se postraba cada uno a la entrada de su tienda. El Señor hablaba con Moisés cara a cara, como habla un hombre con un amigo.

Ex 33,7-11a

JESÚS Y LA SAMARITANA

Llegó Jesús a una ciudad de Samaría llamada Sicar, cerca del campo que dio Jacob a su hijo José; allí estaba el pozo de Jacob. Llega una mujer de Samaría a sacar agua, y Jesús le dice:

—Dame de beber.

Sus discípulos se habían ido al pueblo a comprar comida. La samaritana le dice:

—¿Cómo tú, siendo judío, me pides de beber a mí, que soy samaritana?

GUERCINO,
Jesús y la samaritana en el pozo.
Museo Thyssen-Bornemisza, Madrid

Jesús le contestó:

—Si conocieras el don de Dios y quién es el que te dice "dame de beber", le pedirías tú, y él te daría agua viva.

La mujer le dice:

—Señor, si no tienes cubo, y el pozo es hondo, ¿de dónde sacas el agua viva?; ¿eres tú más que nuestro padre Jacob, que nos dio este pozo, y de él bebieron él y sus hijos y sus ganados?

Jesús le contestó:

—El que bebe de esta agua vuelve a tener sed; pero el que beba del agua que yo le daré nunca más tendrá sed: el agua que yo le daré se convertirá dentro de él en un surtidor de agua que salta hasta la vida eterna.

La mujer le dice:

—Señor, dame esa agua: así no tendré más sed, ni tendré que venir aquí a sacarla.

Jn 4,5-15.28-30.39-42

B Texto completo p.121

¿Puedo vivir solo? ¿Necesito a los demás?
¿Ayudan los demás a dar sentido a mi vida? ¿Quiénes son mis amigos?

A MI ALREDEDOR

CREAR LAZOS

—Busco amigos. ¿Qué significa "domesticar"?
—Es algo demasiado olvidado —dijo el zorro—, significa "crear lazos...".
—¿Crear lazos?
—Claro —dijo el zorro—. Para mí, tú no eres todavía más que un niño parecido a cien mil niños. Y no te necesito. Y tú tampoco me necesitas. Para ti no soy más que un zorro parecido a cien mil zorros. Pero si me domesticas, nos necesitaremos el uno al otro. Serás para mí único en el mundo. Seré para ti único en el mundo [...].
El zorro calló y miró largo rato al principito:
—¡Por favor... domestícame! —dijo.
—Como quieras —contestó el principito—, pero no tengo mucho tiempo. Tengo que encontrar amigos y conocer muchas cosas.
—Solo se conocen las cosas que se domestican —dijo el zorro—. Los hombres ya no tienen tiempo de conocer nada. Compran cosas hechas a los vendedores. Pero como no existen vendedores de amigos, los hombres ya no tienen amigos. ¡Si quieres un amigo, domestícame! [...]. Hay que tener mucha paciencia. [...].
—Adiós —dijo el zorro—. Este es mi secreto. Es muy sencillo: solo se ve bien con el corazón. Lo esencial es invisible a los ojos [...].

ANTOINE DE SAINT-EXUPÉRY, *El principito*, capítulo XXI

4 **Los seres humanos no pueden vivir solos, necesitan crear unas relaciones especiales que les permitan compartir la vida. El diálogo entre el zorro y el principito es uno de los textos que mejor expresa en qué consiste cuidar y cultivar la amistad. Lee con atención el siguiente fragmento.**

- ¿Qué ocurre cuando se domestica o se crean vínculos?
- Para domesticar hace falta tener paciencia y dedicar tiempo. Según el texto, ¿las personas de hoy día tienen tiempo?, ¿por qué no tienen amigos? ¿Estás de acuerdo con lo que dice el zorro?
- ¿Cuál es el secreto que comparte el zorro con el principito?

smSaviadigital.com
INTERACTIVO
Diálogo con la samaritana.

Abiertos a los otros, la amistad

Nadie puede construir su vida sin tener en cuenta a los otros. Todos los seres humanos necesitan relacionarse con los demás para desarrollarse como personas. Desde su nacimiento, las personas dependen unas de otras. Incluso cuando llegan a la edad adulta y alcanzan la madurez, siguen necesitando a los demás para poder vivir y ser felices.

La vida en solitario, además de ser imposible, genera infelicidad. Los seres humanos han vivido siempre en sociedad y, por eso, la relación con los otros da sentido a sus vidas.

Es por eso que la comunicación es esencial en las relaciones humanas. El medio más habitual para abrirse a los demás es el diálogo entre personas. El diálogo sirve para intercambiar información y comunicar pensamientos, sentimientos y deseos. Dependiendo de si la relación que se establece con los demás es más o menos profunda, la información que se transmite al interlocutor varía: puede ir desde lo más externo, como hablar del tiempo que hace, hasta lo más íntimo, como expresar sentimientos personales.

La relación de amistad ocupa un lugar privilegiado en las relaciones humanas. Gracias a la amistad, las personas hablan cara a cara y comparten la vida mostrándose tal y como son. Los amigos se convierten así en personas únicas para el otro.

Abiertos a Dios, la fe

Una de las características de los seres humanos es el inconformismo, es decir, la búsqueda continua de algo más que dé sentido a sus vidas y les haga felices. Las relaciones humanas y la apertura a los otros, además de ser una muestra del carácter social de los seres humanos, son un medio esencial en esa búsqueda. Gracias a su relación con los demás, las personas dan sentido a sus vidas y encuentran la felicidad, porque amar y ser amados es una de las experiencias que más feliz hace al ser humano. Ni las cosas ni las ideas aportan lo mismo.

Las personas, a pesar de haber dado sentido a su vida, sienten la necesidad de algo más. Es en este momento cuando la dimensión espiritual del ser humano se pone de manifiesto. Gracias a ella, las personas tienen la capacidad de abrirse a una relación nueva con la divinidad, un ser superior que se les da a conocer y que puede dar un sentido total y definitivo a su vida. Esta apertura de la persona a una relación personal con la divinidad que se le ha revelado es la fe.

El ser superior en la Biblia es Dios, y Dios se relaciona con sus amigos, como en el caso de Moisés, con quien habla cara a cara, o como en el relato de la samaritana que dialoga con Jesús. Tener fe es vivir un encuentro y una relación de amistad personal. Sin esta relación no se puede hablar de fe.

1 El cristianismo, en sus orígenes, tuvo que coexistir con otras religiones, como el judaísmo y las religiones de griegos y romanos. Pero, a veces, hubo problemas de convivencia y se hizo necesario el diálogo con ellas. Este relato de los Hechos de los Apóstoles muestra el diálogo que mantuvo Pablo con los atenienses acerca de su religión y sus dioses.

- ¿Cuál es la causa por la que se irrita Pablo? ¿Con quién discute y dialoga?
- ¿Por qué dice que los atenienses son extremadamente religiosos?
- Según Pablo, ¿quién es el Dios desconocido al que adoran los griegos?
- Entre tus amigos, compañeros o vecinos, ¿hay personas de distintas religiones?, ¿de cuáles?

2 Jesús, en la última cena, quiso despedirse de sus discípulos y transmitirles lo que él consideraba que era lo más importante de su mensaje. En un momento de este discurso de despedida, que es contado en el evangelio de Juan, Jesús se refiere a aquello que distingue a los seguidores de Jesús.

- ¿Cuál es el mandamiento nuevo que da Jesús?
- ¿Cómo se reconoce a los seguidores de Jesús?
- ¿Por qué crees que Jesús, poco antes de morir, quiso dejar claro lo más importante de su mensaje?

3 Algunas personas creen que la religión se puede vivir de forma individual. Pero Jesús, con su vida, mostró que debe vivirse en grupo.

- ¿Qué sucede donde hay varios cristianos reunidos?
- ¿Crees que una religión donde las personas no se relacionan entre sí tiene sentido? ¿Por qué?

LEER LA BIBLIA

AL DIOS DESCONOCIDO

Mientras Pablo los esperaba en Atenas, su espíritu se irritaba en su interior al ver que la ciudad estaba llena de ídolos. Discutía, pues, en la sinagoga con los judíos y con los adoradores de Dios y diariamente en el ágora con los que allí se encontraba; incluso algunos filósofos epicúreos y estoicos conversaban con él. Algunos decían: "¿Qué querrá decir este charlatán?". Y otros: "Parece que es un predicador de divinidades extranjeras".

Porque anunciaba a Jesús y la resurrección. Lo llevaron al Areópago, diciendo:

—¿Se puede saber cuál es esa nueva doctrina de que hablas? Pues dices cosas que nos suenan extrañas y queremos saber qué significa todo esto.

Todos los atenienses y los forasteros residentes allí no se ocupaban en otra cosa que en decir o en oír la última novedad.

Pablo, de pie en medio del Areópago, dijo:

—Atenienses, veo que sois en todo extremadamente religiosos. Porque, paseando y contemplando vuestros monumentos sagrados, encontré incluso un altar con esta inscripción: "Al Dios desconocido". Pues eso que veneráis sin conocerlo os lo anuncio yo. El Dios que hizo el mundo y todo lo que contiene, siendo como es Señor de cielo y tierra, no habita en templos construidos por manos humanas, ni lo sirven manos humanas, como si necesitara de alguien, él que a todos da la vida y el aliento, y todo. De uno solo creó el género humano para que habitara la tierra entera, determinando fijamente los tiempos y las fronteras de los lugares que habían de habitar, con el fin de que lo buscasen a él, a ver si, al menos a tientas, lo encontraban; aunque no está lejos de ninguno de nosotros, pues en él vivimos, nos movemos y existimos; así lo han dicho incluso algunos de vuestros poetas: "Somos estirpe suya". Por tanto, si somos estirpe de Dios, no debemos pensar que la divinidad se parezca a imágenes de oro o de plata o de piedra, esculpidas por la destreza y la fantasía de un hombre. Así pues, pasando por alto aquellos tiempos de ignorancia, Dios anuncia ahora en todas partes a todos los humanos que se conviertan. Porque tiene señalado un día en que juzgará el universo con justicia, por medio del hombre a quien él ha designado; y ha dado a todos la garantía de esto, resucitándolo de entre los muertos.

Hch 17,16-31

RAFAEL,
Pablo en el Areópago ateniense.
Tapiz basado en un cartón del pintor. Detalle

SABRÁN QUE SOIS MIS DISCÍPULOS

Os doy un mandamiento nuevo: que os améis unos a otros; como yo os he amado, amaos también unos a otros. En esto conocerán todos que sois discípulos míos: si os amáis unos a otros.

Jn 13,34-35

EN MEDIO DE ELLOS

Donde dos o tres están reunidos en mi nombre, allí estoy yo en medio de ellos.

Mt 18,20

Si hay un solo Dios, ¿por qué hay muchas religiones? ¿Por qué se mata en nombre de Dios? ¿La fe y la religión unen o separan a las personas? ¿Se puede obligar a otra persona a creer?

A MI ALREDEDOR

TAIZÉ UN SUEÑO DE COMUNIÓN

El hermano Roger llegó al pueblo de Taizé en agosto de 1940, a comienzos de la Segunda Guerra Mundial. Hoy, la comunidad de Taizé reúne a unos cien hermanos, católicos, ortodoxos y protestantes, procedentes de más de treinta naciones. La comunidad es un signo concreto de reconciliación entre cristianos divididos y pueblos separados.

Con solo veinticinco años, el hermano Roger creó las bases de una comunidad que para él era una parábola de comunión y un fermento de reconciliación en la familia humana:

"Pienso que desde mi juventud nunca me ha abandonado la intuición de que una vida en comunidad pudiese ser el signo de que Dios es amor y solamente amor. Poco a poco surgió en mí la convicción de que era esencial crear una comunidad con hombres decididos a dar toda su vida y que buscasen comprenderse y reconciliarse siempre: una comunidad donde la bondad y la sencillez fuesen el centro de todo".

Hoy día, Taizé se ha convertido en un lugar de peregrinación.

4 En ocasiones, las religiones han sido el origen de muchos conflictos, como las guerras de religión entre protestantes y católicos. Pero, las religiones están llamadas a ser un signo de comunión entre las personas en este mundo tan dividido. Un ejemplo de esta unión se observa en la comunidad de Taizé, en Francia. Esta comunidad está conformada por religiosos católicos y no católicos que viven juntos y comparten el seguimiento de Jesús.

- ¿Qué objetivo tenía el hermano Roger al fundar la comunidad?
- Hoy día, ¿de qué es ejemplo la comunidad de Taizé?
- ¿Crees que pueden vivir en armonía distintas religiones?

El origen de la religión

En cualquier ciudad del mundo se pueden encontrar edificios religiosos, calles con nombres de personajes o de acontecimientos religiosos, obras de arte y fiestas de temática religiosa, etc. La religión está presente, de una u otra forma, en la vida de los seres humanos de todas las culturas. Y para muchas personas, es el medio por el cual viven su relación con la divinidad. Pero ¿por qué existen las religiones?

Existen distintas teorías sobre el origen de las religiones. Unas afirman que el origen de la religión nace del miedo de los seres humanos primitivos a fenómenos de la naturaleza que no podían controlar y que creían que eran provocados por los dioses, para ello realizaban ritos para tratar de agradarles y buscar que les favorecieran. Otras teorías abogan por un origen social, creen que la religión surgió para organizar las sociedades y mantenerlas unidas bajo una creencia común. Pero en realidad, el deseo de Dios es algo mucho más profundo y natural en los seres humanos que lo que expresan estas dos teorías.

La religión surge de la apertura de las personas hacia un ser superior que da sentido y felicidad a sus vidas. Las personas desean ser felices, y muchos descubren que en este mundo no pueden alcanzar la felicidad total. Este deseo de ser feliz se encuentra en lo más profundo del ser humano.

Como dijo san Agustín, la religión tiene su origen en el corazón inquieto, en el deseo de las personas de ser felices y en lograr esta felicidad en Dios, que les ha creado a su imagen y semejanza.

Diferentes modos de relacionarse

El deseo religioso de los seres humanos se ha expresado, a lo largo de la historia, a través de distintas religiones. Existen muchas tradiciones religiosas, como son el judaísmo, el cristianismo, el islam, el budismo, el hinduismo, el politeísmo, el animismo, etc., y cada una de ellas propone un camino de acercamiento a la divinidad o una forma de relacionarse con ella. Por tanto, las religiones representan un camino de salvación y de felicidad para los creyentes que la practican.

Las religiones son un conjunto de normas de conducta, tradiciones, celebraciones y ritos religiosos para relacionarse con la divinidad. La práctica religiosa no es, por tanto, una actividad más de los seres humanos, como un trabajo o una afición. La religión orienta la vida de las personas creyentes, porque el creyente vive toda su vida y todo lo que hace desde la fe concreta de su religión.

A lo largo de la historia, algunas religiones se han considerado como la única fe verdadera. Por eso, han obligado a creer en ellas por la fuerza, llegando incluso a matar a aquellos que no querían compartir su fe. Esto ha provocado enfrentamientos y guerras entre las personas con distinta religión.

Pero las religiones no deben ser una causa de división y conflicto, sino un medio de convivencia pacífica y de unión entre los creyentes. Por eso, desde 1986, las distintas religiones se reúnen para rezar por la paz mundial en la ciudad italiana de Asís. En estos encuentros periódicos, late un mismo sentimiento de compasión por la humanidad.

La fe, un encuentro personal

1 **Normalmente, las personas toman como verdadero aquello que han podido comprobar de forma personal. El relato de la aparición de Jesús resucitado muestra que lo verdadero no siempre es aquello que podemos ver o tocar, y que la fe se funda en la confianza.**

- ¿Qué prueba necesita Tomás para creer que Jesús ha resucitado?
- ¿Cuáles son las palabras de Tomás cuando mete el dedo en el agujero de los clavos y la mano en el costado?
- Según Jesús, ¿quiénes son bienaventurados?
- En tu vida, ¿crees lo que te dicen los demás o necesitas comprobarlo por ti mismo para creerlo?

2 **Entre los primeros cristianos surgió una disputa: unos decían que lo importante era tener fe, aunque no se actuase, y otros defendían que la fe se mostraba con la forma de vivir. Lee con atención el texto de la carta de Santiago.**

- ¿Qué problema trata la carta?
- Según Santiago, ¿por qué no basta solo con tener fe?, ¿qué ejemplos pone?
- ¿Cómo se muestra la fe?
- ¿Estás de acuerdo con Santiago?

3 **Tras su transfiguración, Jesús se encontró con un endemoniado que los discípulos no habían podido curar.**

- ¿Cómo reacciona Jesús cuando el padre le dice que los discípulos no han podido curar a su hijo? ¿Te sorprende esa reacción?
- ¿Qué responde el padre al escuchar que todo es posible para el que cree?
- ¿Tener fe significa tener todo claro o, como le ocurre al padre del texto, se pueden tener dudas?

LEER LA BIBLIA

SI NO LO VEO NO LO CREO

Tomás, uno de los Doce, llamado el Mellizo, no estaba con ellos cuando vino Jesús. Y los otros discípulos le decían:

—Hemos visto al Señor—. Pero él les contestó:

—Si no veo en sus manos la señal de los clavos, si no meto el dedo en el agujero de los clavos y no meto la mano en su costado, no lo creo.

A los ocho días, estaban otra vez dentro los discípulos y Tomás con ellos. Llegó Jesús, estando cerradas las puertas, se puso en medio y dijo:

—Paz a vosotros—. Luego dijo a Tomás:

—Trae tu dedo, aquí tienes mis manos; trae tu mano y métela en mi costado; y no seas incrédulo, sino creyente.

Contestó Tomás:

—¡Señor mío y Dios mío!

Jesús le dijo:

—¿Porque me has visto has creído? Bienaventurados los que crean sin haber visto.

Jn 20,24-29

La incredulidad de Tomás. Altorrelieve de la catedral de Notre-Dame, París

FE Y OBRAS

¿De qué le sirve a uno, hermanos míos, decir que tiene fe, si no tiene obras? ¿Podrá acaso salvarlo esa fe? Si un hermano o una hermana andan desnudos y faltos del alimento diario y uno de vosotros les dice: “Id en paz, abrigaos y saciaos”, pero no les da lo necesario para el cuerpo, ¿de qué sirve? Así es también la fe: si no tiene obras, está muerta por dentro. Pero alguno dirá: “Tú tienes fe y yo tengo obras, muéstrame esa fe tuya sin las obras, y yo con mis obras te mostraré la fe”. Tú crees que hay un solo Dios. Haces bien. Hasta los demonios lo creen y tiemblan. ¿Quieres enterarte, insensato, de que la fe sin las obras es inútil?

Sant 2,14-20

AUMÉNTAME LA FE

—Maestro, te he traído a mi hijo; tiene un espíritu que no lo deja hablar. He pedido a tus discípulos que lo echen y no han sido capaces.

Él, tomando la palabra, les dice:

—¡Generación incrédula! ¿Hasta cuándo estaré con vosotros? ¿Hasta cuándo os tendré que soportar? Traédmelo.

Jesús preguntó al padre:

—¿Cuánto tiempo hace que le pasa esto?

Contestó él:

—Desde pequeño. Y muchas veces hasta lo ha echado al fuego y al agua para acabar con él. Si algo puedes, ten compasión de nosotros y ayúdanos—.Jesús replicó:

—¿Si puedo? Todo es posible al que tiene fe—. Entonces el padre del muchacho se puso a gritar:

—Creo, pero ayuda mi falta de fe.

Mc 9,14-24

B Texto completo p.121

¿Qué es la fe? ¿Es posible creer en lo que no se ha experimentado? ¿Cuál es la relación entre la fe y las obras?

A MI ALREDEDOR

LA FE SE HACE OBRA

Al regresar a casa después de estar con sus amigos, Francisco y su mujer se toparon con la larga cola del comedor social de los trinitarios. Esto le hizo pensar. Después, tomó su móvil y envió un wasap a sus amigos: "Me revienta saber que en todas nuestras casas tiramos comida en mal estado y hay vecinos nuestros que lo están pasando muy mal. Me gustaría educar a mi hija desde una visión cristiana, en el trabajo y apoyo a los que más lo necesitan". Este fue el comienzo de una acción solidaria.

Al principio eran cinco o seis personas, pero hoy ayudan muchos más. Se dedican a preparar menús para los fines de semana y venderlos entre sus contactos a precios asequibles. Los jueves por la tarde, quedan para cocinarlos, y los viernes los entregan. Así recaudan un dinero que donan al comedor de los trinitarios para que continúe su labor.

www.e-sm.net/2ag_2_2

4 Algunos consideran que la religión adormece la conciencia de las personas porque solo se preocupan por la felicidad del cielo y no se ocupan de mejorar la situación en la tierra. Sin embargo, muchos creyentes se implican en construir un mundo mejor y luchar contra la injusticia.

- ¿En qué consiste la acción solidaria que cuenta esta noticia?
- ¿Qué hecho motiva esa acción?
- ¿Tener fe es una motivación especial para ayudar a los demás?
- Pon algún ejemplo de personas o asociaciones que conozcas que, por tener fe en Dios, ayuden a otros que están sufriendo.

Bienaventurados los que creen sin ver

Hoy día, la influencia de la ciencia en la sociedad es tan grande que para admitir algo como verdadero debe demostrarse antes mediante un análisis racional y poder experimentarse a través de los sentidos, tal como hace el método científico.

Sin embargo, para llegar a comprender al ser humano no basta con las explicaciones que la ciencia ofrece. El ser humano es muy complejo, y su esencia va mucho más allá de lo que se puede ver. El amor de una madre por sus hijos, el dolor por la pérdida de un ser querido, el miedo o la fe no se pueden ver, pero son una parte esencial de la persona. La carta a los Hebreos definió la fe como "garantía de lo que no se ve" (Heb 11,1).

Cuando Jesús se apareció a Tomás, nos enseñó que la fe se basa en la confianza, y que es algo que no se necesita ver ni tocar. Que vaya más allá de lo visible no quiere decir que la fe sea algo falso o irracional. La fe surge de la relación personal entre el creyente y Jesús, como ocurre en la relación entre los amigos.

La fe es un acto de confianza, es la respuesta libre de la persona a la iniciativa de Dios que se revela. Se cree porque se confía. Por tanto, la fe no son unas ideas en las que se cree, sino, ante todo, un acto de amor hacia el otro. Y el amor surge desde la libertad de la persona y, por eso, no se puede obligar a amar a nadie. En consecuencia, tampoco se puede obligar a nadie a amar a Dios. Jesús siempre respetó la libertad de las personas y nunca obligó a nadie a seguirle.

Pero como la fe es la garantía de lo que no se ve, es normal que surjan momentos de duda. La fe es una relación personal con Dios, y como cualquier relación del ser humano, también atraviesa por momentos de más cercanía y otros de más dificultad.

Una fe para la vida

Como ocurre entre las personas, el contacto con los demás cambia la propia vida. El evangelio muestra numerosos pasajes donde la fe transforma la vida de las personas. Muchos encontraron la felicidad en su vida cuando se relacionaron con Jesús.

La fe debe aportar al ser humano felicidad y plenitud, y ayudarle a crecer como persona. Una fe que destruye, que esclaviza o que entristece no es una fe verdadera, igual que una amistad que somete y entristece a la persona no es una verdadera amistad. La verdadera fe es fuente de vida para la persona que la tiene.

Pero la fe de uno mismo también debe ser fuente de vida para los demás. Por ello, como dice la carta de Santiago, la fe sin obras es una fe inútil. Aunque, por la fe, Dios se convierte en el centro de la vida de la persona, la fe no puede aislarla de los otros. Por el contrario, Jesús enseñó que la fe nos acerca a los demás y favorece el estar atento a sus necesidades. La fe, por tanto, ayuda a conseguir un mundo más justo y mejor.

Una fe vivida en comunidad

La fe es relación y, como relación, no puede vivirse en soledad. Nadie puede creer solo, igual que nadie puede vivir solo. Nadie se ha dado a sí mismo la fe, el creyente ha recibido la fe de otros y la comparte. Por tanto, la fe se vive en comunidad.

Por medio de la Iglesia se recibe el don de la fe por el bautismo. Y es en la Iglesia donde los creyentes viven y celebran la fe. La fe, como don que se recibe y que necesita ir desarrollándose, va creciendo gracias a la vivencia comunitaria en la Iglesia.

Lo esencial

Abiertos a Dios

Somos seres en relación

- Los seres humanos necesitan vivir en sociedad.
- Los amigos comparten la vida y se muestran tal y como son.
- Tener fe es confiar en Dios como amigo.

Las religiones

- La religión surge de la apertura de las personas hacia un ser superior que da sentido y felicidad a sus vidas.
- Las religiones se presentan como un camino de salvación y de felicidad para los creyentes que las practican.

La fe, un encuentro personal

- La fe es un encuentro personal de la persona con Dios.
- La fe se funda en la confianza, porque se confía en la persona en la que se cree.
- La fe, como cualquier relación, a veces presenta dudas a las personas.
- La fe sin obras es una fe inútil.
- La fe se vive en comunidad.

smSaviadigital.com
MAPA CONCEPTUAL
Despliega.

SABER MÁS...

LA FE, UN ENCUENTRO CON JESÚS

La muchedumbre no comprende, cree que Jesús pide observar preceptos para poder obtener la continuación de aquel milagro, y pregunta: "¿Qué tenemos que hacer para realizar las obras de Dios?". La respuesta de Jesús es clara: "La obra de Dios es esta: que creáis en el que él ha enviado" (Jn 6,28-29). El centro de la existencia, lo que da sentido y firme esperanza al camino de la vida, a menudo difícil, es la fe en Jesús, el encuentro con Cristo. También nosotros preguntamos: "¿Qué tenemos que hacer para alcanzar la vida eterna?". Y Jesús dice: "Creed en mí". La fe es lo fundamental. Aquí no se trata de seguir

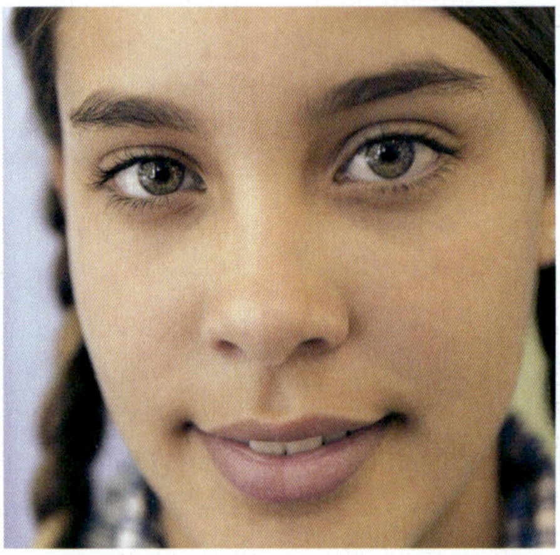

una idea, un proyecto, sino de encontrarse con Jesús como una persona viva, de dejarse conquistar totalmente por él y por su evangelio.

BENEDICTO XVI, *Ángelus*, 5-8-2012

LA FE, UNA DECISIÓN LIBRE

El hombre, al creer, debe responder voluntariamente a Dios; nadie debe ser obligado contra su voluntad a abrazar la fe. En efecto, el acto de fe es voluntario por su propia naturaleza [...]. Ciertamente, Dios llama a los hombres a servirle en espíritu y en verdad. Por ello, quedan vinculados en conciencia, pero no coaccionados [...]. Esto se hizo patente, sobre todo, en Cristo Jesús. [...]. Dio testimonio de la verdad, pero no quiso imponerla por la fuerza a los que le contradecían. Pues su reino [...] crece por el amor con que Cristo, exaltado en la cruz, atrae a los hombres hacia él.

CV II, *Dignitatis humanae*, 10 y 11

- Según el papa Benedicto XVI, ¿en qué consiste la fe?
- El segundo texto afirma que la fe debe ser una respuesta libre. ¿Por qué no se puede imponer la fe a otra persona?

Actividades complementarias

1 Intenta completar este medio rosco de ***Pasapalabra*** con el menor número de fallos.

A Mandamiento nuevo que da Jesús en la última cena.
B Lo son los que creen sin haber visto.
C La comunidad de Taizé es una parábola o ejemplo de...
D Según el zorro, en el diálogo con el principito, es lo mismo que "crear lazos".
E Moisés y Dios hablaban en la Tienda del...
F Encuentro personal entre una persona y Jesús.
G La contiene. Jesús se la pide a la samaritana para calmar la sed.
H Ellos son los destinatarios de una carta del Nuevo Testamento en donde se afirma que la fe es la garantía de lo que no se ve.
I Jesús le dice a Tomás que debe ser creyente en vez de...
J Padre de José que tenía un pozo en Sicar.
L La contiene. Poema de la Biblia donde se expresa con gran fuerza el deseo de Dios.
M El hermano Roger llegó a Taizé durante la Segunda Guerra...
N La contiene. Ciudad donde san Pablo habló en el Areópago.

2 **La amistad es una realidad tan importante de los seres humanos que hasta la Biblia, en el libro del Eclesiástico, ha reflexionado sobre ella.**

- Rellena, en tu cuaderno, los huecos que faltan con las palabras que tienes a continuación.
- ¿Qué relación tiene la amistad con la fe?

medicina valor tesoro
fiel refugio ~~amigo~~

Un amigo **fiel es un** refugio **seguro y quien lo encuentra ha encontrado un** tesoro

Un amigo fiel **no tiene precio y su** valor **es incalculable.**

Un amigo fiel es medicina **de vida.**

smSaviadigital.com **VALORA LO APRENDIDO**
¿Qué has aprendido?

3 Completa el siguiente crucigrama en tu cuaderno. Ten en cuenta lo trabajado en la unidad.

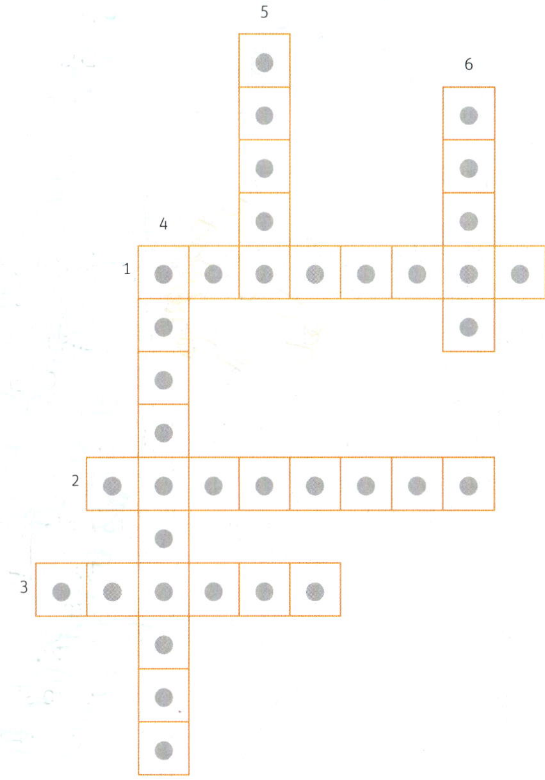

HORIZONTALES
1. Según el zorro, es invisible a los ojos.
2. Medio de los seres humanos para relacionarse con la divinidad o un ser supremo.
3. Moisés y Dios hablaban cara a cara como tales.

VERTICALES
4. Movimiento de relación mutua entre las distintas religiones.
5. La fe no se puede imponer porque es...
6. Sin ellas la fe es inútil.

4 Observa la siguiente viñeta de José Luis Cortés.

- Describe la viñeta.
- ¿Por qué Dios se hace esa pregunta?
- Relaciona la viñeta con lo estudiado en la unidad sobre la fe como una fuerza que hace que Dios se convierta en el centro de la vida de las personas.
- En la sociedad actual, ¿se puede decir que el fútbol es como una religión?

Por dentro

Para poder ver "más allá", es necesario fijarse en lo que nos rodea y lo que nos sucede. En un mundo donde todo parece ir muy deprisa, hay que pararse a contemplar para poder ver más de lo que percibimos a simple vista.

ver con el corazón

En el mundo de hoy, la fibra óptica ha acelerado las comunicaciones, el AVE y los aviones llevan a otras zonas del mundo en poco tiempo, las personas viven una actividad frenética. Por todo ello, las personas no son conscientes muchas veces de lo que están viviendo, sino que simplemente buscan hacer las cosas con la mayor rapidez posible. Y, de esta forma, viven una vida superficial, haciendo mucho y viviendo poco.

En los museos, sorprende ver como algunas personas pasan ante las obras de arte sin pararse a contemplarlas, tan solo las graban con sus cámaras.

Contemplar es ser capaz de ver más allá de lo que aparece y, para ello, hay que educar la mirada para aprender a mirar de una manera distinta a como se mira habitualmente.

1 **En las exposiciones de arte, hay personas que echan una mirada rápida a obras que se realizaron tras un largo proceso de creación. "Hay que verlo todo", se dicen, y pocos se detienen ante un cuadro para observarlo sin prisa.**

- ¿Vives tu vida como los turistas que pasan de largo y no se paran?
- Repasa tus últimos dos días. Haz una lista, señalando de forma ordenada, lo que hiciste.
- ¿Dedicaste algún momento para pararte y pensar en lo que estabas viviendo?

2 **La vida es una constante "exposición de obras de arte": sitios, personas, acciones, encuentros... Hay infinidad de elementos a tu alrededor llenos de significado, detalles, creatividad, valor, etc. Supón que eres un pintor o un fotógrafo que busca imágenes que retener.**

- Haz un sencillo marco con cartón.
- Asómate a través de él y enmarca parte de tu realidad para centrar tu atención sobre ella.
- Sigue los pasos de la actividad que te proponemos.

mi marco

- Con el marco concreto, o con tu imaginación, pasea tranquilamente por tu entorno habitual.
- Escoge algo o a alguien en que fijarte. No tiene por qué ser llamativo o excepcional.
- Piensa cómo ha llegado a ser parte de tu mundo, la de cosas que han tenido que ocurrir para que sea así, vete más allá de lo inmediato.
- Qué te aporta: belleza, servicio, compañía, cuidado, utilidad, etc.
- Cuál es el mayor valor que te aporta, lo esencial.
- Intenta observar lo que has elegido como si fuera la primera vez que se muestra ante ti.
- Qué sientes, qué te apetece hacer, etc.

A través del arte, los seres humanos han tratado de comunicar sus sentimientos e ideas más profundas. Los artistas tienen la capacidad de mostrar la realidad de una manera que nos ayuda a superar nuestra mirada apresurada de la realidad.

Por fuera

GAUGUIN, *El Cristo amarillo.* Museo Albright-Knox, EE. UU.

Esta obra fue pintada en 1889 en Bretaña, región de Francia. Gauguin se inspiró en un crucifijo de una iglesia cercana. Jesús es el protagonista del cuadro. Junto a él aparecen tres mujeres bretonas y, al fondo, alguien salta una valla.

El artista introduce varios contenidos simbólicos, el más evidente es el color, típico del otoño bretón, con unos maravillosos colores amarillos mezclados con naranjas y verdes, similares a las tonalidades de Jesús. Las tradiciones de muchas culturas consideran al otoño la muerte de los cultivos que resucitan en primavera; de esta manera, el artista lanza el mensaje de que la muerte de Jesús será un paso hacia la resurrección.

la mirada del arte

El arte no es un modo de imitar la realidad, sino que es más bien un medio para que el artista pueda reflejar aquello que siente y piensa.

Las obras de arte están llenas de símbolos que el espectador atento debe interpretar para llegar a captar lo que el artista realmente quería transmitir.

1 Los detalles pequeños son importantes. Observa la figura que salta la valla.

- ¿Qué te sugiere este detalle?
- ¿Qué piensas que nos quiere transmitir el pintor?
- ¿Hay algún otro detalle que te llame la atención?

2 Siguiendo el ejemplo del cuadro de Gauguin.

- Elige una obra de arte.
- Describe lo que aparece en ella y cómo está organizada.
- Busca los elementos simbólicos y su significado.
- Intenta descifrar el significado que el autor quería darle.

3 Dios se da a conocer

¿Dios se comunica con las personas?, ¿cómo lo hace? ¿En qué circunstancias y en qué contextos podemos encontrarnos con Dios?

A MI ALREDEDOR

Observa la imagen que aparece en esta página.

- ¿Qué te sugiere?
- ¿Cuáles son los códigos propuestos para desbloquear el móvil?, ¿cuál elegirías tú?

DIALOGAMOS

Muchas personas buscan a Dios en situaciones extraordinarias y, a veces, casi de forma mágica. Chambao es un grupo de Málaga que mezcla flamenco y música electrónica ambiental, creando un sonido peculiar. En su canción *Lo verás* nos da claves para encontrar a Dios.

LO VERÁS

Si me escuchas te voy a cantar
lo que aprendí sin tener que
estudiar, ni *ná*.
Que cada uno tiene que recorrer
un camino,
mágico y divino.
Que no hace falta el poder del gobierno
terrenal, ni *ná*.
Que quien usa la mentira, en la mentira vivirá,
y que quien traiciona, traicionado se sentirá,
el racista en sus carnes, el racismo sentirá,
que quien no perdona, poco le perdonarán.

Hay quien dice que aquí, que aquí no hay *ná* de *ná*,
que no existe un Dios, respeto esa opinión,
pero esa fuerza mágica que *to* lo mueve
roba nuestra atención.

Algún día lo verás, tú lo verás.
Algún día lo verás, y te van a entrar ganas de llorar.
Que quien no engaña, no le engañan,
que quien no miente, no le mienten,
y el que perdona, le perdonan,
el que respeta, le respetan,
el que comprende, le comprenden,
y a quien escucha, se le escucha.
A quien pide se le da, si sabe lo que pide y cómo llamar.

Aunque la fe no se ve, si quieres una prueba física
y visible de que existe un Dios, yo te digo a ti
que la fe solo se ve con los ojos del amor, *love*, *love*, *love*...

www.e-sm.net/2ag_3_1

- ¿Qué pistas se dan en la canción para encontrarse con Dios?
- ¿Esta letra presenta actitudes que dificultan que se reconozca a Dios? ¿Te parece acertado lo que plantea? ¿Por qué?

smSaviadigital.com PONTE A PUNTO
Comprueba lo que sabes.

Dios se manifiesta a las personas

LEER LA BIBLIA

1 Dios a lo largo del tiempo, ha elegido diferentes maneras de darse a conocer. El libro de la Sabiduría recuerda que uno de los medios que ha ayudado a las personas a reconocer la existencia de Dios es la naturaleza.

- Según el texto, ¿por qué son necias las personas que han ignorado a Dios?
- ¿Por qué Dios aventaja en belleza a los elementos de la naturaleza?
- Imagina y escribe un diálogo entre una persona creyente, que reconoce a Dios en la naturaleza, y otra no creyente que admira la naturaleza pero no descubre a Dios en ella.

EL SEÑOR DE LO CREADO

Son necios por naturaleza todos los hombres que han ignorado a Dios y no han sido capaces de conocer al que es a partir de los bienes visibles, ni de reconocer al artífice fijándose en sus obras, sino que tuvieron por dioses al fuego, al viento, al aire ligero, a la bóveda estrellada, al agua impetuosa y a los luceros del cielo, regidores del mundo. Si, cautivados por su hermosura, los creyeron dioses, sepan cuánto los aventaja su Señor, pues los creó el mismo autor de la belleza. Y si los asombró su poder y energía, calculen cuánto más poderoso es quien los hizo, pues por la grandeza y hermosura de las criaturas se descubre por analogía a su creador. Con todo, estos merecen un reproche menor, pues a lo mejor andan extraviados, buscando a Dios y queriéndolo encontrar. Dan vueltas a sus obras, las investigan y quedan seducidos por su apariencia, porque es hermoso lo que ven. Pero ni siquiera estos son excusables, porque, si fueron capaces de saber tanto que pudieron escudriñar el universo, ¿cómo no encontraron antes a su Señor?

Sab 13,1-9

2 Dios, además de darse a conocer en la naturaleza, también se ha manifestado en la historia de las personas. Algunos salmos expresan, en forma de oración, la acción de Dios en la vida de las personas. Gracias a esta intervención de Dios, las personas han podido descubrir características de Dios que no imaginaban.

- Relaciona las acciones de Dios en el salmo con algunos relatos de la Biblia que recuerdes.
- Di algunas características de cómo es Dios según este texto.
- ¿Qué sentimientos trata de transmitir el salmo?

SALMO 146

Dichoso a quien auxilia el Dios de Jacob,
el que espera en el Señor, su Dios,
que hizo el cielo y la tierra,
el mar y cuanto hay en él;
que mantiene su fidelidad perpetuamente,
que hace justicia a los oprimidos,
que da pan a los hambrientos.
El Señor liberta a los cautivos,
el Señor abre los ojos al ciego,
el Señor endereza a los que ya se doblan,
el Señor ama a los justos.
El Señor guarda a los peregrinos,
sustenta al huérfano y a la viuda
y trastorna el camino de los malvados.
El Señor reina eternamente,
tu Dios, Sión, de edad en edad.

Sal 146, 5-10

HANS MEMLING,
Ángeles músicos, detalle. Amberes

¿Cómo se puede conocer a Dios si no se le ve? ¿Qué "huellas" de Dios encontramos en la naturaleza y en la historia?

A MI ALREDEDOR

¿DIOSES CONTRA SERES HUMANOS?

Eneas, hijo de Afrodita, logró huir de Troya; pero la diosa Hera (Juno para los romanos), ofendida porque Afrodita había sido declarada la más bella, provocó toda clase de desgracias y complicaciones en el viaje de Eneas. Así comienza la *Eneida*.

> Canto las armas y a ese hombre, huyendo de las riberas de Troya por el rigor de los hados, pisó el primero la Italia y las costas lavinias. Largo tiempo anduvo errante por tierra y por mar, arrastrado a impulso de los dioses, por el furor de la rencorosa Juno [...].
> Cuéntame, Musa, recuérdame por qué causas, dime por cuál ofensa, la reina de los dioses impulsó a un varón insigne por su piedad a arrostrar tantas aventuras, a hacer frente a tanta fatiga. ¿Tan grande es la ira del corazón de los dioses?
>
> VIRGILIO, *Eneida*, Canto I-II

BERNINI, *Huída de Eneas*. Roma

3 La *Eneida* es un relato que cuenta la huida de Eneas de la ciudad de Troya cuando fue destruida. Según la mitología griega, esta guerra tiene su origen en una disputa entre los dioses del Olimpo. Las diosas Hera, Atenea y Afrodita se disputaron el honor de ser la más bella y, entonces, Zeus nombró juez de esta competición de belleza a Paris, príncipe de Troya. Las diosas le ofrecieron regalos para obtener el premio. Ganó Afrodita, que le prometió el amor de Elena, la mujer más bella del mundo y esposa del rey de Esparta. Elena fue raptada por Paris, y esto originó la guerra que destruyó Troya.

- ¿Cuál es la causa de que Eneas se vea sometido a la violencia de los dioses?
- ¿Qué imagen de la divinidad ofrece la *Eneida*?
- Compara este texto con el salmo de la página anterior.

Dios sale al encuentro del ser humano

La búsqueda del ser humano de algo o alguien que le dé un sentido definitivo a su vida le ha llevado a abrirse a Dios. Y Dios se ha ofrecido a ser la respuesta a esa búsqueda desde el principio, porque Dios inició una historia de relación con las personas desde el mismo momento de su creación. Después, a lo largo de la historia, Dios ha ido poco a poco hablando y dándose a conocer a los seres humanos.

A la acción, por la cual Dios se da a conocer, se le conoce con el nombre de "revelación". La palabra *revelar* significa 'manifestar lo que está oculto'.

Así, a través de la revelación, Dios ha ido dándose a conocer a las personas. Pero Dios es tan grande que las personas son incapaces de conocerlo totalmente, por lo que siempre permanecerá siendo un misterio.

Dios se ha revelado al ser humano para que le conozca y, así, favorecer que las personas alcancen la felicidad y logren dar sentido total de sus vidas.

La Biblia cuenta la historia de la revelación de Dios. En ella, están escritas las acciones y las palabras con las que Dios ha ido interviniendo en la vida de las personas. Desde la Creación, Dios ha ido mostrando al ser humano quién es hasta llegar a Jesús, que es su manifestación definitiva.

En la naturaleza, en la vida y con palabras

A Dios no se le puede ver, pero sus obras revelan su existencia. Para conocerlo, pues, es necesario encontrar sus huellas en el mundo.

Dios ha querido darse a conocer en la naturaleza. Contemplando la belleza y la armonía de la naturaleza, se puede llegar a conocer a su creador. La belleza y la armonía del mundo, que se aprecia en los ritmos naturales del día y la noche, en las estaciones o en las leyes físicas, manifiestan la existencia de Dios.

Dios se ha dado a conocer también en la historia. Él se ha querido mostrar de manera más personal interviniendo en la historia del ser humano. Dios se ha manifestado en la historia como un Dios que está atento al sufrimiento, al dolor y a la opresión, y que actúa para evitar esas situaciones a las personas. Así, Dios se manifiesta como alguien que se preocupa por sus criaturas y que quiere su felicidad. Por eso, entra en sus vidas y está siempre a su lado.

Además, Dios también se manifiesta en las palabras de las personas que él ha elegido para anunciarse a los demás.

En todas estas manifestaciones, Dios se revela como un Dios cercano a las personas, que quiere formar parte de sus vidas para acompañarlas y ayudarlas a alcanzar la felicidad.

2 Dios se manifiesta en las alianzas

1 Los primeros capítulos del Génesis cuentan hechos como la desobediencia de Adán y Eva y la muerte de Abel a manos de su hermano Caín; acciones que no eran lo que Dios esperaba de los seres humanos. Según este relato, Dios llegó a arrepentirse de haber creado a las personas, por lo que decidió volver a crear un mundo nuevo a partir de Noé, la única persona justa que quedaba en la Tierra. Para ello, envió un gran diluvio. Cuando se secó la tierra, hizo un pacto con Noé.

- ¿Por qué elige a Noé?
- ¿En qué consiste la alianza entre Dios y Noé?
- ¿Cuál es la señal de esa alianza?
- ¿Te sorprende que Dios decidiera eliminar todo lo creado y hacer un nuevo mundo?

LEER LA BIBLIA

EL DILUVIO

La tierra estaba corrompida ante Dios y llena de violencia, pues todas las criaturas de la tierra se habían corrompido en su proceder. Dios dijo a Noé:

—Por lo que a mí respecta, ha llegado el fin de toda criatura, pues por su culpa la tierra está llena de violencia. Entra en el arca con toda tu familia, pues tú eres el único justo que he encontrado en tu generación—. Pasados siete días, las aguas del diluvio cubrieron la tierra.

El año seiscientos uno, el día primero del mes primero se secó el agua en la tierra. Noé abrió la claraboya del arca, miró y vio que la superficie del suelo estaba seca. Entonces dijo Dios a Noé:

—Sal del arca con tu mujer, tus hijos y tus nueras. Haz salir también todos los animales que están contigo, todas las criaturas: aves, ganados y reptiles; que se muevan por la tierra, sean fecundos y se multipliquen en ella.

Dios dijo a Noé y a sus hijos:

—Yo establezco mi alianza con vosotros y con vuestros descendientes, con todos los animales que os acompañan. Establezco, pues, mi alianza: el diluvio no volverá a destruir criatura alguna ni habrá otro diluvio que devaste la tierra.

Y Dios añadió:

—Esta es la señal de la alianza que establezco con vosotros y con todo lo que vive con vosotros, para todas las generaciones: pondré mi arco en el cielo, como señal de mi alianza con la tierra. Esta es la señal de la alianza que establezco con toda criatura que existe en la tierra.

Gn 6-9 (selección)

B *Texto completo p.122*

2 El libro del Deuteronomio narra cómo el pueblo de Israel fue asumiendo la alianza que Dios hizo con Moisés. Esta alianza establecía una serie de mandatos que el pueblo de Israel debía cumplir; así mostraban a Dios su agradecimiento por haberlos liberado de la esclavitud de Egipto.

- ¿Qué tienen que entregar los israelitas al sacerdote?
- ¿Para qué han elegido los israelitas a Dios?
- Y Dios, ¿para qué ha elegido a los israelitas?

GRATITUD POR LA ALIANZA

Cuando entres en la tierra que el Señor va a darte en heredad, tomarás una parte de las primicias de los frutos que coseches de la tierra que va a darte el Señor. El sacerdote tomará de tu mano la cesta y la pondrá ante el altar del Señor, tu Dios. Entonces tomarás la palabra y dirás ante el Señor, tu Dios: "Mi padre fue un arameo errante, que bajó a Egipto, y se estableció allí como emigrante, con pocas personas, pero allí se convirtió en un pueblo grande, fuerte y numeroso. Los egipcios nos maltrataron y nos impusieron una dura esclavitud. Entonces clamamos al Señor, Dios de nuestros padres, y el Señor escuchó nuestros gritos. El Señor nos sacó de Egipto con mano fuerte y brazo extendido, y nos dio esta tierra, una tierra que mana leche y miel. Por eso, ahora traigo aquí las primicias de los frutos del suelo que tú, Señor, me has dado".

Hoy has elegido al Señor para que él sea tu Dios y tú vayas por sus caminos, observes sus mandatos y escuches su voz. Y el Señor te ha elegido para que seas su pueblo.

Dt 26 (selección)

¿Por qué obedecer lo que Dios manda? ¿La relación con Dios se funda en un pacto o en el amor? ¿ Dios castiga por no cumplir la alianza?

A MI ALREDEDOR

LA ALIANZA DE CIVILIZACIONES

La Alianza de Civilizaciones es una iniciativa de las Naciones Unidas cuyo objetivo es promover el diálogo y la cooperación entre las sociedades islámicas y las occidentales. Esta alianza surgió ante la necesidad de involucrar a las sociedades, tanto a sus gobiernos como a sus ciudadanos, para poder tender puentes entre los distintos pueblos, y evitar así los prejuicios y la polarización que amenazan la paz mundial.

El propósito de la Alizanza de Civilizaciones es impulsar la cooperación y la unión entre las culturas, para evitar los problemas que surgen de opiniones o ideas que fomentan la violencia intercultural. La Alianza de Civilizaciones tiene por bandera el respeto mutuo por las creencias religiosas y las tradiciones en un mundo de interdependencia creciente en todos los terrenos, desde la salud hasta la seguridad.

www.e-sm.net/2ag_3_2

3 **Por desgracia, las noticias de guerras o conflictos son habituales. Ante estas situaciones, se han ido creando organizaciones para favorecer el diálogo y llegar a acuerdos que establezcan la paz. Un ejemplo es la Alianza de Civilizaciones establecida por la ONU en 2005.**

- Pon ejemplos de conflictos y guerras, entre países, que se dan hoy día.
- ¿Conocías la Alianza de las Civilizaciones? ¿Qué objetivo tiene?

smSaviadigital.com
INTERACTIVO
Se le recuerda por...

Una historia de alianzas

El Génesis muestra las primeras alianzas que Dios realizó con algunos personajes fundamentales en la historia de Israel.

En primer lugar, aparece la alianza entre Dios y Noé. Tras el diluvio universal, Dios estableció una alianza con Noé y con toda la creación por la que, a partir de entonces, ningún otro diluvio o desastre natural devastaría la tierra a iniciativa de Dios. El arcoíris es la señal que recuerda esta alianza.

Más tarde, según el Génesis o libro de los orígenes, Dios hizo una alianza con Abrahán, por la que le prometió ser padre de muchedumbre de pueblos y una tierra donde vivir. A cambio, Abrahán y su descendencia le reconocerían como su Dios, confiarían en él y cumplirían lo acordado.

Pero la alianza más importante es la que Dios estableció con Moisés tras salir de Egipto. Por ella, y tras reconocer que Dios los había liberado de la esclavitud, Israel se convirtió en el pueblo de Dios, y Dios en el dios de Israel. Esta alianza creó una relación tan estrecha entre Dios e Israel que, en ocasiones, ha sido comparada con un matrimonio, lo que demuestra que la alianza es una relación de amor y entrega personal.

Lo estudiarás en... GEOGRAFÍA E HISTORIA

En 1919, se firmó el Tratado de Versalles con el que se ponía fin, de forma oficial, a la Primera Guerra Mundial. Dicho tratado, además de estipular las condiciones para la paz, estableció la creación de la Sociedad de Naciones, antecedente de la ONU.

Un pacto entre Dios y los seres humanos

Desde la antigüedad, los seres humanos han recurrido a tratados y alianzas. Las alianzas son acuerdos entre varias partes que establecen normas de relación o resolver problemas concretos. Por ello, las alianzas son un instrumento que organiza las relaciones entre dos o más partes, que pueden ser pueblos, Estados, personas, etc.

A lo largo de la historia de la revelación de Dios, la alianza cobra un papel central. La Biblia explica la relación personal entre Dios y su pueblo a través de la alianza entre ambas partes. Y, gracias a ella, Dios ha ido dando a conocer su voluntad. Así, la alianza indica lo que Dios quiere de los seres humanos.

Pero la alianza entre Dios y las personas es distinta de lo que ocurre en las alianzas entre naciones o Estados. La alianza con Dios no es un simple pacto de estrategia política para evitar la destrucción o para señalar las condiciones que un determinado pueblo debe cumplir al someterse a otro. En la Biblia, la alianza se entiende como un medio para hacer realidad la relación personal entre Dios y las personas: en ella, se estableció que Dios era el dios de Israel, y que el pueblo de Israel era el pueblo de Dios.

En el texto del Deuteronomio, se muestra que la alianza con Dios no es consecuencia del miedo o de un simple acuerdo político. Por esta alianza, el pueblo de Israel se comprometió a cumplir lo mandado como agradecimiento a Dios, que había actuado para salvarlos porque él siempre quiere lo mejor para su pueblo.

3 Dios se manifiesta con enviados

1 Los profetas son personas elegidas por Dios para transmitir su mensaje. En el pueblo de Israel, el profeta era considerado una persona muy especial por su misión divina. Dios mismo eligió a los profetas cuyas profecías aparecen en los libros de la Biblia.

- ¿Desde cuándo eligió Dios a Jeremías?
- ¿Qué encarga Dios a Jeremías?
- ¿Cuál es la excusa que pone Jeremías para no aceptar el encargo de Dios?
- ¿Qué le contesta Dios?

2 Los israelitas incumplieron sus compromisos con Dios muchas veces. Por ello, Dios tuvo que renovar la alianza en numerosas ocasiones. La infidelidad del pueblo explica que Dios anunciara una alianza nueva y definitiva.

- ¿Qué sentiría Dios al ver que el pueblo de Israel no cumplía la alianza?
- ¿Se revela Dios como un Dios rencoroso y vengativo? ¿Por qué?
- ¿En qué consiste la nueva alianza?
- ¿Por qué crees que Dios dice que pondrá la ley en el corazón del hombre?

3 En el pueblo de Israel, las mujeres han desempeñado un papel importante en la alianza con Dios. En el Evangelio de Lucas, junto a la figura clave de María como madre de Jesús, había otras mujeres a través de las cuales Dios se manifestó. Una de estas mujeres fue Ana, que apareció en la vida de Jesús cuando, siendo un bebé, fue presentado en el Templo.

- ¿Quién era Ana? ¿Dónde pasaba sus días?
- ¿Qué hizo Ana cuando vio a Jesús?
- ¿Qué piensas que quiere transmitir Dios a través de Ana?

LEER LA BIBLIA

VOCACIÓN DE JEREMÍAS

El Señor me dirigió la palabra:

—Antes de formarte en el vientre, te elegí; antes de que salieras del seno materno, te consagré: te constituí profeta de las naciones.

Yo repuse:

—¡Ay, Señor, Dios mío! Mira que no sé hablar, que solo soy un niño.

El Señor me contestó:

—No digas que eres un niño, pues irás adonde yo te envíe y dirás lo que yo te ordene. No les tengas miedo, que yo estoy contigo para librarte —oráculo del Señor.

Jr 1,4-8

MIGUEL ÁNGEL, *Jeremías*. Capilla Sixtina, Roma

NUEVA ALIANZA

Ya llegan días —oráculo del Señor— en que haré con la casa de Israel y la casa de Judá una alianza nueva. No será una alianza como la que hice con sus padres, cuando los tomé de la mano para sacarlos de Egipto, pues quebrantaron mi alianza, aunque yo era su Señor —oráculo del Señor—. Esta será la alianza que haré con ellos después de aquellos días —oráculo del Señor—: pondré mi ley en su interior y la escribiré en sus corazones; yo seré su Dios y ellos serán mi pueblo. Ya no tendrán que enseñarse unos a otros diciendo: “Conoced al Señor”, pues todos me conocerán, desde el más pequeño al mayor —oráculo del Señor—, cuando perdone su culpa y no recuerde ya sus pecados.

Jr 31,31-34

LA ANCIANA ANA

Cuando se cumplieron los días de la purificación prescrita por la ley de Moisés, llevaron al niño a Jerusalén para presentarlo al Señor, como prescribe la ley del Señor: “Todo primogénito varón será consagrado al Señor”. Ofrecieron también en sacrificio, como dice la ley del Señor: “un par de tórtolas o dos pichones”.

HANS MEMLING, *Presentación en el Templo* (detalle)

Había una profetisa, Ana, hija de Fanuel, de la tribu de Aser, que era ya muy anciana. Había estado casada siete años, siendo aún muy joven; después había permanecido viuda hasta los ochenta y cuatro años. No se apartaba del templo, dando culto al Señor día y noche con ayunos y oraciones. Se presentó en aquel momento y se puso a dar gloria a Dios y a hablar del niño a todos los que esperaban la liberación de Jerusalén.

Cuando cumplieron todas las cosas prescritas por la ley del Señor, regresaron a Galilea, a su ciudad de Nazaret. El niño crecía y se fortalecía; estaba lleno de sabiduría, y gozaba del favor de Dios.

Lc 2,22-24.36-40

¿Hay que creer a una persona que dice que habla en nombre de Dios?
¿Por qué Dios elige a unas personas y no a otras? ¿Siempre elige a varones?

A MI ALREDEDOR

MADRE TERESA

El legado de esta misionera, que intentó convertir el infierno de Calcuta en una casa con calor de hogar, permanecerá en la conciencia de la humanidad como un aldabonazo de solidaridad y amor hacia los más desfavorecidos, los últimos: aquellos que no cuentan. [...] En 1946 la madre Teresa con sus treinta y seis años recién cumplidos, tomó la decisión de dejar su congregación y dedicarse por completo a los más pobres de los pobres. "Tengo que dejar el convento y ayudar a los pobres viviendo entre ellos. Oigo la llamada a abandonarlo todo y seguir a Cristo en las chabolas, a fin de servirle entre los más pobres de los pobres. Es su voluntad y debo cumplirla", escribe en aquella época. [...] Se dedicó a socorrer a los hambrientos, a visitar a los enfermos y a acompañar a los moribundos abandonados en las calles. [...] Con el paso de los años, aumentó sin cesar sus casas y sus obras. La madre Teresa alcanzó renombre mundial y le empezaron a llover los premios y las condecoraciones. [...] Al recibir el Premio Nobel de la Paz, solo dijo: "Personalmente, no lo merezco. Solo he procurado ser una gota de esperanza en un océano de sufrimiento. Pero si esta gota no existiese, el mar la echaría en falta". [...]

El Mundo.es, 06-09-1997

www.e-sm.net/2ag_3_3

4 A pesar de que la sociedad ha estado y está dominada por los hombres, a lo largo de la historia surgen mujeres muy brillantes que destacan en distintos ámbitos, como la ciencia, la política, la economía, la cultura, etc. Una de estas mujeres fue la madre Teresa de Calcuta. Esta noticia apareció tras su fallecimiento en 1997.

- ¿Qué legado permanecerá de la madre Teresa?
- ¿Qué razón da para dedicarse a los más pobres?
- Comenta lo que dijo la madre Teresa al recibir el Premio Nobel.
- ¿Qué otras mujeres conoces que han provocado cambios importantes en la sociedad?

Los profetas y la nueva alianza

Dios se reveló en la historia de Israel liberándolo y actuando en su favor. Pero Dios también eligió a personas determinadas para revelarse a través de las palabras. Estas personas son los profetas.

La misión de los profetas es transmitir el mensaje de Dios. Por este motivo cuando hablan, tal como se lee en el texto del profeta Jeremías, emplean la expresión "oráculo del Señor" indicando así que lo que están diciendo no es suyo sino de Dios. Los profetas también transmitían el mensaje de Dios con gestos simbólicos en sus propias vidas. El mensaje de los profetas era, según las circunstancias, de denuncia o de anuncio.

Los profetas denunciaban el incumplimiento de la alianza por parte del pueblo de Israel y llamaban a su conversión, es decir, a que volvieran a relacionarse con Dios. Esta actitud de denuncia no agradaba a quienes incumplían los compromisos de la alianza y, por eso, muchos profetas eran rechazados e incluso amenazados por sus palabras. Ante una vida tan difícil, muchos profetas sentían miedo y trataban de rechazar el encargo de Dios. Pero, finalmente, la confianza en Dios les llevaba a aceptar ser sus mensajeros.

Los profetas, además de denunciar, anunciaron un futuro de esperanza cuando el pueblo atravesaba momentos de dificultad. Cuando el pueblo de Israel no permaneció fiel a sus compromisos con Dios, los profetas anunciaron una nueva alianza. Para asegurar su cumplimiento Jeremías profetizó que Dios mismo pondría la ley en el corazón de las personas para que pudiesen vivir la alianza desde lo más profundo de su ser.

Las mujeres de Israel

Dios también confió en las mujeres para salvar al pueblo de numerosos peligros o para dar a conocer aspectos de su forma de ser. Pero en una sociedad dominada por el varón, resultaba impactante que una mujer fuera el instrumento de Dios para transmitir su mensaje; más aún cuando asumía funciones inusuales para las mujeres de aquel tiempo, como eran las funciones militares.

El libro de los Jueces (Jue 4-5) cuenta la historia de Débora, profetisa y jueza encargada de impartir justicia en el pueblo. Ante las amenazas de un ejército extranjero, Débora organizó y dirigió el ejército para defender al pueblo de Israel. Pero ella solo fue un instrumento de Dios para alcanzar la victoria, como ella misma reconocía.

El libro de Rut narra la historia de Rut y su suegra, Noemí. Cuando ambas quedaron viudas, Rut, aunque era una muchacha joven, no abandonó a su suegra para volver a casarse y se quedó con ella. Así, Rut antepuso el bien de Noemí al suyo propio.

Otras mujeres destacadas en el Antiguo Testamento fueron Ester y Judit. Ester se casó con un rey extranjero, y ayudó a evitar que su esposo destruyese a su pueblo. Judit fue una mujer viuda que engañó a Holofernes, el jefe del ejército asirio que sitiaba su ciudad. Judit lo mató y provocó la huida del ejército enemigo, evitando la esclavitud de su pueblo.

Ana, la anciana que acogió a Jesús junto a Simeón en el Templo, es otro ejemplo que indica que la participación de la mujer en la revelación continúa en el Nuevo Testamento.

Lo esencial

Dios se da a conocer

Dios se manifiesta a las personas

- Desde el momento de la creación, Dios inicia una historia de relación personal con los seres humanos.
- A la acción por la cual Dios se da a conocer, se la conoce como "revelación".
- Dios se manifiesta como alguien que se preocupa de sus criaturas y que quiere que sean felices.

Dios se manifiesta en las alianzas

- La Biblia usa la imagen de la alianza para mostrar la relación personal entre Dios y el pueblo de Israel.
- La alianza más importante es la que Dios estableció con el pueblo mediante Moisés.

Dios se manifiesta con enviados

- Dios elige a los profetas para anunciar su mensaje.
- Muchos profetas fueron rechazados e incluso amenazados, porque sus palabras no agradaban a quienes incumplían la alianza.
- Dios también se sirvió de mujeres para transmitir su palabra.

smSaviadigital.com
MAPA CONCEPTUAL
Despliega.

SABER MÁS...

DIOS SE REVELA POR AMOR

El hombre, mediante la razón, puede conocer que existe Dios, pero no cómo es Dios realmente. Pero como Dios quería ser conocido, se ha revelado a sí mismo.

Dios no estaba obligado a revelarse a los hombres. Lo ha hecho por amor. Como en el amor humano podemos saber algo de la persona amada solo cuando nos abre su corazón, del mismo modo solo sabemos algo de los más íntimos pensamientos de Dios porque el Dios eterno y misterioso se ha abierto por amor a nosotros. Desde la creación, pasando por los patriarcas y profetas hasta la revelación definitiva en su Hijo Jesucristo, Dios ha hablado una y otra vez a los hombres.

Catecismo Joven de la Iglesia Católica.
YouCat nº 7

DIOS SE REVELA CON HECHOS Y PALABRAS

Dispuso Dios en su sabiduría revelarse a sí mismo y dar a conocer el misterio de su voluntad, mediante el cual los hombres, por medio de Cristo, Verbo encarnado, tienen acceso al Padre en el Espíritu Santo y se hacen consortes de la naturaleza divina. En consecuencia, por esta revelación, Dios invisible habla a los hombres como amigos, movido por su gran amor y mora con ellos, para invitarlos a la comunicación consigo y recibirlos en su compañía. Este plan de la revelación se realiza con hechos y palabras intrínsecamente conexos entre sí, de forma que las obras realizadas por Dios en la historia de la salvación manifiestan y confirman la doctrina y los hechos significados por las palabras, y las palabras, por su parte, proclaman las obras y esclarecen el misterio contenido en ellas. Pero la verdad íntima acerca de Dios y acerca de la salvación humana se nos manifiesta por la revelación en Cristo, que es a un tiempo mediador y plenitud de toda la revelación.

CV II, *Dei Verbum*, 2

- ¿Por qué se ha manifestado Dios a las personas? ¿A través de quién y desde cuándo ha hablado Dios a la humanidad?
- ¿Qué relación existe entre los hechos y las palabras en la revelación?

Actividades complementarias

1 Haz parejas con las siguientes palabras en tu cuaderno y explica por qué has formado cada pareja.

Judit	Noé	profeta
revelación	manifestación	Egipto
Holofernes	oráculo	Moisés
Rut	alianza	Noemí

2 Investiga sobre este fresco de Cristóbal Vela y Juan Luis Zambrano situado en la iglesia de San Agustín de Córdoba. Sigue en tu cuaderno los pasos que se indican.

- ¿Quién es el personaje representado? ¿Por qué?
- El texto escrito en la tabla es: *Femina circumdabit virum*. Es la lengua oficial de la Iglesia hace unos cuatrocientos años. ¿Sabes cuál es?
- Averigua lo escrito en la tabla sabiendo que es el versículo 22.
- ¿Hay en esta unidad alguna otra representación de este personaje? Descríbela.
- Observa las dos. Expresa razonadamente cuál te gusta más.

3 Completa el siguiente acróstico en tu cuaderno. Ten en cuenta lo trabajado en esta unidad.

1	●	●	●	●	●	●	R	●	●	●		
2				●	●	●	E	●				
3			●	●	●	●	V	●	●			
4					●	●	E	●	●			
5						●	L	●	●	●	●	●
6	●	●	●	●	●	●	A	●				
7			●	●	●	●	C	●	●	●	●	●
8		●	●	●	●	●	I	●	●			
9			●	●	●	●	O	●	●	●		
10						●	N	●				

1. Jefe militar que Judit mató.
2. Mujer israelita que llegó a ser reina.
3. Causa por la que Noé construyó el arca.
4. Personaje de la mitología griega, hijo de Afrodita, que tuvo que huir de la ciudad de Troya.
5. Pacto que Dios hace con personas.
6. Mensajeros de Dios que transmiten su palabra con la expresión "oráculo del Señor".
7. Persona en la que se da la manifestación definitiva de Dios.
8. Profeta que anunció la nueva alianza.
9. Pero Dios no se conformó con darse a conocer en la naturaleza y, para ello, intervino en la historia de los hombres y mujeres.
10. Hija de Fanuel que conoció a Jesús.

4 Realiza en tu cuaderno el siguiente salto de caballo que empieza por YO y en el que se expresa el contenido de la alianza entre Dios e Israel hecha por medio de Moisés.

MI	DIOS	BLO
ELLOS	SE	RÁN
SU	PUE	Y
YO	SE	RÉ

5 Resuelve este jeroglífico.

- ¿A qué personaje de esta unidad se refiere?

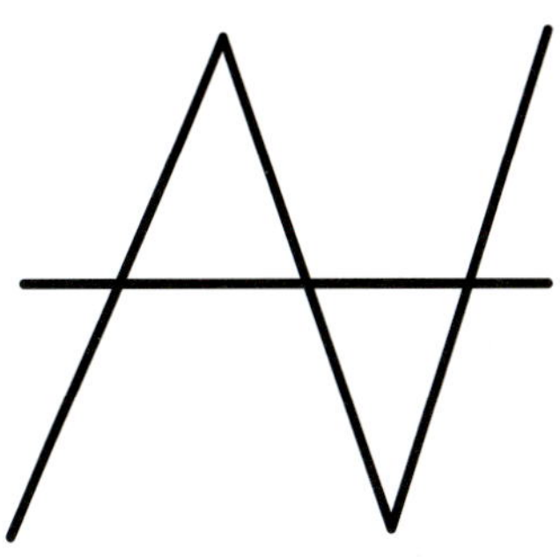

smSaviadigital.com VALORA LO APRENDIDO
¿Qué has aprendido?

[Por dentro]

A lo largo del día, las personas tenemos numerosos encuentros, hacemos muchas cosas, experimentamos muchos sentimientos.
Pero si no nos paramos a reflexionar sobre ello, corremos el riesgo de que pasen y no dejen huella en nuestra vida.

el diario personal

Además de pensar y reflexionar sobre lo vivido, es bueno escribirlo para que se pueda recordar mejor. Por ello, hay muchas personas que escriben un diario personal donde reflejan todo lo vivido.

Las personas encuentran, dentro de ellas mismas, la verdad sobre sus vidas. Entrar en uno mismo no es tarea fácil, pero es necesario si se quiere vivir la vida con intensidad. Un medio para entrar en uno mismo y conocerse bien es tener un diario personal donde anotar lo vivido a lo largo del día. Reflejar por escrito lo que se hace o los encuentros que se tienen y, sobre todo, lo que se siente con las personas que se vive y con aquello que se hace, ayuda a entrar en uno mismo y descubrir el motor interior desde el cual se vive.

1 **No hay normas fijas para escribir un diario. Lo realmente importante es que en él recojas tus vivencias para que puedas ser consciente de lo que vives. Así, no solo pasas por la vida sino que también la vives más. Educadores y psicólogos consideran que escribir un diario personal aporta muchos beneficios.**

- De los beneficios expresados, indica los tres que te parecen más interesantes.
- Según lo que dice el texto, escribir un diario, ¿es propio de adolescentes o debería serlo de todas las personas?

2 **Hay personas que conciben el diario como una crónica de lo que hacen: es el diario objetivo. En él, anotan todo lo que hacen para después poder recordarlo, por eso es muy útil. Pero también existe un diario subjetivo, en el que, además de anotar lo que se hace, se anotan los sentimientos que se tienen a lo largo del día para identificarlos, conocer qué los produce, y así, poder actuar según convenga.**

- Escribe un diario subjetivo durante una semana.
- ¿Hay diferencias entre lo vivido en el momento y cuando pasa un tiempo?

Beneficios de un diario

- Fomenta el conocimiento de uno mismo y la autoestima.
- Ayuda a mantener una buena rutina, aporta disciplina.
- Mejora las habilidades de escritura.
- Pone los pensamientos en orden.
- Es una manera productiva de ocupar tiempo libre.
- Proporciona un momento de intimidad y de libertad personal.
- Posibilita revivir experiencias y verlas con nuevos ojos.
- Impulsa la creatividad, pues puedes introducir dibujos, fotos, canciones, poemas, etc.
- Descubre hechos llenos de importancia que habían pasado desapercibidos.
- Ayuda a integrar acontecimientos, relaja, serena.
- Plantea interrogantes para trabajar en el futuro.

El diario subjetivo

- Relájate y quédate tranquilo.
- Repasa lo que has hecho desde que te has levantado hasta ese momento.
- Repara en los sentimientos que has ido teniendo en las distintas actividades, en los encuentros con personas, ante noticias que te llegaban, etc.
- Busca la causa de esos sentimientos y cómo has actuado a partir de ellos.
- ¿Qué sentimiento predomina a lo largo del día?
- Valora si estás satisfecho con todo lo vivido. Si es así, aprende de lo vivido para seguir siendo feliz. Si no estás satisfecho, decide qué tienes que cambiar para que puedas ser más feliz.
- Anota por escrito lo que consideres más importante. De esta forma, pasado un tiempo podrás volver a leerlo y comprobar cómo evoluciona tu vida.

Las autobiografías han sido un medio por el cual las personas han compartido lo más profundo de ellas mismas. Algunas fueron escritas para darse a conocer, y otras como diarios personales que, finalmente, se hicieron públicos.

Por fuera

Robé

[...] yo quise robar y robé; no por necesidad o por penuria, sino por mero fastidio de lo bueno y por sobra de maldad. Porque robé cosas que tenía ya en abundancia y otras que no eran mejores que las que poseía. Y ni siquiera disfrutaba de las cosas robadas [...].

Había en la vecindad de nuestra viña un peral cargado de frutas que no eran apetecibles ni por su forma ni por su color. Fuimos, pues, rapaces perversos, a sacudir el peral a eso de la medianoche, pues hasta esa hora habíamos alargado, según nuestra mala costumbre, los juegos. Nos llevamos varias cargas grandes no para comer las peras nosotros, aunque algunas probamos, sino para echárselas a los puercos. Lo importante era hacer lo que nos estaba prohibido.

San Agustín. *Confesiones*. Libro II, capítulo 4 n.º 1

Ary Scheffer, *San Agustín y su madre santa Mónica*

Pensamientos de Ana Frank

No pienso en toda la desgracia, sino en toda la belleza que aún permanece.

Me puedo sacudir de todo mientras escribo; mis penas desaparecen, mi coraje renace.

Puedes estar solo incluso cuando eres amado por muchas personas.

Los padres solo pueden dar buenos consejos o colocar en el camino correcto, pero la forma final del carácter de una persona reside en sus propias manos.

Los sentimientos no pueden ser ignorados, no importa lo injustos o ingratos que parezcan.

El llanto puede traer alivio mientras no llores solo.

Los recuerdos significan más para mí que los vestidos.

Mientras esto existe, este sol y este cielo despejado, mientras lo disfruto, ¿cómo puedo estar triste?

Pienso mucho, pero no digo mucho.

Quiero escribir, pero más que eso, quiero sacar todo tipo de cosas que yacen enterradas profundamente en mi corazón.

www.e-sm.net/2ag_3_4

interioridad compartida

1 **Agustín de Hipona (siglos IV-V) escribió las *Confesiones*, que ha sido considerada la primera autobiografía de la historia. En ella, san Agustín cuenta su vida, expresa los sentimientos e interpreta toda su existencia.**

- Lee este texto de su libro *Confesiones*.
- ¿Qué hecho describe?
- ¿Cómo se debió sentir cuando ocurrió?
- ¿Qué opina de lo hecho cuando pasado el tiempo lo escribe?

2 **Ana Frank fue una niña alemana de origen judío que con su familia emigró a Holanda. Al cumplir trece años, comenzó a escribir su diario. Durante dos años reflejó por escrito la experiencia vivida durante la persecución nazi.**

- Escoge tres de los pensamientos de Ana reflejados en su diario.
- Destaca uno y explica qué te llama la atención de él.

4 La fe de un pueblo

¿Por qué algunas personas arriesgan su vida para ir a un nuevo país? ¿Qué esperan encontrar allí donde van? ¿En qué o en quién confían?

A MI ALREDEDOR

Fíjate en las imágenes que aparecen en estas páginas.

- Describe lo que observas en ellas.
- ¿A qué hechos hacen referencia?
- ¿Cuáles son los destinos de las personas que aparecen en la pantalla del televisor?
- ¿Qué motivos hay detrás de cada viaje?

DIALOGAMOS

La canción *El inmigrante*, del cantante y compositor argentino Coti, refleja la experiencia que sufren los inmigrantes y las vivencias que tienen al integrarse en su nuevo destino.

EL INMIGRANTE

No tengo más equipaje
que un montón de frustraciones
convertidas de repente
en sueños y en ilusiones.
Y aunque estoy de ilegal
yo me voy a resistir
no me voy a arrodillar
tengo un sueño por cumplir.

Allá donde yo nací
se quedaron mis seres queridos,
tengo un sueño por cumplir
que es traérmelos un día conmigo.
Como lo hizo un día mi abuelo
escapando de la guerra
para nunca más volver
y aunque ahora ya no está
quiero parecerme a él.
Porque yo soy inmigrante
como tantos de mi tierra
que han venido por aquí.
Soy extranjero
pero no tengo la culpa
de las cosas malas de este país.

Mucha gente nos respeta
pero hay mucha que se piensa
que si algo malo les pasa
es todo por culpa nuestra.

Seré extraño pero nunca
voy a ser un delincuente
porque me enseñó mi padre
a ganarme dignamente
mi refugio y mi comida
como lo hace tanta gente.
[...]

Es verdad que muchas veces
lloro por querer volver
pero no creo que pueda
tengo mucho por hacer.

www.e-sm.net/2ag_4_1

- Señala las frases que más te llaman la atención.
- Relaciona la canción con las imágenes de la doble página.
- ¿Conoces personas que han tenido que dejar su país y han venido a tu ciudad? ¿Te han contado por qué lo hicieron y cómo lo lograron?
- ¿Alguien de tu familia ha tenido esta experiencia?

smSaviadigital.com PONTE A PUNTO
Comprueba lo que sabes.

Una fe en camino

1 Tras vivir esclavizado en Egipto, Israel fue liberado. Tuvo que caminar por el desierto durante cuarenta años antes de llegar a la tierra prometida. Este tiempo del desierto fue un período de purificación, de dificultad y de miedo, pero también de confianza, de reconocer que Dios guiaba sus vidas y les cuidaba, y de ayudarse todos los miembros del pueblo.

- ¿Para qué tuvo que pasar el pueblo la prueba del desierto?
- ¿Cómo se describe en el texto la tierra prometida?
- ¿Qué tienen que recordar los israelitas cuando entren en la tierra prometida?

LEER LA BIBLIA

FIN DEL ÉXODO

Alrededores del monte Sinaí

Recuerda todo el camino que el Señor, tu Dios, te ha hecho recorrer estos cuarenta años por el desierto, para afligirte, para probarte y conocer lo que hay en tu corazón: si observas sus preceptos o no. Él te afligió, haciéndote pasar hambre, y después te alimentó con el maná, que tú no conocías ni conocieron tus padres, para hacerte reconocer que no solo de pan vive el hombre, sino que vive de todo cuanto sale de la boca de Dios. Tus vestidos no se han gastado ni se te han hinchado los pies durante estos cuarenta años. Reconoce, pues, en tu corazón, que el Señor, tu Dios, te ha corregido, como un padre corrige a su hijo, para que observes los preceptos del Señor, tu Dios, sigas sus caminos y lo temas. Cuando el Señor, tu Dios, te introduzca en la tierra buena, tierra de torrentes, de fuentes y veneros que manan en el monte y la llanura, tierra de trigo y cebada, de viñas, higueras y granados, tierra de olivares y de miel, tierra en que no comerás tasado el pan, en que no carecerás de nada, tierra que lleva hierro en sus rocas y de cuyos montes sacarás cobre, entonces comerás hasta saciarte, y bendecirás al Señor, tu Dios, por la tierra buena que te ha dado. Guárdate de olvidar al Señor, tu Dios, no observando sus preceptos, sus mandatos y sus decretos que yo te mando hoy. Y no pienses: "Por mi fuerza y el poder de mi brazo me he creado estas riquezas". Acuérdate del Señor, tu Dios: que es él quien te da la fuerza para adquirir esa riqueza, a fin de mantener la alianza que juró a tus padres, como lo hace hoy.

Dt 8,2-11.17-18

2 Josué fue elegido por Moisés como su sucesor, e introdujo al pueblo en la tierra prometida tras el camino por el desierto. La llegada a la tierra prometida suponía el cumplimiento de la promesa que Dios había hecho y, por tanto, era un don que Dios regalaba a Israel. La historia de la conquista de Canaán es narrada por el libro de Josué, y comienza con el paso del río Jordán por las tribus de Israel.

- ¿Qué deben seguir los israelitas al cruzar el Jordán?
- ¿A quién representa el arca de la alianza?
- ¿Cuál es el mensaje que transmite Dios a Josué?
- El paso del río Jordán recuerda a otra masa de agua que tuvo que atravesar el pueblo de Israel. ¿Cómo se llama?

ENTRADA EN LA TIERRA PROMETIDA

Josué levantó el campamento, llegó hasta el Jordán con los hijos de Israel y pernoctaron en la orilla antes de cruzarlo. Los responsables dieron esta orden a la gente:

—Cuando veáis moverse el arca de la alianza del Señor, transportada por los sacerdotes levitas, empezad a caminar desde vuestros puestos detrás de ella. Así sabréis el camino por donde tenéis que ir.

Josué ordenó al pueblo:

—Purificaos, porque mañana el Señor obrará prodigios en medio de vosotros.

El Señor dijo a Josué:

—Hoy mismo voy a empezar a engrandecerte ante todo Israel, para que vean que estoy contigo como estuve con Moisés.

Josué dijo a los hijos de Israel:

Río Jordán

—Así conoceréis que el Dios vivo está en medio de vosotros. Elegid doce hombres de las tribus de Israel, uno de cada tribu. Y cuando las plantas de los pies de los sacerdotes que llevan el arca del Señor, dueño de toda la tierra, pisen el agua del Jordán, la corriente de agua del Jordán que viene de arriba quedará cortada y se detendrá formando como un embalse.

Jos 3,1-4a.5.7.10a.12-13

¿Por qué hay personas que se ven obligadas a huir para salvar sus vidas?
¿Cuál es la "tierra prometida" en el siglo XXI?

A MI ALREDEDOR

¿VOLVEMOS A SER EMIGRANTES?

En los años 60, partían de España numerosos emigrantes a Europa y América con sus maletas de cartón en busca de trabajo y una vida mejor. Este fenómeno es conocido como la 'emigración española', y acabó en 1973 como consecuencia de la crisis del petróleo. Más tarde, tras la entrada de España en la Unión Europea y la bonanza económica que la precedió, la emigración se detuvo: España se convirtió en un país con un nivel de vida envidiable que comenzó a acoger inmigrantes.

Aunque España nunca ha destacado por tener una tasa de desempleo baja, nadie había imaginado que la reciente crisis financiera dejaría más de cinco millones de parados y que afectaría especialmente a los jóvenes.

El desempleo juvenil actualmente ronda el 50 %, y si no fuera por la fuerte emigración de la juventud que se ha producido durante los últimos años sería aún peor. Los jóvenes españoles emigran a los países de alto nivel económico del norte de Europa y también a países del este de Europa.

Centro Regional de Información de la ONU

www.e-sm.net/2ag_4_2

3 **A lo largo de la historia, los españoles han tenido que emigrar a distintos lugares. Primero, hacia América, y a partir de mediados del siglo pasado, hacia otros países de Europa. Igualmente, en esta época se desplazaron dentro del territorio español cientos de miles de personas desde el medio rural hacia las ciudades, para encontrar mejores perspectivas laborales y mejorar su vida.**

- ¿Tienes familiares que han tenido que dejar su pueblo o ciudad para irse a otro lugar a trabajar?
- ¿Cuál es el motivo que les llevó a dar ese paso?
- ¿A qué tuvieron que renunciar?

sm**Savia**digital.com
INTERACTIVO
Entrar en la tierra prometida.

El camino del desierto

La llegada de Israel a la tierra prometida fue un camino difícil. Durante cuarenta años tuvo que caminar por el desierto antes de poder entrar en Canaán. Así, la travesía por el desierto constituyó un tiempo de prueba, de corrección y de purificación para el pueblo de Israel, durante el cual fue asumiendo y madurando su relación con Dios. En la Biblia, el número 40 se suele utilizar para hacer referencia a un tiempo de prueba y purificación.

Durante la travesía del desierto, los israelitas se enfrentaron al hambre, la sed, las mordeduras de serpientes y otros peligros. Esto les hizo vivir sentimientos contradictorios, como son el miedo y el desaliento frente a la confianza en Dios y la esperanza de la tierra prometida. El desierto es, pues, un período en el que los israelitas aprendieron a poner toda su confianza en Dios, que siempre les acompañó y les ayudó a superar las dificultades. La travesía del desierto muestra que la fe no es algo que se tiene de una vez, sino una relación de confianza en Dios que debe vivirse día a día. Israel confió en Dios cuando los liberó de Egipto, pero durante la travesía del desierto los israelitas aprendieron que Dios era su guía y que debían confiar en él en todo momento.

Por tanto, la tierra prometida, el final de la travesía, no es una conquista del pueblo de Israel, sino un don de su Dios, porque Dios da a su pueblo todo lo necesario para vivir.

La entrada en la tierra prometida

Tras la muerte de Moisés, Josué fue el encargado de guiar al pueblo hasta la tierra prometida. Cuando Moisés estaba a punto de morir, Dios le pidió que eligiera a Josué como encargado de organizar la conquista de las ciudades de Canaán y, así, poder entrar en la tierra prometida a su pueblo.

Siguiendo las instrucciones de Dios, Moisés impuso las manos a Josué y le transmitió su autoridad para que se convirtiese en el guía de Israel. El gesto de imponer las manos indica que Moisés transmitió a Josué el espíritu y la autoridad de Dios. Este gesto aparece también en el Nuevo Testamento, cuando los apóstoles imponían las manos a las personas que elegían para dirigir las comunidades que fueron fundando. La imposición de manos es un gesto que forma parte de la tradición de la Iglesia, y representa la transmisión del Espíritu Santo, como ocurre en los sacramentos de la confirmación y de la ordenación de los nuevos sacerdotes.

Los relatos de la entrada en Canaán y de la conquista de sus ciudades ponen de manifiesto que la victoria de Israel se debió a la acción de Dios, que siempre cuida del pueblo y cumple su promesa. Por eso, cuando el pueblo debía cruzar el río Jordán para entrar en Canaán, caminó detrás del arca de la alianza, que es Dios mismo presente en medio de su pueblo.

De esta forma, Dios abrió el camino a los israelitas hacia la tierra prometida que conquistarán por su confianza en Dios.

2 Una fe que se institucionaliza

1 Salomón fue rey de Israel, sucedió en el trono a David, su padre. Salomón es recordado como un gran rey que destacó por su sabiduría. Salomón era una persona inteligente que deseaba conocer sobre todo lo que Dios quería de él. El libro de la Sabiduría narra en primera persona el momento en que Salomón pidió a Dios que le concediera su sabiduría.

- ¿Se considera Salomón una persona importante o una persona que necesita ayuda?
- ¿Para qué pide a Dios que le mande la sabiduría?
- Según Salomón, sin la ayuda de Dios, ¿pueden las personas conocer lo que Dios quiere?

2 El rey Salomón también fue famoso por los edificios que construyó durante su reinado. Una de las grandes construcciones que realizó fue el Templo de Jerusalén. Con ello, cumplía la promesa que Dios había hecho a David de que un heredero suyo sería el encargado de construir el Templo. Aunque más tarde fue destruido, el Templo de Salomón se convirtió en uno de los símbolos del pueblo de Israel.

- ¿Qué condición pone Dios a Salomón para cumplir la promesa de habitar en medio de ellos?
- ¿Por qué quiere Salomón construir una casa a Dios?
- Si Dios es el creador de todo y es todopoderoso, ¿puede habitar en un templo hecho por personas?

LEER LA BIBLIA

SÚPLICA DE SALOMÓN

Dame la sabiduría asistente de tu trono y no me excluyas del número de tus siervos, porque siervo tuyo soy, hijo de tu sierva, hombre débil y de pocos años, demasiado pequeño para conocer el juicio y las leyes. Pues, aunque uno sea perfecto entre los hijos de los hombres, sin la sabiduría, que procede de ti, será estimado en nada. Contigo está la sabiduría, conocedora de tus obras, que te asistió cuando hacías el mundo, y que sabe lo que es grato a tus ojos y lo que es recto según tus preceptos. Mándala de tus santos cielos, y de tu trono de gloria envíala, para que me asista en mis trabajos y venga yo a saber lo que te es grato. Porque ella conoce y entiende todas las cosas, y me guiará prudentemente en mis obras, y me guardará en su esplendor. Así aceptarás mis obras, juzgaré a tu pueblo con justicia y seré digno del trono de mi padre. ¿Quién conocerá tus designios, si tú no le das sabiduría y le envías tu santo espíritu desde lo alto?

Sab 9,4-6.9-12.17

PEDRO BERRUGUETE, *Salomón*. Paredes de Nava, Palencia

EL TEMPLO DE SALOMÓN

Llegó a Salomón la palabra del Señor que decía:

—Por este templo que estás levantando, si caminas según mis preceptos, obras según mis leyes y guardas todos mis mandatos, caminando conforme a ellos, yo te cumpliré mi palabra, la que prometí a David tu padre: habitaré en medio de los hijos de Israel y no abandonaré a mi pueblo, Israel.

Salomón inició la construcción del templo y la concluyó.

Dijo entonces Salomón:

—El Señor puso el sol en los cielos, mas ha decidido habitar en densa nube. He querido erigirte una casa para morada tuya, un lugar donde habites para siempre. Y ahora, Dios de Israel, cúmplase la palabra que declaraste a tu siervo David, mi padre. ¿Habitará Dios con los hombres en la tierra? Que día y noche tus ojos se hallen abiertos hacia este templo, hacia este lugar del que declaraste: "Allí estará mi Nombre". Atiende la plegaria que tu servidor entona en este lugar.

1 Re 5,19;6,11-14;8,1.12-13.26-27.29

Maqueta del Templo de Jerusalén en tiempos de Jesús.

B Texto completo p.123

¿Es fácil conocer lo que Dios quiere de las personas?
Si Dios es el creador de todo, ¿cómo puede vivir en un edificio construido por personas?

A MI ALREDEDOR

DÍA DE...

Desde el pasado siglo xx casi toda la población mundial se siente parte de un todo pues hay muchos hechos de consecuencias planetarias. Por ello a nivel mundial, a lo largo del año, se han instaurado días para celebrar, recordar e impulsar, distintos aspectos relacionados con la convivencia que afectan a toda la humanidad. Así, el 17 de enero se celebra la Jornada Mundial de las Migraciones; el 4 de febrero, el Día Mundial contra el Cáncer; el 11 de febrero, el Día Internacional de la Internet Segura; el 8 de marzo, el Día Internacional de la Mujer, etc.

A modo de ejemplo podemos fijarnos en uno de estos días en concreto: el Día Mundial de la Eficiencia Energética, que se celebra cada año el 5 de marzo. Esta fecha se instauró para reflexionar sobre cómo hacer un uso más racional de la energía. La eficiencia energética, el desarrollo de las energías renovables y un transporte menos agresivo con el medio ambiente, son imprescindibles para frenar el cambio climático y conseguir sociedades que no agoten los recursos naturales.

3 **Las experiencias más profundas que vive cada pueblo entran a formar parte de él, estableciendo fechas, lugares y gestos que recuerdan esa experiencia. Inicialmente, esas experiencias fueron un producto de la historia, pero por su interés público quedan institucionalizadas a lugares, fechas y ritos concretos. Estas experiencias institucionalizadas son fundamentales para los distintos pueblos y culturas, porque forman parte de su identidad y les ayudan a mejorar y a conseguir nuevas metas.**

- Indica lo que se debe celebrar en cada uno de los días señalados.
- ¿Cuál de estos días señalados te parece más actual? ¿Por qué?

El rey sabio que construyó una casa a Dios

El reinado de Salomón (970-931 a. C.) fue trascendental para el pueblo de Israel. Tras la unificación del reino, que realizó su padre David, Salomón dedicó su gobierno a organizar el territorio, construir edificios, crear instituciones y establecer relaciones políticas con los pueblos vecinos.

El rey Salomón es recordado por su sabiduría. Como los seres humanos no pueden conocer por sí solos la voluntad de Dios, Salomón pidió a Dios que le concediera la sabiduría necesaria para poder conocerla y, así, gobernar de forma justa. Salomón quería hacer lo que era agradable a Dios. Un ejemplo de la sabiduría del rey Salomón es el episodio de las dos mujeres que se presentaron ante el rey reclamando cada una la maternidad de un mismo bebé (1 Re 3,16-27). En esta ocasión, Salomón supo descubrir a la verdadera madre y le dio a su hijo.

Entre las construcciones realizadas por Salomón, destaca el Templo de Jerusalén, que se construyó para colocar en su interior el arca de la alianza. Salomón mandó construir un templo grandioso, dividido en tres partes: el vestíbulo; el santuario, donde se realiza el culto; y el *sancta sanctórum*, donde se situó el arca de la alianza. El Templo se convirtió en uno de los pilares del pueblo de Israel, porque es el lugar donde los israelitas consideran que habita Dios en medio del pueblo.

Los contactos que Salomón mantuvo con los pueblos vecinos le llevaron, al final de su vida, a la idolatría, es decir, a adorar otros dioses. Al no cumplir la alianza con Dios, el reino de Israel se dividió en dos tras la muerte de Salomón: Israel, al norte, gobernado por Jeroboán; y Judá, al sur, gobernado por Roboán, hijo de Salomón.

Fiestas e instituciones judías

Todas las religiones tienen lugares, fiestas y ritos propios que las caracterizan. Estas experiencias institucionalizadas contribuyen a unir a sus miembros en torno a sus creencias, y a que se sientan parte integrante de esa religión. Además del Templo de Jerusalén, en el judaísmo existen otros elementos institucionalizados que identifican al pueblo de Israel.

La sinagoga, que es el lugar de culto de los judíos. En ella, se reúnen para rezar y leer la Torá, o libro de la Ley, formada por el Pentateuco, que son los primeros cinco libros del Antiguo Testamento. La Torá contiene la voluntad de Dios, y es interpretada y explicada por los rabinos.

Las fiestas también conforman la religión judía. Destacan tres: la Pascua, el *sabbat* o sábado y el *brit milá* o circuncisión.

La Pascua, que se celebra la primera luna llena de la primavera, recuerda la liberación de Egipto. Los judíos conmemoran la noche en que huyeron del faraón cenando los mismos alimentos que tomaron: hierbas amargas, pan sin levadura y cordero. De esta forma, recuerdan la salvación de Dios.

El sábado, o *sabbat*, los judíos descansan en recuerdo del día que descansó Dios tras la creación del mundo (Gn 2,2). Durante ese día, los judíos se abstienen de trabajar y van a la sinagoga a rezar, porque es un día dedicado al Señor.

La circuncisión, o *brit milá*, es un rito que se realiza a los varones recién nacidos, al octavo día de vida, y es signo de pertenencia al pueblo de Israel. Esta tradición tiene su origen en la alianza de Dios con Abrahán, porque se instauró como signo de la misma (Gn 17,1-12).

3 Una fe que desconcierta

1. Elías, profeta de Israel, luchó contra los falsos profetas del dios Baal para mostrar que el dios verdadero era Yahvé. Tras vencer a los profetas de Baal, Elías tuvo que huir, porque la reina Jezabel quería matarlo para vengar a los profetas asesinados. En su huida, Elías se sintió cansado y hundido. Y, en esta situación de desesperanza, Dios se le manifestó, de una manera sorprendente, para darle fuerza.

- ¿Por qué se refugia Elías en la cueva?
- ¿En qué fenómenos de la naturaleza no está presente Dios?
- ¿Dónde reconoce Elías a Dios?
- Si Elías está esperando que pase Dios, ¿sabes por qué cuando pasa se tapa el rostro?

2. El libro de Job cuenta la historia de un hombre bueno que es puesto a prueba: pierde sus riquezas, a sus hijos e incluso la salud. Job simboliza a todas las personas buenas que sufren injusticia. Y plantea una de las grandes preguntas de los seres humanos: ¿por qué Dios permite que las personas buenas sufran?

- ¿Cómo describe el texto a Job?
- ¿Qué desgracias sufre?
- Una expresión popular dice: "tiene más paciencia que el santo Job"; ¿qué significa? ¿Crees que esa frase es cierta? ¿Por qué no se rebela Job contra Dios?
- ¿Cómo crees que reaccionarías tú o cualquier otra persona?

LEER LA BIBLIA

ELÍAS

Elías se introdujo en la cueva y pasó la noche. Le llegó la palabra del Señor preguntando:

—¿Qué haces aquí, Elías?

Y él respondió:

—Ardo en celo por el Señor, Dios del universo, porque los hijos de Israel han abandonado tu alianza, derribado tus altares y pasado a espada a tus profetas; quedo yo solo y buscan mi vida para arrebatármela.

Le dijo:

—Sal y permanece de pie en el monte ante el Señor.

Entonces pasó el Señor y hubo un huracán tan violento que hendía las montañas y quebraba las rocas ante el Señor, aunque en el huracán no estaba el Señor. Después del huracán, un terremoto, pero en el terremoto no estaba el Señor. Después del terremoto, fuego, pero en el fuego tampoco estaba el Señor. Después del fuego, el susurro de una brisa suave. Al oírlo Elías, cubrió su rostro con el manto, salió y se mantuvo en pie a la entrada de la cueva.

1 Re 19,9-13

Profeta Elías.
San Isidoro de León

JOB

Había en la tierra de Hus un hombre llamado Job. Era justo, honrado y temeroso de Dios y vivía apartado del mal. Un día que sus hijos e hijas comían y bebían en casa del hermano mayor, llegó un mensajero a casa de Job con esta noticia:

—Estaban los bueyes arando y las burras pastando a su lado, cuando cayeron sobre ellos unos sabeos, apuñalaron a los mozos y se llevaron el ganado.

No había acabado este de hablar, cuando llegó otro con esta noticia:

—Estaban tus hijos y tus hijas comiendo y bebiendo en casa del hermano mayor, cuando un huracán cruzó el desierto y embistió por los cuatro costados la casa, que se derrumbó sobre los jóvenes y los mató.

Entonces Job se levantó, se rasgó el manto, se rapó la cabeza y dijo:

—Desnudo salí del vientre de mi madre y desnudo volveré a él. El Señor me lo dio, el Señor me lo quitó; bendito sea el nombre del Señor.

Su mujer le dijo:

—¿Todavía persistes en tu honradez?

Job abrió por fin la boca y maldijo diciendo:

—¡Muera el día en que nací! Me sucede lo que más temía, carezco de paz y de sosiego, intranquilo por temor a un sobresalto.

Job (selección)

EDVARD MUNCH, *Desesperación.* Oslo

B Texto completo p.124

A MI ALREDEDOR

MALALA ANTE LAS NACIONES UNIDAS

"El 9 de octubre de 2012 los talibanes me dispararon en la cabeza. Dispararon también a mis amigos, pensaron que con sus balas nos callarían para siempre, pero fracasaron. De ese silencio surgieron miles de voces, los terroristas pensaron que cambiarían mis objetivos y detendrían mis ambiciones, pero nada ha cambiado en mi vida, excepto esto: la debilidad, el miedo, la desesperanza murieron para siempre, nacieron la fuerza, el poder y el coraje. [. . .] Quiero educación para los hijos e hijas de los talibanes y para los hijos de todos los terroristas y extremistas. Ni siquiera odio al talibán que me disparó. Incluso si tuviera un arma en la mano y estuviera de pie frente a mí, yo no le dispararía. Esta es la compasión que he aprendido de Mahoma, el profeta de la misericordia, Jesucristo y Buda ".

Nueva York, 12 julio 2013

www.e-sm.net/2ag_4_3

3 **Malala Yousafzai es una joven paquistaní que, con solo 13 años, ya escribía un blog donde contaba cómo los talibanes prohibían a las niñas ir al colegio. En 2012, sufrió un atentado. Recuperada del ataque, no cayó en la desesperación ni utilizó violencia en su lucha. Malala continuó y, en 2014, recibió el Premio Nobel de la Paz.**

- Malala lucha contra la desigualdad entre hombres y mujeres. ¿Qué casos conoces tú?
- ¿De qué forma crees que el atentado cambió a Malala?
- ¿Qué similitudes encuentras entre la experiencia de esta joven y las de Elías y Job?

Yahvé contra los falsos dioses

El profeta Elías vivió en el reino de Israel después del rey Salomón. Elías es recordado por su lucha contra los profetas de Baal, dios cananeo de los elementos de la naturaleza.

Ante la idolatría de los israelitas, Elías profetizó una larga sequía que provocó la escasez de alimentos y desencadenó una gran hambruna. La reina Jezabel, seguidora del dios Baal, masacró a los profetas de Yahvé. Solo quedaba Elías, que reunió al pueblo para enfrentarse a los profetas de Baal y mostrar que solo Yahvé es el Dios verdadero.

La prueba consistió en ofrecer dos novillos en sacrificio, descuartizados y sin encender el fuego, para que el dios Baal o Yahvé lo encendieran. El dios que lo encendiera ganaría la prueba. A pesar de las oraciones de los profetas de Baal, el fuego no se encendió; Yahvé, en cambio, encendió el fuego a pesar de estar mojada la leña, demostrando así su existencia.

Jezabel ordenó matar a Elías, porque este había derrotado a los sacerdotes de Baal. Elías huyó, y tuvo tanto miedo que, en su huida por el desierto, deseó morir. En esta situación de sufrimiento, Dios se manifestó mediante una brisa suave para darle fuerzas. Así, Dios se manifestó y mostró su poder de una manera delicada, en vez de a través de fenómenos espectaculares. La historia de Elías muestra que Dios nunca abandona a los que le son fieles, y que los cuida ante los momentos de dificultad.

Ante el paso de Dios, Elías se cubrió el rostro porque, según el libro del Éxodo (33,20), nadie puede ver a Dios y seguir vivo. Esto significa que el ser humano no puede atrapar y conocer a Dios, ya que es el creador de todo y no una criatura más.

Job, el justo que sufre

El pueblo de Israel creía que, si la persona cumplía los mandamientos, le iría bien en la vida, y que si pecaba, Dios la castigaría. El libro de Job pone en crisis esta creencia de Israel.

En algunas ocasiones, las personas justas tienen una vida desgraciada y, en cambio, las que no lo son viven bien. Job era un hombre bueno y cumplidor de la ley de Dios, que perdió todas sus riquezas, a sus hijos e incluso su salud. Aunque al principio se negó a culpar a Dios de sus desgracias, pasado un tiempo, Job se enfrentó a Dios, como cualquier persona que no entiende por qué sufre tanto. Job pidió a Dios que le explicara por qué debía sufrir tanto si él siempre había sido fiel a su voluntad. Los amigos de Job intentaron ayudarle y responder a sus preguntas. Pero, tras este camino de búsqueda, Dios habló con Job y le invitó a confiar en él, porque él es el creador de todo y es bueno. El discurso de Dios convenció a Job y le hizo confiar, aunque siguió sin comprender el porqué de sus desgracias. Al final, Dios restituyó a Job más de lo que poseía.

Job representa la búsqueda que las personas realizan a través de la fe para comprender las situaciones difíciles que les plantea la vida. La fe de Job es una fe valiente, capaz de criticar lo que los demás aceptan sin pensar y de realizar un camino personal de búsqueda para encontrarse con Dios. Es una fe que busca la experiencia personal de Dios. Job experimentó la presencia de Dios, quien le invitó a confiar en él, y descubrió que Dios siempre quiere el bien de las personas, aunque sucedan situaciones difíciles que no se entienden.

El libro de Job muestra que la fe, en primer lugar, es relacionarse personalmente con Dios y confiar en él.

Lo esencial

La fe de un pueblo

Una fe en camino

- La travesía por el desierto fue un período en el que los israelitas aprendieron que debían poner toda su confianza en Dios que caminaba con ellos.
- Josué fue el sucesor de Moisés en la tarea de guiar al pueblo a la tierra prometida.

Una fe que se institucionaliza

- Entre las construcciones realizadas por Salomón, destaca el Templo de Jerusalén, en cuyo interior se guardaba el arca de la alianza.
- Entre las fiestas judías destacan la Pascua (recuerda la liberación de Egipto), el *sabbat* (día dedicado a Dios) y la circuncisión (signo de pertenencia al pueblo).

Una fe que desconcierta

- La historia del profeta Elías muestra que Dios no abandona a los que le son fieles.
- Job representa la búsqueda de fe de personas que viven en situaciones adversas y difíciles que no se entienden.

smSaviadigital.com
MAPA CONCEPTUAL
Despliega.

SABER MÁS...

¿DONDE ESTÁ TU HERMANO?

Inmigrantes muertos en el mar, por esas barcas que, en lugar de haber sido una vía de esperanza, han sido una vía de muerte. [...].

"¿Dónde está tu hermano?", la voz de su sangre grita hasta mí, dice Dios. Esta no es una pregunta dirigida a otros, es una pregunta dirigida a mí, a ti, a cada uno de nosotros. Esos hermanos y hermanas nuestras intentaban salir de situaciones difíciles para encontrar un poco de serenidad y de paz; buscaban un puesto mejor para ellos y para sus familias, pero han encontrado la muerte. ¡Cuántas veces quienes buscan estas cosas no encuentran comprensión, no encuentran acogida, no encuentran solidaridad! ¡Y sus voces llegan hasta Dios! [...] Hoy nadie en el mundo se siente responsable de esto; hemos perdido el sentido de la responsabilidad fraterna; hemos caído en la actitud hipócrita del sacerdote y del servidor del altar, de los que hablaba Jesús en la parábola del buen samaritano: vemos al hermano medio muerto al borde del camino, quizás pensamos "pobrecito", y seguimos nuestro camino, no nos compete; y con eso nos quedamos tranquilos, nos sentimos en paz. La cultura del bienestar, que nos lleva a pensar en nosotros mismos, nos hace insensibles al grito de los otros, nos hace vivir en pompas de jabón, que son bonitas, pero no son nada, son la ilusión de lo fútil, de lo provisional, que lleva a la indiferencia hacia los otros, o mejor, lleva a la globalización de la indiferencia. En este mundo de la globalización hemos caído en la globalización de la indiferencia. ¡Nos hemos acostumbrado al sufrimiento del otro, no tiene que ver con nosotros, no nos importa, no nos concierne!

Homilía del papa Francisco
en Lampedusa, 8 de julio de 2013.

- Según el papa Francisco, ¿por qué todas las personas son responsables de la muerte de los inmigrantes?
- Explica con tus propias palabras la expresión "globalización de la indiferencia".

Actividades complementarias

1 **Este cuadro es de Valentín de Boulogne, y se refiere a un episodio de la vida del rey Salomón.**

- Cuenta de qué episodio se trata. Si necesitas ayuda, puedes leer 1 Re 3,16-27.
- Describe lo que hace en este instante cada una de las figuras más iluminadas.
- Investiga el significado de la expresión "juicio salomónico" y ponlo en relación con esta pintura.
- ¿Has sido testigo, alguna vez, de un juicio salomónico? ¿Quiénes disputaban y por qué? ¿Quién era el juez?

2 **Construye en tu cuaderno la escalera mediante las palabras que vayas descubriendo con las definiciones.**

1	•	O	•							
2	•	A	•	•						
3	•	•	•	•	S					
4	•	•	•	P	•	•				
5	•	•	Z	•	•	•	•			
6	P	•	•	•	•	•	•	•		
7	•	•	•	•	•	•	I	•	•	
8	•	•	•	•	•	•	•	•	O	•

1. Personaje bíblico que representa a un justo que sufre y que se enfrenta a Dios. 2. Falso dios a los que los israelitas adoran abandonando a Yahvé. 3. Profeta que se encontró con Dios en el susurro de una brisa suave. 4. Principal edificio que mandó construir Salomón. 5. Reina de Israel que defendió y apoyó a falsos profetas. 6. La fe de Job no es una fe heredada sino la fe de quien hace una experiencia ...... de Dios. 7. Los israelitas atravesaron tras el éxodo el río Jordán para alcanzar la tierra... 8. Uno de los pueblos que fueron expulsados por Josué tras el paso del río Jordán.

3 **Los seres humanos somos seres en relación y, por ello, las heridas de la vida no se curan en soledad, sino con la ayuda de los demás. La letra de la canción *Aquí me tienes* de El Arrebato ofrece pistas para curar las heridas de los demás.**

- Señala las frases que más te llaman la atención.
- La empatía es ponerse en el lugar del otro; ¿qué frases de la canción hacen referencia a ella?

Aquí me tienes, besando tus heridas,
tan tuyas como mías porque a mí también me duelen.
Aquí me tienes, buscando esa mirada, esa palabra,
que aunque solo sea un poquito pero algo te consuele.

Aquí me tienes, como un perro centinela,
siempre a la verita tuya, a tu lado y nunca enfrente.
Aquí me tienes, sonriendo cuando pienso en los idiotas
que quisieron separarnos y estaremos juntos siempre,
siempre, siempre...

Así que sécate esas lágrimas y agárrate fuerte a mi brazo,
tú no te asustes de los vientos que yo te espanto a los diablos,
que tus dolores son los míos, que tu alegría es mi alegría,
que lloraré cuando tú llores y sonreiré cuando sonrías.

Aquí me tienes, buscando primaveras que coser
en tu almohada, que con flores siempre sueñen.
Aquí me tienes, el tiempo va pasando y va pasando,
y yo sigo aquí contigo siempre de ti pendiente, siempre...
Así que sécate las lágrimas [...].

Ven y refúgiate conmigo en las paredes de este abrazo
y ya verás cómo este frío poco a poco va pasando.

Así que sécate las lágrimas [...].

www.e-sm.net/2ag_4_4

4 **Traslada las letras del espacio inferior a los recuadros vacíos, y leerás un pensamiento del filósofo griego Aristóteles.**

L	•		S	•	B	•	D	•	•	I	A
•	S		•	E	•	O	•	•	C	E	•
•	I	•		•	R	•	P	I	•	•	
	•	G	•	O	•	A	•	C	I	•	S

E	A	S	R	P	C	O	N	O	A	S	R
M	I		N	A	R	I		U	R	A	

smSaviadigital.com
VALORA LO APRENDIDO
¿Qué has aprendido?

Por dentro

En los cuarenta años que Israel tuvo que caminar por el desierto, sufrió pruebas, dificultades y momentos complicados.
Pero, en vez de considerarlo un período desagradable de sus vidas que había que olvidar, los israelitas supieron interpretarlo como un momento de crecimiento y maduración.

¿por qué a mí?

Como le ocurre a todos los seres humanos, también tú habrás tenido y tendrás, en la vida, momentos difíciles: cosas que no salen como esperabas; un amigo que te hace daño; la pérdida de un ser querido; comprobar que tú también has hecho daño a otra persona; aspectos de tu físico o de tu forma de ser que no te gustan, etc. La vida es un camino donde se cruzan momentos de felicidad y de sufrimiento. Ante estos momentos complicados, puede que te hayas preguntado más de una vez: ¿por qué me pasa a mí?

1 **Cuando eres capaz de mirar tu historia, de reconocer los momentos negativos y de aceptarte, empiezas a vivirlos como parte de la propia vida y, entonces, pueden ayudarte a crecer y te sientes en paz contigo mismo y con los demás.**
Lee el cuento hindú *La vasija rota*.

- ¿Por qué se siente triste la vasija con grietas?
- ¿El aguador estaba disgustado con la vasija agrietada?
- ¿Cómo hizo el cargador de agua para convertir ese defecto en una virtud?
- ¿Qué conclusión sacas de esta historia?

2 **Lo importante no es no tener momentos difíciles o desear tener otro cuerpo u otro carácter sino aceptar lo vivido y lo que somos, aprender de ello y curar las heridas que pudieran dejar.**
Piensa ahora en tu propia vida e identifica tus grietas.

- Haz una lista de aquellas cosas que no te gustan de tu físico, de tu forma de ser, heridas con los amigos, la familia o los compañeros de colegio.
- Como la vasija agrietada, piensa en qué hacer para transformar en positivo algo que no te agrada.

La vasija rota

Un cargador de agua de la India tenía dos vasijas grandes que colgaban de los extremos de un palo que llevaba encima de los hombros. Una de ellas tenía varias grietas, mientras que la otra era perfecta y conservaba toda el agua al final del largo camino del arroyo hasta la casa de su patrón; pero cuando llegaba, la vasija rota solo tenía la mitad del agua.
Durante dos años, esto fue así diariamente; desde luego, la vasija perfecta estaba muy orgullosa de sus logros, pues se sabía perfecta con relación a los fines para los que fue creada. Pero la pobre vasija agrietada estaba muy avergonzada de su propia imperfección y se sentía miserable, porque solo podía hacer la mitad de todo lo que se suponía que era su obligación.

Después de dos años, la tinaja quebrada le habló al aguador diciéndole:
—Estoy avergonzada y me quiero disculpar contigo porque, debido a mis grietas, solo puedes entregar la mitad de mi carga y solo obtienes la mitad del valor que deberías recibir.
El aguador, apesadumbrado, le dijo compasivamente:
—Cuando regresemos a la casa quiero que notes las bellísimas flores que crecen a lo largo del camino.
Así lo hizo y, en efecto, la tinaja vio muchísimas flores hermosas, aunque de todos modos se sintió apenada, porque al final solo quedaba dentro de sí la mitad del agua que debía llevar. El aguador le dijo:
—¿Te diste cuenta de que las flores solo crecen de tu lado del camino? Siempre he sabido de tus grietas y quise sacar el lado positivo de ello. Sembré semillas de flores a lo largo del camino por donde vas y todos los días las has regado. Por dos años he podido recoger estas flores para decorar el altar de mi Maestro. Si no fueras exactamente como eres, incluidos tus defectos, no hubiera sido posible crear esta belleza.

El tener dificultades en un proyecto no quiere decir que el fin y el fracaso sean las únicas posibilidades. Tenemos la capacidad de convertir las limitaciones en oportunidades y las dificultades en posibilidades. La confianza, la autoestima, el coraje, son los motores de este cambio.

Por fuera

La lista de Schindler
(EE. UU. 1993)
Director: Steven Spielberg
Película basada en la novela de Thomas Keneally

La película cuenta la historia de Oskar Schindler que, tras la invasión nazi de Polonia en 1939, llega a la ciudad dispuesto a sobornar a cualquiera para enriquecerse aprovechando la situación. Consigue así hacerse con una fábrica de pertrechos militares, para la que empleará mano de obra judía en régimen de esclavitud. En 1943, la situación se complica y los nazis comienzan a trasladar a los judíos del gueto al campo de concentración de Plaszow, por lo que Schindler se verá obligado a trasladar su fábrica a dicho recinto bajo la vigilancia del comandante del campo, Amon Goeth. Tras observar la crueldad de los nazis que matan a los judíos, Oskar elabora un plan para salvarles. Para ello, ve una oportunidad en la codicia de Goeth, y convence al comandante alemán de que quiere comprar judíos para llevarlos a su tierra donde piensa trasladar la fábrica. Entonces, el protagonista elabora una lista donde va escribiendo el nombre de los judíos que serán adquiridos por él y que, así, no serán llevados a los campos de exterminio. Oskar dicta los nombres a su gerente, Itzhak Stern, un judío que al descubrir que Oskar paga dinero por salvar la vida de otros judíos, cuando termina la lista dice: "Esta lista es el bien absoluto. Esta lista es la vida".

Intocables (Francia, 2011)
Directores: Olivier Nakache y Eric Toledano

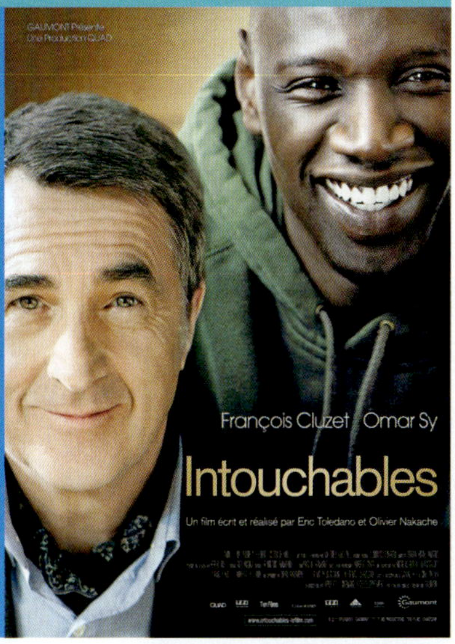

Intocables cuenta la historia de cómo Philippe, que se ha quedado tetrapléjico a causa de un accidente de parapente, contrata como cuidador a domicilio a Driss, un inmigrante de origen senegalés, recién salido de la cárcel, que vive en un barrio marginal. Dos personas que, con evidentes limitaciones, encuentran el modo de complementarse y construir una hermosa experiencia de amistad y de desarrollo personal.

oportunidades

A lo largo de su historia, el pueblo judío ha sufrido numerosas persecuciones. La persecución nazi llevó a separar a los judíos del resto de la población en guetos y luego matarlos en los campos de concentración. Como ya ocurriera en los orígenes de Israel, muchos judíos sufrieron la violencia, el maltrato o la muerte. Pero también hubo personas como Oskar Schindler que, sin ser perfectas, ayudaron a salvar a muchos judíos de la muerte.

1 Te ofrecemos una sinopsis de la película *La lista de Schinder*. Léela y contesta.

- ¿Qué sentimientos surgen en ti al pensar que hay personas que pueden abusar de otras por creerse superiores?
- ¿Cómo Oskar transforma la situación en una oportunidad?
- ¿Crees que la vida de una persona tiene precio o se puede comprar, como se ve obligado a hacer Oskar para salvarles?
- Comenta la frase: "Esta lista es el bien absoluto. Esta lista es la vida".

2 La película *Intocables* está basada en hechos reales.

- ¿Por qué crees que se titula así?
- ¿Conoces alguna situación similar a la que refleja la película?

5 Como nosotros

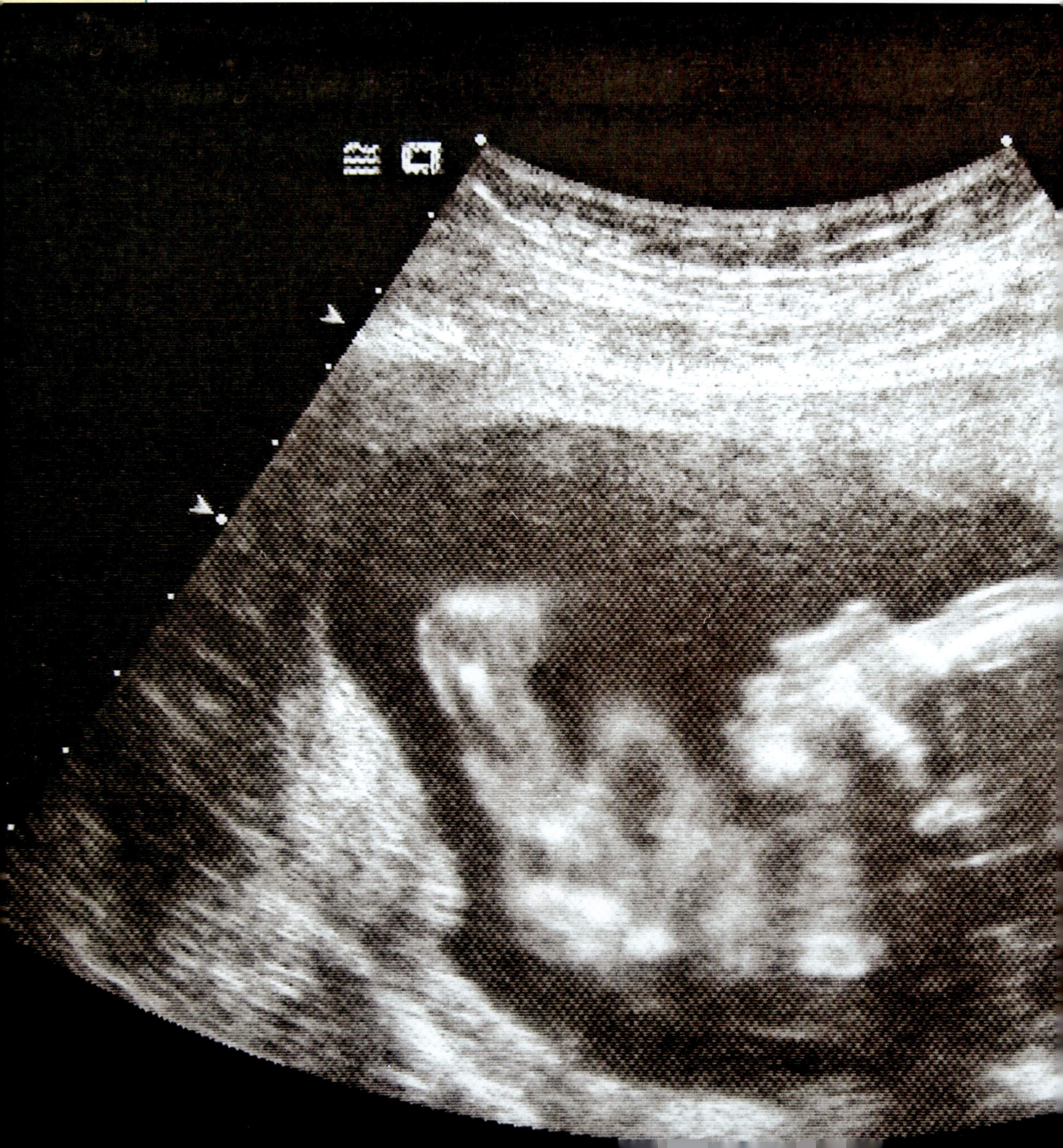

¿Cuál es la relación entre Dios y Jesús? ¿Jesús es Dios? ¿Jesús es una persona como tú y yo?

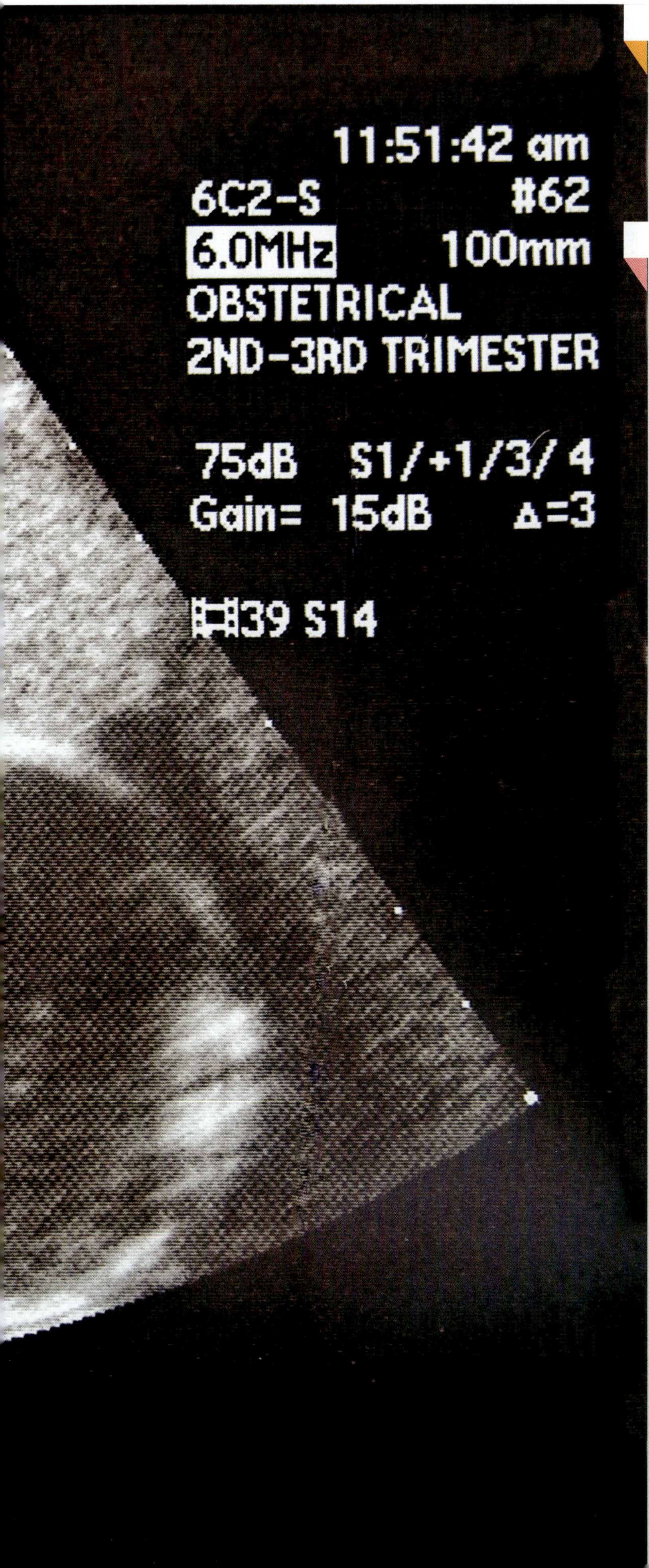

A MI ALREDEDOR

Observa la imagen de la doble página.

- ¿Qué relación encuentras entre la ecografía y el título de la unidad?
- Explica con tus palabras la afirmación "Dios se hace hombre".

DIALOGAMOS

Migueli es un cantautor que, a través de sus canciones, transmite el evangelio en un lenguaje y una música actuales. Sus canciones dan testimonio de su relación con Jesús.

JESÚS DE NAZARET

Jesús de Nazaret, Jesús de Nazaret...

Jesús es marcha, felicidad
y alegría que me hace disfrutar.
Jesús es vida y libertad
y no el trancazo del que no quiere ligar.
Me empuja, me lleva a rebuscar
lo más fresco de mí y también de los demás.
Jesús me anima, me lleva hasta gritar,
gritarle a los hermanos que los quiero de verdad.

Jesús es lucha y verdadera paz,
Jesús es inquietud y también tranquilidad.
Jesús es vino, Jesús es pan,
es alimento del que quiere caminar.
Jesús me gana, me llega a entusiasmar,
me lleva a conseguir lo que no pude imaginar;
está conmigo, es mi ayuda real.
Cada día me apoya y hoy le quiero cantar:

Es un hombre, es mi hermano,
es mi mente y mi mano,
es un hombre súper chulo
que salió de lo profundo,
que con amor y sin fraudes
¡se hizo dueño de este mundo!

Es el rey de la esperanza,
es el rey de los cristianos,
es el rey de los que sufren.
Todavía sigue aquí,
después de haberse marchado,
por haber resucitado.

www.e-sm.net/2ag_5_1

- ¿Cómo describe la canción a Jesús?
- Elige la característica de Jesús que más te llame la atención.
- La imagen de Jesús que transmite ¿coincide con la imagen que normalmente se tiene de él?

smSaviadigital.com PONTE A PUNTO
Comprueba lo que sabes.

1 Dios se hace humano

❶ **El cristianismo introduce una novedad en la historia de las religiones: Dios mismo se hace un ser humano. Por ello, los escritos del Nuevo Testamento tratan de comunicar esta novedad: Dios se hace persona para darse a conocer de forma total a los seres humanos.**

- ¿Cómo expresan los dos primeros textos que Dios se ha hecho persona?
- Los dos textos llaman a Jesús el Verbo; ¿sabes por qué usan esa expresión para hablar de Jesús?
- Según la primera carta de Juan, ¿para qué han dado testimonio de que Jesús se ha hecho hombre?

❷ **Aunque aparece poco en los evangelios, María está presente en los momentos clave de la vida de su hijo. Como ocurre en toda relación entre madre e hijo, Jesús mantuvo una relación muy especial con María.**

- ¿Qué problema ocurre en la boda?
- ¿Qué dice María a Jesús? ¿Qué le responde Jesús?
- ¿Te sorprende la respuesta de Jesús a su madre? ¿Te parece una respuesta adecuada de un hijo a una madre?
- ¿Qué dice María a los sirvientes?
- Este texto presenta el primer milagro de Jesús; ¿recuerdas otros momentos de la vida de Jesús en los que está presente María?

LEER LA BIBLIA

EL VERBO SE HIZO CARNE

En el principio existía el Verbo, y el Verbo estaba junto a Dios, y el Verbo era Dios. El Verbo era la luz verdadera, que alumbra a todo hombre, viniendo al mundo. En el mundo estaba; el mundo se hizo por medio de él, y el mundo no lo conoció. Vino a su casa, y los suyos no lo recibieron. Pero a cuantos lo recibieron, les dio poder de ser hijos de Dios, a los que creen en su nombre. Y el Verbo se hizo carne y habitó entre nosotros, y hemos contemplado su gloria: gloria como del Unigénito del Padre, lleno de gracia y de verdad.

Jn 1,1.9-12.14

OS LO ANUNCIAMOS

Lo que existía desde el principio, lo que hemos oído, lo que hemos visto con nuestros propios ojos, lo que contemplamos y palparon nuestras manos acerca del Verbo de la vida; pues la Vida se hizo visible, y nosotros hemos visto, damos testimonio y os anunciamos la vida eterna que estaba junto al Padre y se nos manifestó. Eso que hemos visto y oído os lo anunciamos, para que estéis en comunión con nosotros y nuestra comunión es con el Padre y con su Hijo Jesucristo. Os escribimos esto, para que nuestro gozo sea completo.

1 Jn 1,1-4

GIOTTO, *Natividad* (detalle). Padua, Italia

BODAS DE CANÁ

A los tres días, había una boda en Caná de Galilea, y la madre de Jesús estaba allí. Jesús y sus discípulos estaban también invitados a la boda.

Faltó el vino, y la madre de Jesús le dice:

—No tienen vino.

Jesús le dice:

—Mujer, ¿qué tengo yo que ver contigo? Todavía no ha llegado mi hora.

Su madre dice a los sirvientes:

—Haced lo que él os diga.

Había allí colocadas seis tinajas de piedra, para las purificaciones de los judíos, de unos cien litros cada una. Jesús les dice:

—Llenad las tinajas de agua.

Y las llenaron hasta arriba. Entonces les dice:

—Sacad ahora y llevadlo al mayordomo.

Ellos se lo llevaron. El mayordomo probó el agua convertida en vino Este fue el primero de los signos que Jesús realizó.

Jn 2,1-9.11

¿Puede Dios hacerse una persona humana? ¿Por qué Dios quiso ser persona y vivir con y como ellas? ¿Cómo saber que Jesús era Dios?

A MI ALREDEDOR

MESSI "HA BAJADO DEL CIELO"

En la retransmisión por internet de una semifinal de la Copa de Europa de fútbol, los dos últimos comentarios son:

—¡Se acabó! Barcelona 4, Arsenal 1.

—Messi ha vuelto a bajar del cielo por el bien del Barcelona. Marcó Bendtner, pero apareció el elegido del fútbol mundial para poner las cosas en su sitio. Lo de Messi ya no tiene nombre ni calificativos posibles. Algunos intentan jugar al fútbol, unos lo consiguen, otros no, y Messi, este elegido argentino, juega a otra cosa. Es Dios vestido de futbolista, para engañar. Su exhibición en esta primera parte tardará en olvidarse. El argentino protagonizó una actuación descomunal guiando al Barça hacia semifinales, donde espera el Inter de Mourinho. Leo está por encima del resto.

Marca.com, 06-04-2010

www.e-sm.net/2ag_5_2

3 **Hay algunas personas famosas a las que la gente las considera dioses. Esto ocurre a menudo en el deporte. Algunos futbolistas son tan admirados que los aficionados los tratan como seres superiores. Un ejemplo de ello son estos comentarios en la edición digital de un periódico deportivo, acerca de un partido de fútbol de los cuartos de final de la Champions League.**

- ¿Qué frases indican que Messi es un ser superior a las demás personas?
- Messi "es Dios vestido de futbolista, para engañar". Según la actividad 1, ¿Jesús vino para engañar? ¿Se vistió de hombre o se hizo hombre?

Se hizo semejante a nosotros

El nacimiento de Jesús supuso un hecho extraordinario: Dios se hace un ser humano. Como dijo san Pablo: "siendo de condición divina, se ha hecho semejante a las personas y ha sido reconocido como un ser humano" (Flp 2,6-7).

En otras culturas, los dioses se habían relacionado con las personas, incluso habían bajado a la tierra para estar con ellas. Pero, aunque adquirían el aspecto de un ser humano, no eran otro ser humano, seguían siendo dioses.

En cambio, con Jesús, Dios mismo se hace persona. Es lo que los cristianos llaman la encarnación: Dios se hace carne humana, es un ser humano como los demás. Por eso, Jesús vive la vida como cualquier persona.

Los textos del Nuevo Testamento lo explican insistiendo en el hecho de que el Verbo se hizo carne, y que, como cualquier persona, "iba creciendo en sabiduría, en estatura y en gracia" (Lc 2,52). Juan expresó en su carta que, gracias a la encarnación, las personas que vivieron con Jesús pudieron oír, ver y tocar a Dios. Si en el Antiguo Testamento se describe que la relación entre Dios y el pueblo se lleva a cabo por medio de intermediarios, en el Nuevo Testamento se muestra que Dios se relaciona de forma personal. Esta relación se puede comparar a la que tienen dos personas que, primero, se han comunicado a distancia, por correo o internet, y un día quedan para conocerse y hablar cara a cara. Así, Jesús es llamado el Verbo, la Palabra de Dios, pues él es la comunicación del mismo Dios.

La encarnación no convierte a Jesús en mitad Dios o mitad hombre, ni en un super héroe o un humano con poderes especiales. En el Concilio de Calcedonia (451) se afirmó que Jesucristo es verdadero Dios y verdadero hombre.

Nació de mujer

Dios se hizo hombre gracias a María, quien aceptó la invitación de Dios para ser la madre de Jesús. Cuando María dijo sí en la Anunciación, Dios inició el camino de ser persona, y nació, vivió y murió como cualquier otro ser humano.

Como madre e hijo, María y Jesús tuvieron una relación especial. Los evangelios hablan poco de María, pero siempre está presente en los momentos más trascendentales de la vida de Jesús.

En primer lugar, María dio a luz a Jesús. Lo cuidó, lo crió, lo educó y lo ayudó a ir creciendo y, como cualquier otro niño, Jesús permaneció bajo la obediencia de sus padres (Lc 2,51).

Pero la relación de María y Jesús era además de fe. Esto se observa cuando Jesús, a los doce años, se separó de sus padres y se quedó en el Templo de Jerusalén. Cuando lo encontraron, sus padres le preguntaron por qué se había quedado allí, y Jesús les contestó que tenía que ocuparse de las cosas de su Padre. De esta forma, Jesús les dio a entender que la relación de María y José con él, además de la relación entre padres e hijo, debía ser una relación basada en la fe (Lc 2,41-52).

Más tarde, en las bodas de Caná, en el inicio de la vida pública de Jesús, María estuvo a su lado. Allí se muestra que la relación de María y Jesús, además de la relación madre-hijo, era una relación de fe. María confiaba en Jesús y, por ello, dice a los sirvientes "haced lo que él os diga". Por eso, se dice de María que era madre y discípula de Jesús, es decir, su seguidora que confiaba en él.

La estrecha y especial relación entre Jesús y María volvió a ponerse de manifiesto en el momento final de la vida de Jesús, cuando María permaneció a su lado al pie de la cruz.

2 Jesús y sus contemporáneos

1 **Aunque mucha gente seguía a Jesús, él eligió a doce personas que se convirtieron en su grupo de confianza. Con ellas, compartió su vida y todo lo que hacía, y mantuvo una relación personal y una amistad muy profundas. Jesús pronunció un discurso de despedida en el que se muestra esta relación especial.**

- ¿Qué imagen utiliza para hablar de la relación entre los apóstoles y él? ¿Qué tipo de relación expresa esa imagen?
- ¿Cuál es el fundamento de esa relación?
- ¿Por qué son amigos y no siervos?
- ¿Fueron los apóstoles los que eligieron estar con Jesús o fue Jesús quien los eligió?

2 **Jesús siempre denunció sin dudar las prácticas religiosas que alejaban a las personas de Dios. Criticó a quienes defendían esas prácticas y se creían mejores que los demás. Por ello, censuraba a los fariseos, que anteponían el cumplimiento de la ley por encima del amor.**

- ¿Por qué se sorprende el fariseo?
- ¿Qué le dice Jesús al fariseo?
- ¿Dice Jesús que no hay que cumplir la ley? Para que cumplir la ley tenga sentido, ¿qué hay que practicar?
- ¿Cómo reaccionan los escribas y los fariseos a la crítica de Jesús?

3 **En la época de Jesús, los enfermos sufrían el rechazo de la sociedad y eran apartados de la convivencia. Se pensaba que la enfermedad era consecuencia de algún pecado. Jesús curó a muchos enfermos para mostrar que Dios nunca les abandona.**

- ¿Dónde están los ciegos, dentro o fuera de ciudad? ¿Por qué?
- ¿Por qué la gente trata de callarlos?
- ¿Cómo reacciona el ciego?

LEER LA BIBLIA

YO SOY LA VID

Permaneced en mí, y yo en vosotros. Como el sarmiento no puede dar fruto por sí, si no permanece en la vid, así tampoco vosotros, si no permanecéis en mí. Yo soy la vid, vosotros los sarmientos; el que permanece en mí y yo en él, ese da fruto abundante; porque sin mí no podéis hacer nada. Con esto recibe gloria mi Padre, con que deis fruto abundante; así seréis discípulos míos.

Como el Padre me ha amado, así os he amado yo; permaneced en mi amor. Vosotros sois mis amigos si hacéis lo que yo os mando. Ya no os llamo siervos, porque el siervo no sabe lo que hace su señor: A vosotros os llamo amigos, porque todo lo que he oído a mi Padre os lo he dado a conocer. No sois vosotros los que me habéis elegido, soy yo quien os he elegido y os he destinado para que vayáis y deis fruto, y vuestro fruto permanezca.

Jn 15,4-5.8-9.14-16

JESÚS Y LOS FARISEOS

Cuando terminó de hablar, un fariseo le rogó que fuese a comer con él. Él entró y se puso a la mesa. Como el fariseo se sorprendió al ver que no se lavaba las manos antes de comer, el Señor le dijo:

—Vosotros, los fariseos, limpiáis por fuera la copa y el plato, pero por dentro rebosáis de rapiña y maldad. ¡Ay de vosotros, fariseos, que pagáis el diezmo de la hierbabuena, de la ruda y de toda clase de hortalizas, mientras pasáis por alto el derecho y el amor de Dios! Esto es lo que había que practicar, sin descuidar aquello. ¡Ay de vosotros, fariseos, que os encantan los asientos de honor en las sinagogas y los saludos en las plazas! ¡Ay de vosotros, que sois como tumbas no señaladas, que la gente pisa sin saberlo!

Al salir de allí, los escribas y fariseos empezaron a acosarlo implacablemente y a tirarle de la lengua con muchas preguntas capciosas, tendiéndole trampas para cazarlo con alguna palabra de su boca.

Lc 11,37-39.42-44.53-54

CURACIÓN DE DOS CIEGOS

Y al salir de Jericó le siguió una gran muchedumbre. Dos ciegos que estaban sentados al borde del camino oyeron que Jesús pasaba y se pusieron a gritar:

—¡Ten compasión de nosotros, Señor, Hijo de David!

La muchedumbre los increpó para que se callaran, pero ellos gritaban más fuerte:

—¡Ten compasión de nosotros, Señor, Hijo de David!

Entonces Jesús se detuvo, los llamó y les dijo:

—¿Qué queréis que os haga?

—Señor, que se abran nuestros ojos.

Compadecido, Jesús les tocó los ojos, y al punto recobraron la vista y lo siguieron.

Mt 20,29-34

¿Cuál fue la relación de Jesús con sus discípulos?, ¿y con las autoridades religiosas y políticas? Hoy día, ¿con qué autoridades tendría problemas Jesús?

A MI ALREDEDOR

LA REVOLUCIÓN DE LOS PARAGUAS

Hong Kong se ha convertido en la última semana en un hervidero de protestas, cuya magnitud ha pillado por sorpresa tanto a las autoridades locales como al Gobierno chino. Lo que había empezado como una protesta mayoritariamente estudiantil se ha convertido, desde el pasado domingo, en un movimiento mucho más generalizado desde que la policía trató de dispersar a los estudiantes usando gases lacrimógenos y gas pimienta. La represión solo sirvió para avivar las protestas y, desde entonces, algunas de las principales calles de la ciudad están ocupadas por estos "indignados" hongkoneses en lo que se ha dado en llamar la "revolución de los paraguas", ya que eso fue lo que los manifestantes utilizaron el domingo para protegerse de los gases empleados por la policía.

[...] La exigencia de los organizadores ha sido muy clara desde el principio: la instauración de un auténtico sistema de sufragio universal por el cual los hongkoneses puedan elegir directamente a sus gobernantes en las elecciones de 2017.

Diario.es, 02-10-2014

www.e-sm.net/2ag_5_3

4 En todas las épocas, ha habido personas sencillas que han luchado por sus derechos y han denunciado las injusticias de los poderosos, sin miedo a sufrir persecución o incluso morir. Son ciudadanos que intentan crear un mundo más justo en el que se pueda vivir con dignidad, tal como ocurrió en Hong Kong, en la llamada "revolución de los paraguas".

- ¿Por qué tiene este nombre?
- ¿Cuál es el objetivo de la protesta?
- ¿Conoces otros sucesos parecidos?
- ¿Encuentras alguna relación entre esta noticia y la crítica de Jesús a los fariseos de la página anterior?
- ¿Por qué los poderosos reaccionan con violencia ante las críticas?

Relación con sus discípulos

Los evangelios cuentan que a Jesús le seguía una gran multitud de personas que escuchaban su predicación. Entre sus seguidores se pueden distinguir varios grupos:

En primer lugar, estaba la gran multitud de personas que acudía a verlo y a escucharle.

En segundo lugar, Jesús designó a un grupo de misioneros, setenta y dos, que eran enviados a los lugares por los que iba a pasar Jesús (Lc 10,1-12). Iban de dos en dos y llevaban el mensaje de Jesús.

En tercer lugar, su grupo más íntimo, los apóstoles. Eran doce personas que Jesús eligió al inicio de su misión, para estar con él, enseñarles y enviarlos a predicar. Compartieron con Jesús su vida y su misión. Dejaron todo para seguirle, y cuando murió Jesús, continuaron su obra.

Por último, entre el grupo de los apóstoles, Santiago, Pedro y Juan compartieron los momentos más íntimos de la vida de Jesús, como fueron la transfiguración y la oración en el huerto.

Relación con las autoridades

Jesús vivió en una época y en una sociedad determinada: la Palestina del siglo I, que estaba sometida al poder del Imperio romano. Además del poder político romano, las autoridades religiosas judías tenían una gran influencia sobre la sociedad.

Los evangelios muestran momentos de enfrentamiento que Jesús tuvo con distintos grupos sociales y religiosos de Israel. Uno de estos grupos, que defendían el cumplimiento estricto de la ley, eran los fariseos. Ellos se consideraban perfectos porque cumplían todas las normas y despreciaban a aquellos que no lo hacían. Jesús les criticó porque habían puesto la ley por encima de la búsqueda del reino de Dios, y porque, al considerarse perfectos, no reconocían que necesitaban a Dios.

Otro grupo eran las autoridades del Templo, que consideraron a Jesús una amenaza. Jesús perdonaba y acogía a los pecadores, y criticaba los negocios que se hacían en el Templo en torno a los sacrificios. Jesús acusó a las autoridades de anteponer sus intereses a la búsqueda del reino y del bien de las personas.

Jesús murió condenado por el Imperio romano. Su anuncio de la llegada del reino de Dios fue considerado una amenaza y una alternativa al poder político de Roma. Pero, como afirmó Jesús ante Pilato, su mensaje era religioso, no político. Jesús predicaba un mundo donde Dios fuese lo más importante de la vida de las personas (Jn 18,36).

Relación con pecadores y marginados

La misión de Jesús fue la de anunciar el perdón, el amor y la salvación de Dios. Por ello, mantuvo una relación de especial cercanía con todas aquellas personas que la sociedad rechazaba por motivos sociales o religiosos. En aquella sociedad, cometer un pecado o estar enfermo suponía ser apartado de la vida de la comunidad. Jesús, para mostrar que Dios perdona y es amor, fue especialmente cercano con las personas marginadas. Por eso, compartió comidas con ellas, les ofreció su perdón y las curó, porque él no vino a llamar a los justos, sino a los pecadores (Lc 5,31-32).

3 Jesús, revelación de Dios

❶ Jesús es mucho más que un representante de Dios o un profeta enviado suyo que transmitía el mensaje que Dios le comunicaba. Jesús es Dios mismo y, por ello, es la revelación plena del Padre. Esta realidad fue poco valorada y entendida por las personas que rodeaban a Jesús, incluso por sus propios apóstoles.

- ¿Cómo se define Jesús al inicio del texto?
- ¿Qué pide Felipe a Jesús?
- ¿Cuál es la respuesta de Jesús?
- ¿Por qué dice Jesús que si se le conoce a él se conoce también al Padre?

❷ A lo largo de la historia, las personas han tratado de conocer a Dios, y han dicho de él que lo puede todo, que conoce todo, que es eterno, etc. Pero Jesús, con su vida, mostró cuál es la característica principal de Dios.

- ¿Cuál es la característica principal de Dios?
- ¿Cómo ha manifestado Dios su amor a los seres humanos?
- ¿En qué consiste el amor?
- ¿Por qué las personas deben amarse unas a otras?

❸ El Dios de Jesús no es alguien solitario que vive aislado. Jesús nos enseñó que Dios es Trinidad, como se observa en el relato del bautismo de Jesús.

- ¿Cuáles son las tres personas de la Trinidad que aparecen el texto?
- ¿Cómo se manifiesta cada una de ellas?
- ¿Qué dice el Padre de Jesús?

LEER LA BIBLIA

¿Y NO ME CONOCES?

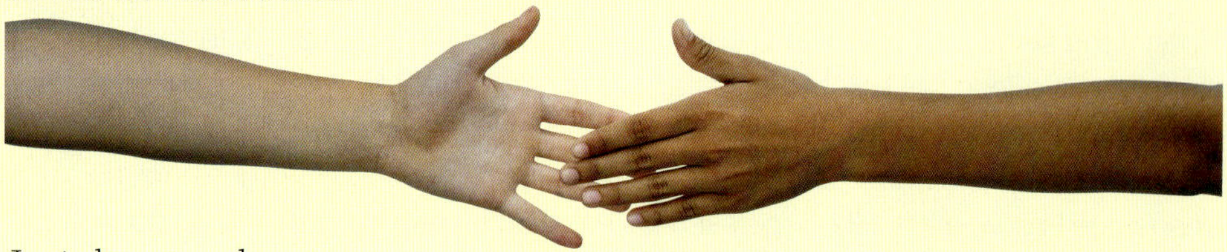

Jesús le responde:

—Yo soy el camino y la verdad y la vida. Nadie va al Padre sino por mí. Si me conocierais a mí, conoceríais también a mi Padre. Ahora ya lo conocéis y lo habéis visto.

Felipe le dice:

—Señor, muéstranos al Padre y nos basta.

Jesús le replica:

—Hace tanto que estoy con vosotros, ¿y no me conoces, Felipe? Quien me ha visto a mí ha visto al Padre. ¿Cómo dices tú: "Muéstranos al Padre"? ¿No crees que yo estoy en el Padre, y el Padre en mí? Lo que yo os digo no lo hablo por cuenta propia. El Padre, que permanece en mí, él mismo hace las obras. Creedme: yo estoy en el Padre y el Padre en mí.

Jn 14,6-11

ÉL NOS AMÓ PRIMERO

Queridos hermanos, amémonos unos a otros, ya que el amor es de Dios, y todo el que ama ha nacido de Dios y conoce a Dios.
Quien no ama no ha conocido a Dios, porque Dios es amor. En esto se manifestó el amor que Dios nos tiene: en que Dios envió al mundo a su Unigénito, para que vivamos por medio de él.
En esto consiste el amor: no en que nosotros hayamos amado a Dios, sino en que él nos amó y nos envió a su Hijo como víctima de propiciación por nuestros pecados. Queridos hermanos, si Dios nos amó de esta manera, también nosotros debemos amarnos unos a otros.

1 Jn 4,7-11

TÚ ERES MI HIJO

Y sucedió que, cuando todo el pueblo era bautizado, también Jesús fue bautizado; y, mientras oraba, se abrieron los cielos, bajó el Espíritu Santo sobre él con apariencia corporal semejante a una paloma y vino una voz del cielo:
—Tú eres mi Hijo, el amado; en ti me complazco.

Lc 3,21-22

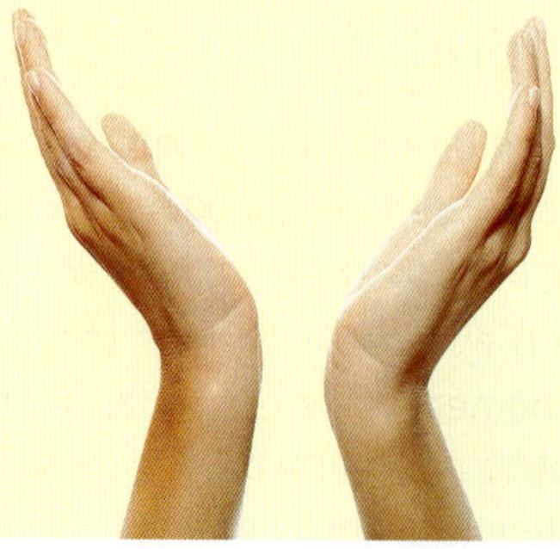

¿Cómo es Dios? ¿Se puede conocer a Dios?
Si Dios lo sabe todo, ¿yo soy libre o todo está decidido? ¿Puedo conocer mi futuro?

A MI ALREDEDOR

4 **El santuario de Delfos, en la antigua Grecia, era un lugar muy visitado. Allí, una sacerdotisa entraba en contacto con la divinidad y transmitía oráculos sobre el futuro. Hoy siguen presentes prácticas donde personas actúan como mediadores del más allá o los dioses.**

- Observa las fotografías, ¿a qué prácticas hacen referencia?
- ¿Crees que algunas personas pueden hacer de intermediarias entre la divinidad y los seres humanos?
- ¿Por qué algunos sienten la necesidad de conocer su futuro?

smSaviadigital.com
INTERACTIVO
Camino, verdad y vida.

Dios es Padre

Jesús se relacionó con sus contemporáneos y vivió junto a ellos como cualquier persona. Sin embargo, el motor principal de de su vida fue la relación profunda que tenía con Dios. Los evangelios cuentan que Jesús se retiraba, en soledad, a rezar con Dios.

Jesús sabía, como hizo ver a sus padres cuando se quedó en el Templo de Jerusalén, que su vida dependía de la relación con Dios, porque Dios daba sentido a su existencia.

La relación de Jesús con Dios era personal y cercana. Sus discípulos también querían relacionarse con Dios, y le pidieron que les enseñara a rezar para poder relacionarse con Dios íntimamente, como él hacía. Así que Jesús les enseñó la oración del padrenuestro, porque, según Jesús, Dios no es un Dios lejano sino que es un padre cercano. Jesús llamaba a Dios *abbá* que en arameo, la lengua cotidiana de Jesús, significa 'papá', expresión que muestra gran cercanía y cariño. El Dios de Jesús es un Dios familiar que da la vida, que cuida, que protege y que, sobre todo, quiere a sus hijos.

Jesús también muestra que Dios es un padre bueno que acoge y perdona siempre, como explicó con la parábola del padre bueno, más conocida como la parábola del hijo pródigo (Lc 15,11-32).

La confianza de Jesús en Dios era total. La noche antes de morir, Jesús pidió al Padre que le evitara sufrimiento, pero siempre desde una confianza plena en Dios y aceptando su voluntad. Dios es el fundamento de su vida. A punto de morir, dijo: "Padre, a tus manos encomiendo mi espíritu" (Lc 23,46).

Dios es amor y Trinidad

Jesús, además de ser la persona a quien Dios ha enviado para transmitir sus palabras, es el Hijo de Dios, es Dios mismo. Jesús es el Verbo que se ha hecho carne, es decir, es Dios que se ha hecho persona humana. Jesús enseñó cómo es Dios y, sobre todo, mostró cómo es Dios porque él es Dios. Los cristianos creen haber conocido quién es Dios porque, como dice Jesús a Felipe, quien le ha visto a él ha visto al Padre.

Jesús reveló con su vida, con sus palabras y acciones que Dios es amor. Las curaciones, los discursos, el perdón de los pecados y la acogida de marginados y enfermos que realizó Jesús, demuestran que el Padre es, ante todo, amor. Y porque es amor, Dios creó a las personas y las cuida tanto que envió a su Hijo para mostrarles el camino de la felicidad y de la salvación.

Jesús reveló también que Dios no es un Dios que vive en soledad sino que es relación porque es Trinidad. Para los cristianos, Dios es, a la vez, uno y trino: Padre, Hijo y Espíritu Santo. La Trinidad muestra un Dios que es, en sí mismo, relación personal de amor. Esta característica distingue al cristianismo del judaísmo y del islam.

Lo estudiarás en... GEOGRAFÍA E HISTORIA

Egipcios, griegos y romanos creían en muchas divinidades, eran politeístas. La religión griega concibió a sus dioses bajo formas humanas y creó sobre ellos relatos míticos que han tenido mucha influencia en la cultura occidental.

Lo esencial

Como nosotros

Dios se hace humano

- La encarnación es la afirmación de que Dios se hace hombre en Jesús.
- La encarnación convierte a Jesús en verdadero Dios y verdadero hombre, no en mitad hombre y mitad Dios.
- Gracias al sí de María en la Anunciación, Dios inició el camino de ser persona.

Jesús y sus contemporáneos

- Jesús tuvo una relación especial e intensa con sus discípulos.
- La relación con las autoridades religiosas y políticas de su época estuvo plagada de conflictos.
- Jesús tuvo una relación muy cercana con todos los excluidos.

Jesús, revelación de Dios

- Jesús tuvo una relación personal y cercana con Dios al que llamaba *abbá* (papá).
- Jesús, además de ser el enviado de Dios, es el Hijo de Dios, Dios mismo hecho hombre.
- Para los cristianos Dios es a la vez uno y trino: Padre, Hijo y Espíritu Santo.

smSaviadigital.com
MAPA CONCEPTUAL
Despliega.

SABER MÁS...

CULMEN DE LA REVELACIÓN

Después que Dios habló muchas veces y de muchas maneras por los profetas, "últimamente, en estos días, nos habló por su Hijo". Pues envió a su Hijo, es decir, al Verbo eterno, que ilumina a todos los hombres, para que viviera entre ellos y les manifestara los secretos de Dios; Jesucristo, pues, el Verbo hecho carne, "hombre enviado, a los hombres", "habla palabras de Dios" y lleva a cabo la obra de la salvación que el Padre le confió. Por tanto, Jesucristo —ver al cual es ver al Padre—, con su total presencia y manifestación personal, con palabras y obras, señales y milagros, y, sobre todo, con su muerte y resurrección gloriosa de entre los muertos; finalmente, con el envío del Espíritu de verdad, completa la revelación y confirma con el testimonio divino que vive en Dios con nosotros para librarnos de las tinieblas del pecado y de la muerte y resucitarnos a la vida eterna.

La economía cristiana, por tanto, como alianza nueva y definitiva, nunca cesará, y no hay que esperar ya ninguna revelación pública antes de la gloriosa manifestación de nuestro Señor Jesucristo.

CV II, *Dei Verbum*, 4

DIOS ES AMOR

A lo largo de su historia, Israel pudo descubrir que Dios solo tenía una razón para revelársele y escogerlo entre todos los pueblos como pueblo suyo: su amor gratuito (Dt 4,37;7,8;10,15) [...].

Pero san Juan irá todavía más lejos al afirmar: "Dios es amor" (1 Jn 4,8.16); el ser mismo de Dios es amor. Al enviar en la plenitud de los tiempos a su Hijo único y al Espíritu de amor, Dios revela su secreto más íntimo (1 Cor 2,7-16; Ef 3,9-12); él mismo es una eterna comunicación de amor: Padre, Hijo y Espíritu Santo, y nos ha destinado a participar en él.

CIC 218, 221

- ¿Para qué envió Dios a su Hijo? ¿De qué manera Jesucristo ha completado la revelación?
- ¿Por qué motivo eligió Dios a Israel como su pueblo? ¿Cuál es el secreto más íntimo de Dios?

Actividades complementarias

1 Por un fallo del ordenador, este versículo de la Biblia se muestra distorsionado.

MHVXV
KLMR GH GDYLG
WHP FROSDVLRP GH WX

- Descifra el versículo sabiendo que el ordenador ha ido escribiendo tres letras por detrás de las que corresponden al abecedario.
- Escribe en tu cuaderno la frase modificando lo que consideres incorrecto.
- Indica, investigando en la unidad, quién la dice y cuándo.

2 Resuelve en tu cuaderno el siguiente acertijo.

¿Qué tienen en común "lo que el anciano ve en su peine" y "el primer signo (milagro) que hizo Jesús"?

3 En los países de tradición cristiana, Dios ha sido representado de muchas maneras.

- Judíos y musulmanes tienen prohibido hacer imágenes de Dios, ¿por qué los cristianos sí pueden hacerlas? Relaciónalo con lo estudiado en la unidad.
- Observa esta viñeta humorística de Laerte Coutinho, de Brasil. Asocia cinco adjetivos al Dios que muestra esta viñeta. Puedes elegir entre estos.

afable | distante | simpático
tierno | fuerte | solitario
extraño | viejo | cuidadoso

- Relaciona esta viñeta en tu cuaderno con lo que dijo el 10 de septiembre de 1978, el papa Juan Pablo I en la oración del ángelus.

"Dios es Padre, más aún, es madre".

4 Intenta completar este medio rosco de *Pasapalabra* con el menor número de fallos.

A. Según la primera carta de Juan, es la característica principal de Dios.
B. La contiene dos veces. Palabra en arameo con la que Jesús se dirigía a Dios.
C. Jesús es ... verdad y vida.
D. La contiene. Nombre de la ciudad donde se celebró el concilio que afirmó que Jesús es verdadero Dios y verdadero hombre.
E. La contiene. Nombre del grupo judío al que Jesús criticó porque se creían perfectos.
F. Nombre de uno del grupo de los doce que pidió a Jesús que les mostrase el Padre.
G. La contiene. Enfermedad de la que Jesús curó a una persona al acercarse a Jericó.
H. Jesús es el ... de Dios.
I. La contiene dos veces. Nombre que indica que Dios es relación de amor, ya que es Padre, Hijo y Espíritu Santo.
J. La contiene. Recipientes que, a instancia de María, Jesús llenó de buen vino en una boda.
L. En números romanos, número de los discípulos que formaban el grupo de misioneros enviados a los lugares por los que iba a pasar Jesús.
M. Jesús se relacionaba con ellos por estar excluidos de la sociedad y mostrarles que Dios, al contrario, les acogía y quería.
N. Sobrenombre de Jesús con el que le llamaban sus contemporáneos.

smSaviadigital.com **VALORA LO APRENDIDO**
¿Qué has aprendido?

Por dentro

Las personas son seres en relación, y un aspecto muy importante de esta relación es la comunicación.
Los seres humanos tienen la capacidad de dar a conocer o bien su ser más profundo, o bien aspectos superficiales de su vida, según el tipo de relación que quieren establecer con los otros.

me conozco, me conocen

El autoconocimiento es esencial para el desarrollo personal y para poder establecer una relación sana y equilibrada con los demás. Ahora bien, el autoconocimiento, además de lo que uno piensa de sí mismo, debe tener en cuenta lo que los demás piensan y perciben, porque aportan otros datos. El conocimiento y la comunicación es una mezcla de lo que la persona reflexiona y comparte, y lo que los otros ven y comunican.

1 Lee en qué consiste la técnica de conocimiento y comunicación en la Ventana de Johari.

- Rellena en tu cuaderno los cuadrantes 1 y 2 indicando qué aspectos de tu vida se dan en cada uno de ellos.
- Para rellenar el 3 necesitarás la colaboración de otros, inténtalo.
- ¿Eres una persona que te abres fácilmente a los demás?
- ¿Reaccionas bien cuando los otros te dicen cosas de ti que tú no conocías?
- Uno de los cuadrantes es el yo oculto, ¿conviene guardar parcelas de intimidad?

Ventana de Johari

Es una técnica de reflexión que combina tanto el conocimiento que una persona tiene de sí mismo como lo que los demás conocen de ella. Se compone de cuatro cuadrantes que se forman del siguiente modo:

- El yo abierto, formado por todo lo que uno quiere que los demás conozcan de él.
- El yo oculto, donde se encuentra aquello que la persona no quiere que los demás conozcan de él.
- El yo ciego, lo que los demás conocen de una persona pero que ella misma desconoce.
- El yo desconocido, todo aquello que ni la propia persona ni los demás conocen.

La ventana de Johari ayuda a entender la evolución de las relaciones personales y el grado de apertura que se da en las mismas.

LOS DEMÁS	YO: Conozco de mí	YO: No conozco de mí
Conocen de mí	1 **YO ABIERTO** Las ideas que **manifiesto**. Las actividades conscientes. Los sentimientos que comunico. Cualidades y defectos externos.	3 **YO CIEGO** Todas las formas de comportamientos no controlados y que los demás **descubren en mí**. Facetas de nuestra personalidad: miedos inconscientes, manías...
No conocen de mí	2 **YO OCULTO** Sentimientos escondidos. Secretos de mi actuación. Todo lo que **no quiero que otros sepan de mí**.	4 **YO DESCONOCIDO** Mecanismos de defensa y motivaciones inconscientes. Fobias, represiones. Toda una serie de actos inconscientes que **no vemos ni yo ni los demás**.

Por fuera

La comunicación entre las personas ha ido cambiando por el desarrollo de las nuevas tecnologías. Los avances técnicos han hecho posible que hoy día nos podamos comunicar al instante con personas de cualquier parte del mundo.

Las redes sociales

Las redes sociales, que han ido surgiendo en los últimos años gracias al desarrollo de internet y de los dispositivos móviles, han abierto nuevas posibilidades de comunicación y han transformado la forma de relacionarse. Las aplicaciones de las redes sociales se están imponiendo como nuevo medio de comunicación personal y profesional. Las relaciones sociales y las formas de comunicación van cambiando a medida que avanza la tecnología.

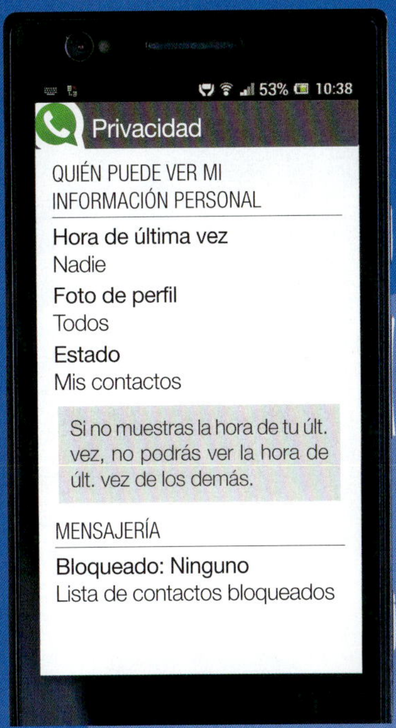

Mi perfil

Las aplicaciones de comunicación incluyen siempre un perfil donde el usuario se da a conocer. En estos perfiles se pueden incluir fotos, el estado donde se refleja la forma de pensar o los sentimientos que se tienen en ese momento, la última vez que se accedió a la aplicación o la localización, los amigos y seguidores que tiene dicho usuario, el número de teléfono, la dirección de correo electrónico, etc.

Cada persona elige lo que quiere dar a conocer de sí mismo y con quién quiere compartirlo. Algunos hacen público todo su perfil y otros deciden no poner nada.

Los perfiles de las redes sociales son un buen ejemplo de la gama de matices de comunicación que admite la Ventana de Johari, presentada en la página anterior.

redes sociales

Las redes sociales permiten comunicarnos con otras personas y compartir nuestras opiniones, gustos personales, fotografías, etc. De esta forma, se convierten en un almacén de información personal.

1 Las redes sociales permiten una comunicación global e instantánea.

- ¿Crees que estas aplicaciones han mejorado la comunicación entre las personas?
- Con frecuencia, se ven grupos de personas reunidas que, en vez de hablar, están con el móvil utilizando las redes sociales, ¿crees que la comunicación virtual está sustituyendo a la relación personal?
- ¿Qué ventajas ofrecen las redes sociales?

2 Cada vez que publicamos algo en una red social perdemos el control sobre ese contenido; cualquiera puede hacer uso de esa información, difundiéndola o copiándola y, aunque la borremos, quedará como mínimo registrada en los servidores de la red social.

- ¿Crees que es necesario tener cuidado al diseñar el perfil en una red social?
- ¿Conoces algún caso de mal uso de las redes sociales? Explica por qué fue perjudicial.

6 Un Dios que es relación

¿Hay un Dios o muchos dioses?
¿Por qué las personas creen en diferentes religiones?
¿Qué significa que Dios es Padre, Hijo y Espíritu Santo?

A MI ALREDEDOR

Observa la imagen de la doble página.

- ¿Quién es el personaje al que se fotografía?
- ¿Qué es lo que más te sorprende?
- ¿Quiénes son las tres personas que aparecen en el visor de la cámara?

DIALOGAMOS

Máximo ha sido uno de los dibujantes más conocidos de nuestro país. Sus viñetas e ilustraciones figuran en numerosas publicaciones. Tiene un estilo reflexivo con un humor muy personal. Con trazos sobrios y desnudos es capaz de definir una situación social o política. En esta viñeta se puede apreciar su peculiar estilo.

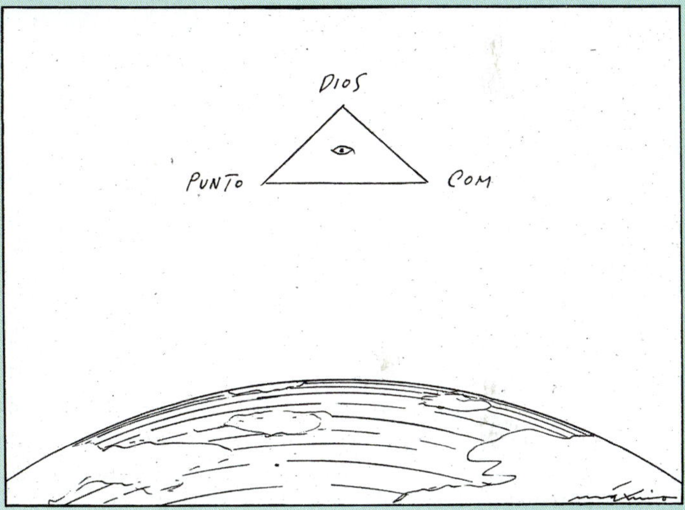

- Describe la viñeta. ¿Qué relación tiene con la imagen de la ilustración de la doble página?
- ¿Crees que, en la sociedad actual, internet se ha convertido en un dios?
- Pon ejemplos de otras cosas que se han convertido en dios absoluto en la vida de muchas personas.

smSaviadigital.com PONTE A PUNTO
Comprueba lo que sabes.

1 A lo largo de la historia de la Iglesia, han surgido movimientos que han defendido posturas erróneas acerca de Jesús. El Nuevo Testamento muestra cómo las herejías han existido desde el inicio del cristianismo. La carta de Juan alertaba a los primeros cristianos de aquellos que trataban de engañarles con opiniones equivocadas sobre Jesús.

- ¿Cómo se nombra en la carta a los mentirosos?
- ¿Qué niegan estos?
- ¿De qué forma se sabe si alguien es un falso profeta?
- ¿Cómo se puede conocer si lo que predica una persona proviene del Espíritu de Dios?

2 Observa las dos formulaciones del credo de la Iglesia.

- ¿Sabes por qué tienen esos nombres?
- Tras la primera lectura, ¿qué te llama la atención?
- Señala la estructura general de los dos credos: ¿de qué hablan cada una de las tres partes que los conforman?
- ¿Qué añade el credo de Nicea y Constantinopla al de los apóstoles?
- Realiza una presentación en mural u otro formato que refleje momentos del Antiguo y del Nuevo Testamento relacionados con las verdades formuladas en el credo.
- Señala y copia en tu cuaderno todos los datos históricos que aparecen en el Credo.

LEER LA BIBLIA

FALSOS PROFETAS

Hijos míos, es la última hora. Habéis oído que iba a venir un anticristo; pues bien, muchos anticristos han aparecido, por lo cual nos damos cuenta de que es la última hora. Salieron de entre nosotros, pero no eran de los nuestros. Si hubiesen sido de los nuestros, habrían permanecido con nosotros. ¿Quién es el mentiroso sino el que niega que Jesús es el Cristo? Ese es el anticristo, el que niega al Padre y al Hijo. Todo el que niega al Hijo tampoco posee al Padre. Quien confiesa al Hijo posee también al Padre. Os he escrito esto respecto a los que tratan de engañaros.

Queridos míos: no os fiéis de cualquier espíritu, sino examinad si los espíritus vienen de Dios, pues muchos falsos profetas han salido al mundo. En esto podréis conocer el Espíritu de Dios: todo espíritu que confiesa a Jesucristo venido en carne es de Dios; y todo espíritu que no confiesa a Jesús no es de Dios.

1 Jn 2,18-19a.22-23.26;4,1-3a

CREDO DE LOS APÓSTOLES

Creo en Dios, Padre todopoderoso, creador del cielo y de la tierra.

Creo en Jesucristo su único Hijo, nuestro Señor, que fue concebido por obra y gracia del Espíritu Santo. Nació de santa María Virgen, padeció bajo el poder de Poncio Pilato, fue crucificado, muerto y sepultado, descendió a los infiernos, al tercer día resucitó de entre los muertos, subió a los cielos y está sentado a la derecha de Dios Padre, todopoderoso. Desde allí va a venir a juzgar a vivos y muertos.

Creo en el Espíritu Santo, la santa Iglesia católica, la comunión de los santos, el perdón de los pecados, la resurrección de la carne y la vida eterna. Amén

Fresco sobre el Concilio de Éfeso (detalle). Gálata, Chipre

CREDO DE NICEA Y CONSTANTINOPLA

Creo en un solo Dios, Padre Todopoderoso, Creador del cielo y de la tierra, de todo lo visible y lo invisible.

Creo en un solo Señor, Jesucristo, Hijo único de Dios, nacido del Padre antes de todos los siglos: Dios de Dios, luz de luz, Dios verdadero de Dios verdadero, engendrado, no creado, de la misma naturaleza del Padre, por quien todo fue hecho; que por nosotros lo hombres, y por nuestra salvación bajó del cielo, y por obra del Espíritu Santo se encarnó de María, la Virgen, y se hizo hombre; y por nuestra causa fue crucificado en tiempos de Poncio Pilato; padeció y fue sepultado, y resucitó al tercer día, según las Escrituras, y subió al cielo, y está sentado a la derecha del Padre; y de nuevo vendrá con gloria para juzgar a vivos y muertos, y su reino no tendrá fin.

Creo en el Espíritu Santo, Señor y dador de vida, que procede del Padre y del Hijo, que con el Padre y el Hijo recibe una misma adoración y gloria, y que habló por los profetas. Creo en la Iglesia, que es una, santa, católica y apostólica. Confieso que hay un solo bautismo para el perdón de los pecados. Espero la resurrección de los muertos y la vida del mundo futuro. Amén.

¿Quién decide qué es verdad o mentira acerca de Jesús?
Para ser cristiano ¿hay que creer todo lo que dice el credo?

A MI ALREDEDOR

MI CREDO

Creo en la Vida, Madre Omnipotente,
creadora de los cielos y de la tierra.
Creo en el Hombre, su hijo,
concebido en creciente evolución,
progresando a pesar de los Pilatos
que inventaron sus dogmas reaccionarios
para aplastar la Vida y sepultarla.
Pero la Vida siempre resucita
y el Hombre sigue en marcha hacia el futuro.
Creo en los horizontes del Espíritu
y en la energía cósmica del mundo.
Creo en la Humanidad siempre adelante,
creo en la Vida perdurable.
Amén.

José Luis Sampedro

3 **Todas las personas tenemos creencias que nos ayudan a vivir. Son "credos personales" que algunos han puesto por escrito. Lee el credo de José Luis Sampedro, escritor y economista.**

- ¿Con cuál de sus afirmaciones te sientes más identificado? ¿Por qué?
- ¿Qué relación tiene con el credo de la Iglesia católica?
- ¿Cuál es tu "credo personal"? Intenta ponerlo por escrito.

Un resumen trinitario de la fe

Cualquier institución u organización suele tener unos estatutos o principios básicos recogidos en un documento. Estos principios o reglas deben ser aceptadas por las personas que deseen formar parte de esa organización o institución. Si alguien no está de acuerdo y no acepta esos principios, no puede pertenecer a esa institución porque no se identifica con ella.

Así, la Iglesia, como cualquier otra institución, ha elaborado documentos que recogen los principios y creencias fundamentales de su doctrina. Son los credos o profesiones de fe.

Ya en el Nuevo Testamento, se pueden encontrar fórmulas de fe como la siguiente: "Porque yo os transmití en primer lugar, lo que también yo recibí: que Cristo murió por nuestros pecados según las Escrituras; y que fue sepultado y que resucitó al tercer día; y que se apareció a Cefas y más tarde a los doce" (1 Cor 15,3-5). Con esta breve fórmula, san Pablo expresó lo esencial de la fe cristiana. Además, dejó claro que él recibió la fe de otros, y que él, a su vez, se la transmitió a los demás.

Con el paso de los años, la Iglesia se vio obligada a concretar sus fórmulas para expresar las realidades que la fe permite comprender. Así, surgió el símbolo de la fe o credo. En él, la Iglesia recoge los puntos fundamentales de la fe cristiana, con el fin de proteger el mensaje de Jesús de interpretaciones erróneas o herejías que surgieron muy pronto.

Una herejía es una afirmación o interpretación errónea de algún elemento de la fe. Gracias al credo elaborado por la Iglesia, los creyentes tuvieron claro lo que era conforme al evangelio de Jesús y que, por tanto, debían creer, y lo que era contrario y no debían creer.

El credo, además, sirve para unir a los creyentes en una misma fe que comparten con los demás fieles, ya que establece los puntos centrales de lo que todos deben creer.

Por tanto, el credo cumple las siguientes funciones:

- Sintetiza los puntos centrales de la fe.
- Une a los creyentes en la confesión de una misma fe.
- Es referencia para la correcta interpretación del evangelio.
- Defiende el mensaje de Jesús de las falsas interpretaciones.

El credo recoge el núcleo de la fe cristiana, y la presenta en tres partes, relacionadas con las tres personas de la Trinidad:

- La primera parte presenta al Padre como el Creador.
- En la segunda, presenta al Hijo como el Salvador.
- Y en la tercera, presenta al Espíritu Santo como el Señor y dador de vida.

Dos versiones de un mismo credo

En la Iglesia existen dos versiones del credo: el credo de los apóstoles y el credo de Nicea-Constantinopla.

El credo de los apóstoles enuncia las verdades fundamentales de la fe sin desarrollarlas. Se llama así porque se considera un resumen fiel de la enseñanza de los apóstoles. Ya lo utilizaban los cristianos de Roma en los orígenes del cristianismo.

El credo de Nicea-Constantinopla se elaboró en el siglo IV en los concilios que se realizaron en esas ciudades. Los concilios son reuniones de obispos y otros eclesiásticos para deliberar sobre la fe. Los de Nicea y Constantinopla fueron los primeros que reunieron a eclesiásticos de todo el mundo. En ellos, se estableció el credo para luchar contra algunas herejías, como la de que Jesús era solo hombre y no Dios, o las que negaban que el Espíritu Santo fuese Dios. En estos concilios, se completó el credo de los apóstoles resaltando que Jesús y el Espíritu Santo eran Dios.

2 El Padre y el Espíritu Santo

1 **En la carta de Pablo a los gálatas, aparece claramente la Trinidad. Según Pablo, cada persona de la Trinidad realiza alguna acción específica que nos ayuda a conocer quién es.**

- ¿Cómo se relacionan las personas de la Trinidad?
- ¿Para qué envió Dios al Hijo?
- ¿Qué hace el Espíritu Santo en los corazones de las personas?
- El texto habla de rescatar y no ser esclavo, ¿a qué se refiere Pablo? ¿Qué cosas en la vida atan y quitan libertad?

2 **Antes de morir, Jesús prometió a sus apóstoles que les enviaría al Espíritu Santo. Cuando él ya no está, el Espíritu es la presencia de Dios en el mundo.**

- ¿Qué nombres da Jesús al Espíritu Santo?
- ¿Por qué lo reconocerán los creyentes?
- ¿Para qué enviará Dios el Espíritu Santo?
- ¿Recuerdas cuándo recibieron los apóstoles el Espíritu Santo?

LEER LA BIBLIA

"ABBÁ", PADRE

Mas cuando llegó la plenitud del tiempo, envió Dios a su Hijo, nacido de mujer, nacido bajo la ley, para rescatar a los que estaban bajo la ley, para que recibiéramos la adopción filial. Como sois hijos, Dios envió a nuestros corazones el Espíritu de su Hijo, que clama: "¡*Abbá*, Padre!". Así que ya no eres esclavo, sino hijo; y si eres hijo, eres también heredero por voluntad de Dios.

Gal 4,4-7

EL PARÁCLITO

Y yo le pediré al Padre que os dé otro Paráclito, que esté siempre con vosotros, el Espíritu de la verdad. El mundo no puede recibirlo, porque no lo ve ni lo conoce; vosotros, en cambio, lo conocéis, porque mora con vosotros y está en vosotros. Os he hablado de esto ahora que estoy a vuestro lado, pero el Paráclito, el Espíritu Santo, que enviará el Padre en mi nombre, será quien os lo enseñe todo y os vaya recordando todo lo que os he dicho.

Jn 14,16-17.25-26

El Greco, *La Trinidad*. Madrid

¿Se desentiende Dios del mundo que creó? ¿Sigue actuando hoy día el Espíritu Santo?, ¿cómo lo hace?

A MI ALREDEDOR

EL ESPÍRITU SIGUE ACTUANDO

Solidarios para el Desarrollo es una ONG vinculada a las universidades españolas. Nació en la Facultad de Ciencias de la Información de la Universidad Complutense de Madrid. Un profesor creyente, junto con un grupo de alumnos, emprendió una serie de actividades de voluntariado comprometido con aquellos que sufren exclusión social, discriminación o soledad. Uno de los proyectos en los que actualmente trabaja esta organización es el programa *Convive*.

Convive es un programa que se dirige a personas mayores y a universitarios. Algunas personas mayores viven solas y necesitan apoyo y compañía en su casa para sentirse más vivas. Al mismo tiempo, hay jóvenes universitarios que provienen de lugares lejanos y que necesitan hospedaje. Poniéndoles en contacto, la persona anciana aloja en su casa al estudiante y comparten el domicilio. Ambos desarrollan su vida cotidiana, pero compartiendo las tareas y los gastos de la casa. De esta forma, se va construyendo una relación de confianza y apoyo mutuo, mediante una convivencia que evita la soledad en los más mayores y soluciona el alojamiento de los más jóvenes.

www.e-sm.net/2ag_6_1

3 **A veces, surgen iniciativas que contribuyen a construir un mundo más acorde a los planes de felicidad que Dios tiene para las personas. El programa *Convive*, impulsado por una ONG creada por José Carlos García Fajardo ha sido acogido por personas de buena voluntad e inquietas, que desean construir un mundo mejor.**

- ¿Cuál es la relación entre este programa y el evangelio de Jesús?
- ¿Y cuál es la relación con el Espíritu Santo?

sm**Savia**digital.com
INTERACTIVO
Ya no eres esclavo.

El Padre: Dios creador

El credo presenta al Padre como el creador del cielo y de la tierra, de lo visible y lo invisible, es decir, de todo lo que existe.

Al ser creador y haber hecho que exista todo, es también todopoderoso ya que solo él tiene la capacidad de poder hacer que algo que no existía pueda existir. Además Dios es amor ya que todo lo que crea lo hace por puro amor.

Y Dios también es providente porque, además de crear todo y darle existencia, lo cuida; Dios provee a la creación y a sus criaturas de todo lo que necesitan. Hay personas que para defender que Dios es totalmente distinto del mundo y superior a él, han afirmado que Dios es como un fabricante de relojes: una vez que fabrica un reloj y lo pone en funcionamiento, ya no se ocupa de él. Pero los cristianos creen que Dios, además de 'poner en marcha' el mundo y hacerlo funcionar con sus leyes, cuida del mundo y de las criaturas que viven en él.

Por lo tanto, Dios no es un Dios lejano a las personas, sino un Dios que se preocupa de los seres humanos y cuida de ellos. El profeta Oseas lo afirmó cuando escribió: "Con lazos humanos los atraje, con vínculos de amor. Fui para ellos como quien alza un niño hasta sus mejillas. Me incliné hacia él para darle de comer" (Os 11,4). Estas palabras del profeta explican que Dios se ocupa de las personas, igual que un padre o una madre se preocupa de sus hijos.

Dios es Padre porque es la fuente de la vida. Ha dado la vida a todo lo que existe y cuida de ello y lo protege. El Padre es un Dios que da vida y que quiere la vida de sus criaturas.

El Espíritu Santo: Dios santificador

El credo presenta al Espíritu Santo como el Señor y dador de vida. Esto significa que el Espíritu lleva a la plenitud la vida que Dios ha transmitido a las personas al crearlas. Los cristianos creen que el ser humano fue creado a imagen y semejanza de Dios. Por eso, además de la vida biológica, la persona también puede tener una vida en Dios. El Espíritu Santo es quien hace crecer esta vida divina, con la que las personas crecen y viven como hijas de Dios.

Jesús prometió a los discípulos que enviaría el Espíritu Santo para que les acompañara en todo momento. Entonces, el Espíritu Santo se manifestó como una fuerza que guio la vida de Jesús y de los creyentes. Hoy día, sigue actuando en la Iglesia para que las personas puedan unirse, cada vez más, a Dios.

El libro de los Hechos de los Apóstoles cuenta que, el día de Pentecostés, los apóstoles recibieron el Espíritu Santo. Desde ese momento, los apóstoles pasaron del miedo y de estar escondidos a anunciar el mensaje de Jesús abiertamente y con valentía. El Espíritu fue la fuerza que les impulsó a evangelizar y les ayudó a superar el miedo que padecían por las persecuciones que sufrieron. El Espíritu dirigía a los apóstoles en la tarea de anunciar la resurrección de Jesús y de crear nuevas comunidades. Por eso, el Espíritu Santo es el guía de la Iglesia, que la ha acompañado a lo largo de la historia para mostrar a los creyentes lo que quiere Dios de ellos.

Desde antiguo, la Iglesia ha descrito el Espíritu Santo como la fuerza del amor de Dios que une a los creyentes con su creador, para mantener una relación personal y, así, alcanzar la felicidad.

1 **A través de sus acciones y de su forma de hablar, las personas que rodeaban a Jesús descubrieron que, en él, había algo que lo hacía especial y distinto a los demás seres humanos. Esto provocó sorpresa, curiosidad y admiración, y la gente quiso conocer quién era de verdad Jesús de Nazaret.**

- ¿Cuál es el peligro que corren?
- ¿Qué le piden los discípulos a Jesús? ¿Con qué palabra le nombran?
- ¿Por qué les dice Jesús que son hombres de poca fe? ¿Te sorprenden esas palabras?
- ¿Por qué se asombran los discípulos? ¿Qué pregunta se plantean?

JESÚS CALMA LA TEMPESTAD

DELACROIX, *Cristo en el lago de Genesaret*. Baltimore, EE. UU.

Subió Jesús a la barca, y sus discípulos lo siguieron. En esto se produjo una tempestad tan fuerte, que la barca desaparecía entre las olas; él dormía. Se acercaron y lo despertaron gritándole:

—¡Señor, sálvanos, que perecemos!

Él les dice:

—¿Por qué tenéis miedo, hombres de poca fe?

Se puso en pie, increpó a los vientos y al mar y vino una gran calma. Los hombres se decían asombrados:

—¿Quién es este, que hasta el viento y el mar lo obedecen?

Mt 8,23-27

2 **Tras la muerte de Jesús, los apóstoles fueron anunciando la vida de Jesús a las personas que la desconocían. En su tarea evangelizadora, siempre iban acompañados de la fuerza del Espíritu Santo. En este texto de los Hechos de los Apóstoles, Pedro hace una breve descripción de la vida de Jesús.**

- ¿Qué dio el Espíritu Santo a Jesús?
- Resume la descripción que hace Pedro de la vida de Jesús. ¿Cuál es su relación con el credo de la página 68?
- ¿Qué ocurrió cuando Pedro estaba predicando?
- ¿Por qué se sorprenden algunos?
- Según Pedro, ¿por qué no se les puede negar el bautismo?

JESÚS DE NAZARET

—Me refiero a Jesús de Nazaret, ungido por Dios con la fuerza del Espíritu Santo, que pasó haciendo el bien y curando a todos los oprimidos por el diablo, porque Dios estaba con él. Nosotros somos testigos de todo lo que hizo en la tierra de los judíos y en Jerusalén. A este lo mataron, colgándolo de un madero. Pero Dios lo resucitó al tercer día y le concedió la gracia de manifestarse, no a todo el pueblo, sino a los testigos designados por Dios: a nosotros, que hemos comido y bebido con él después de su resurrección de entre los muertos. Nos encargó predicar al pueblo, dando solemne testimonio de que Dios lo ha constituido juez de vivos y muertos. De él dan testimonio todos los profetas: que todos los que creen en él reciben, por su nombre, el perdón de los pecados.

Todavía estaba exponiendo Pedro estos hechos, cuando bajó el Espíritu Santo sobre todos los que escuchaban la palabra, y los fieles de la circuncisión que habían venido con Pedro se sorprendieron de que el don del Espíritu Santo se derramara también sobre los gentiles, porque los oían hablar en lenguas extrañas y proclamar la grandeza de Dios.

Entonces Pedro añadió:

—¿Se puede negar el agua del bautismo a los que han recibido el Espíritu Santo igual que nosotros?

Y mandó bautizarlos en el nombre de Jesucristo.

Hch 10,38-48

RUPNIK, *Rostro de Jesús*

¿Por qué algunas personas causan tanta admiración? ¿Qué admiro yo en los demás?
Si Jesús eran tan admirado, ¿por qué lo mataron? ¿Tenía que morir Jesús para salvarnos?

A MI ALREDEDOR

HÉROE ANÓNIMO

Su nombre no saldrá mañana en el periódico
ni a mediodía su rostro en la televisión,
pero les aseguro que mi amigo es un héroe
de esos que dan su vida por amor.
Tendrá veinte años poco más o menos
y los ojos despiertos como un volcán [...].
Pero el fin de semana cuando cierra los libros
mi amigo se viste de supermán.
Porque es un héroe, un héroe anónimo [...].
Tiene toda una sala solo a su cargo,
diez o quince niños yo diría que mil
y a cada uno de ellos llama por su nombre
y cada uno de ellos le responde "papá".
A Antonio de quince le da de comer en la boca,
al Rata de once le está enseñando a andar
y por la noche después que los ha acostado a todos
se mete en la cama a escuchar a Maná [...].

LUIS ALFREDO

www.e-sm.net/2ag_6_2

3 **En ocasiones, el mundo del arte refleja la existencia de personas que, en medio de grandes dificultades, mantienen la calma y discretamente hacen el bien entre nosotros. El cantante Luis Alfredo dedicó esta canción a una de ellas.**

- ¿Quién es el protagonista de esta canción? ¿Qué hace los fines de semana?
- ¿A qué personas ayuda? ¿Tienen grandes dificultades?
- ¿Crees que el protagonista es un profesional o un voluntario?
- ¿Conoces personas de tu entorno que vivan estas 'aventuras'? ¿Se suelen contar estas hazañas?

¿Quién es este?

Según narran los evangelios, Jesús, con sus palabras, acciones y forma de ser, ejercía un gran poder de atracción sobre las personas que entraban en contacto con él. Unos le seguían, otros lo rechazaban, pero nadie se quedaba indiferente ante su presencia. "¿Quién es este?", es la pregunta que los contemporáneos de Jesús se planteaban. Veían en él a un ser humano, pero en sus palabras y acciones, percibían que era una persona muy especial y querían conocerlo en profundidad. Algunos estaban confusos, como sus vecinos de Nazaret que decían: "¿De dónde saca este esa sabiduría y esos milagros? ¿No es el hijo del carpintero? [...] Y se escandalizaban" (Mt 13,54-57). Otros, como Pedro, lo vivieron desde la confesión de fe afirmando: "Tú eres el Mesías, el Hijo del Dios vivo" (Mt 16,16).

Esta situación se debía a que, por la encarnación, el hombre Jesús de Nazaret era también Dios. Y las personas, solo por la fe, podían descubrir que, ese hombre concreto, era Dios.

El Hijo: Dios salvador

Esta confusión hizo que, en los primeros siglos del cristianismo, aparecieran las herejías.

Unos afirmaban que Jesús era solo un hombre y un gran profeta, pero no Dios. Esta herejía recibió el nombre de *arrianismo* porque fue defendida por Arrio, un sacerdote de Alejandría.

Otros decían lo contrario: Jesús solo era Dios con apariencia de hombre, pero no era hombre. Esta herejía era el *docetismo,* palabra que procede del griego y significa 'parecer'.

Ante las luchas y divisiones que el arrianismo causó en el Imperio romano, el emperador Constantino convocó un concilio en Nicea para poner fin a esta herejía. En este concilio se afirmó que Jesús es también Dios y se elaboró el credo que, fue completado posteriormente en el Concilio de Constantinopla en el año 381. Desde ese momento, se presentó a Jesús como "el Salvador" ya que él es la encarnación de Dios para la salvación de las personas.

Jesús: un misterio difícil de agotar

La riqueza de la figura de Jesús de Nazaret es tan grande que la Iglesia ha tenido que utilizar los siguientes nombres, también llamados títulos, para describirla:

- **Jesús**. Es el nombre con el que le trataban sus contemporáneos. Significa 'Dios salva', y es muy utilizado por los cristianos.

- **Cristo** (del griego) o **Mesías** (del hebreo). Significan 'ungido' e indican que Jesús es el salvador enviado por Dios que esperaba Israel. Los israelitas creían que sería un rey poderoso que se enfrentara al poder político romano, pero Jesús predicaba el amor y el servicio, y llegó a entregar su vida por amor a los demás.

- **Hijo único de Dios**. Esta fórmula muestra la especial relación de intimidad entre el Padre y Jesús, y que Jesús es Dios.

- **Señor**. Es usado en el Antiguo Testamento como nombre de Yahvé. Al aplicarse a Jesús se le identifica con Dios y se le reconoce como el único absoluto de este mundo.

Lo esencial

Un Dios que es relación

El credo

- En el credo se recogen los puntos fundamentales de la fe cristiana.
- El credo divide su contenido en tres partes: Padre (Creador), Hijo (Salvador) y Espíritu Santo (Señor y dador de vida).
- El credo de Nicea-Constantinopla se elaboró en el siglo IV en los concilios celebrados en esas ciudades.

El Padre y el Espíritu Santo

- El credo presenta al Padre como el Creador por amor de todo lo que existe.
- Desde antiguo, la Iglesia ha descrito al Espíritu Santo como la fuerza del amor de Dios y quien hace crecer y vivir a los creyentes como hijos de Dios.

Jesucristo, el Hijo

- Los contemporáneos de Jesús se preguntaban por su identidad.
- Las primeras herejías cuestionaban la naturaleza divina de Jesús (arrianismo) o la humana (docetismo).
- Jesucristo recibe diversidad de nombres (títulos) que solo describen en parte su identidad: Salvador, Cristo, Hijo único de Dios o Señor, entre otros.

smSaviadigital.com
MAPA CONCEPTUAL
Despliega.

SABER MÁS...

LA TRINIDAD Y EL CREDO

Quien dice "Yo creo", dice "Yo me adhiero a lo que nosotros creemos". La comunión en la fe necesita un lenguaje común de la fe, normativo para todos y que nos una en la misma confesión de fe.

Desde su origen, la Iglesia apostólica expresó y transmitió su propia fe en fórmulas breves y normativas para todos (Rom 10,9; 1 Cor 15,3-5; etc.). Pero muy pronto, la Iglesia quiso también recoger lo esencial de su fe en resúmenes orgánicos y articulados destinados sobre todo a los candidatos al bautismo [...].

Se llama a estas síntesis de la fe "profesiones de fe" porque resumen la fe que profesan los cristianos. Se les llama "credo" por razón de que en ellas la primera palabra es "creo". Se les denomina también "símbolos de la fe".

La palabra griega *symbolon* se refería a la mitad de un objeto partido (por ejemplo, un sello) que se presentaba como una 'señal o contraseña' para darse a conocer. Las partes rotas se ponían juntas para verificar la identidad del portador. El "símbolo de la fe" es, pues, un signo de identificación y de comunión entre los creyentes. *Symbolon* significa también 'recopilación, colección o sumario'. El "símbolo de la fe" es la recopilación de las principales verdades de la fe. De ahí el hecho de que sirva de punto de referencia primero y fundamental de la catequesis.

El credo o símbolo se divide, por tanto, en tres partes: "primero habla de la primera persona divina y de la obra admirable de la creación; a continuación, de la segunda persona divina y del misterio de la Redención de los hombres; finalmente, de la tercera persona divina, fuente y principio de nuestra santificación".

CIC n.º 185-188.190

- ¿Por qué la Iglesia ha elaborado resúmenes de la fe?
- ¿Qué se quiere indicar con cada uno de los nombres que se le asocia a los resúmenes de la fe cristiana?

Actividades complementarias

1 **Completa el siguiente acróstico en tu cuaderno. Ten en cuenta lo trabajado en esta unidad.**

1 ● ● ● ● T ●
2 ● R ● ● ● ● ●
3 ● I ●
4 N ● ● ● ●
5 ● ● ● I ● ● ● ● ●
6 ● ● ● ● ● D ● ●
7 ● ● ● ● A ● ● ●
8 ● ● D ●

1. Ungido.
2. Característica de Dios Padre según el credo.
3. La segunda persona de la Santísima Trinidad.
4. Ciudad donde se celebró el concilio que elaboró el credo que posteriormente fue completado por el Concilio de Constantinopla.
5. Dios crea lo visible y lo....
6. Una de las funciones que tiene el credo en la comunidad cristiana.
7. El credo presenta a Jesucristo como ...
8. El Espíritu Santo es Señor y dador de ...

2 **Observa la siguiente imagen de Rogelio Núñez, pARTido, titulada "¿Quién dice la gente que soy yo?".**

- ¿Qué es lo que preocupa a Jesús en la viñeta?
- Según lo estudiado en la unidad, ¿qué nombre reciben las imágenes inventadas del Dios cristiano?
- Hay personas que tienen imágenes erróneas del Dios que nos reveló Jesús. Por ejemplo, algunos piensan que Dios es como un policía que te vigila y, por ello, viven con miedo a Dios. Pon otros ejemplos de imágenes falsas del Dios cristiano que tienen las personas.
- Relaciona esta imagen con lo estudiado sobre las funciones del credo: sintetizar, unir, ser referencia y defender.

3 **La canción del grupo Kairoi, titulada *Credo*, recuerda que tener fe es seguir a Jesús y vivir su evangelio. Expresa en lo que se cree y en lo que no, como se hace en una profesión de fe.**

- Enumera las cosas que la canción dice que no cree y en las que cree.
- ¿Crees que el mal y el sufrimiento son una dificultad para creer en Dios?
- Explica con tus palabras: "No es que el hombre crea en Dios, es Dios que cree en el hombre".

En el derecho del más fuerte,
en el lenguaje de las armas,
en el poder del poderoso: ¡No creemos, no!

En que el amor sea un engaño,
en la raza y en la riqueza,
en los privilegios: ¡No creemos, no!

Pero queremos creer en cada ser humano.
En la renuncia a la fuerza
y siempre abiertas las manos. ¡Sí creemos!

Pero queremos creer en el amor que libera.
No es que el hombre crea en Dios,
es Dios que cree en el hombre. ¡Sí creemos!

En una guerra inevitable,
en una paz inalcanzable,
en que la tierra es de unos pocos: ¡No creemos, no!

Que todo esfuerzo sea en vano,
la muerte el final de todo,
que se negocie con las vidas: ¡No creemos, no!

Escúchame, tiéndeme la mano, hermano;
aunque no nos conozcamos ni nada tengamos,
piensa bien aquello que pretendes,
que comentes, y entres en todo lo que entiendes.

¡Escúchame! ¡Escúchame! ¡Escúchame!
¿Estás delante? Si quieres.
¿No me ves? Estoy aquí presente, ¿enfrente?
¿Te importo? Entretanto o el consumo
te consume y te deja así de feliz.

www.e-sm.net/2ag_6_3

smSaviadigital.com VALORA LO APRENDIDO
¿Qué has aprendido?

[Por dentro]

Las personas somos seres en relación
y la primera relación que viven los seres humanos es en la familia.
La familia marca el ser de cada individuo.
En la familia, cada persona aprende a relacionarse con los demás, a ser querido y querer, a confiar, a recibir y a dar.

mi familia

"De tal palo tal astilla". Con esta expresión, el saber popular expresa la importancia que la familia tiene en la vida de los seres humanos. Las personas son lo que son gracias a la familia que han tenido. Cada familia tiene su historia, sus tradiciones, sus momentos de reunión. No existe la familia perfecta pero, gracias a ella, cada persona va adquiriendo una forma de ser y de estar en el mundo.

1 Lee el siguiente texto sobre el valor de la familia.

- ¿Por qué es fundamental la familia en la vida de las personas?
- ¿Añadirías alguna otra razón por la que la familia es esencial para las personas?
- ¿Podrían sobrevivir los seres humanos sin la familia antes de llegar a ser adultos?

2 Tú eres parte de una familia, tu modo de situarte influye en la construcción de la misma.

- Desde tu experiencia, ¿qué es para ti la familia?
- ¿Qué destacarías de tu familia?

La familia

La familia es el núcleo fundamental donde se desarrolla el ser de cada persona. En primer lugar, la familia brinda desde el nacimiento protección, alimento, higiene, cuidado, pero además es el lugar donde se viven y se aprenden valores esenciales para la vida a través de reglas de comportamiento, indicando dónde está el peligro, qué cosas no se deben hacer, cómo estar sano, cómo ser saludable, qué significa cada sensación, etc.

Un bebé (como cualquier cachorro) si es abandonado y no recibe ningún tipo de cuidado o protección no podría sobrevivir por sí solo. Para los seres humanos, la protección de la familia es necesaria hasta la edad adulta, momento en el cual se entiende que la persona ya puede independizarse, valerse y cuidarse por sí misma (en términos de edad, la adultez varía de país en país, pero se suele establecer alrededor de los 16 a 18 años).

Además, la familia posibilita a cada individuo la capacidad de establecer una comunicación con otros seres, habilidad que le permitirá relacionarse con personas externas a su núcleo familiar y adaptarse a la sociedad en la que vive.

familia

- Escribe una lista de todo lo que recibes de tu familia.
- Describe qué aporta cada miembro de la familia.

▪ ....
▪ ....
▪ ....

tú

▪ ....
▪ ....
▪ ....

- Escribe otra lista de todo lo que aportas a tu familia.
- Describe qué valoras más de cada miembro de la familia.

No solo existe la familia de cada uno, sino que todas las personas forman parten de un mismo mundo y, de alguna manera, pertenecen a la familia humana. Todo afecta a todos. Por ello, las personas y las naciones están llamadas a entenderse unas con otras.

Por fuera

El efecto mariposa

"Me encanta el efecto mariposa. Se dice que si una mariposa agita sus alas en Hong Kong, en Nueva York puede haber una tempestad. Me encanta pensar en ese día especial en el que si todos movemos las alas a la vez, podemos cambiar el mundo. Es un tema que me apasiona porque en realidad pocas veces multiplicamos y nos encanta dividir. Sumar es chulo, pero multiplicar... ¡Esa actividad que aprendemos en segundo de primaria puede ser genial! [...].

Es ponerse manos a la obra para que todos sumemos, cada vez más, sin dividir, sin restar... Solo la suma es posible, solo la colaboración aquí y allí puede hacer que si se mueven las alas en Europa llegue a África un aliento de alivio, una gota de esperanza que contribuya al freno de esta y muchas otras enfermedades que aunque no evitables, pueden reducirse. Pensemos como mariposas, como símbolos del cambio que aún está por llegar [...].

Y sobre todo me preocupa en qué lugar está la emergencia de África en las noticias. Supongo que saldrá lo primero, ¿no? Supongo que no habrá noticia más importante que el ébola amenazando cada día a miles de personas. Supongo que ni la supercopa, ni el mundial de baloncesto estarán ocupando puestos informativos. No sé si supongo mal. [...].

Pero aquí todo es diferente: puestos de comida vacíos, mercado vacío. Desierto. Solo gente limpiando, niños con palas, camiones recogiendo basura. ¡Trabajo comunitario! ¡Eso que nosotros no entendemos y que en esta parte del charco hacen muy bien! [...].

Qué día tan especial. Me emociona ver cómo todos cumplen la norma limpiando, escuchando, interiorizando en familia las palabras clave. [...] Deseosos de conocer, saber, compartir inquietudes. Sin duda alguna un paso importante y necesario para que los mensajes sobre el contagio calen muy hondo, casi tanto como la lluvia de hoy, que sin duda ha fregado las calles recién barridas, esperemos que para cerrar una página y que mañana podamos abrir otra bien diferente".

elpais.com, 3-9-2014

www.e-sm.net/2ag_6_4

El ébola

La epidemia de ébola de 2014-2015 originó en algunos países de África Occidental el pánico por su virulencia llegando a ser más de 9000 los fallecidos por esta enfermedad.

Los europeos y estadounidenses contagiados, todos implicados en organizaciones solidarias, se han recuperado todos por ser repatriados rápidamente a sus países de origen. Exceptuando a Miguel Pajares y Manuel García (en la fotografía), dos misioneros españoles de la Orden Hospitalaria de San Juan de Dios, que se contagiaron al luchar contra la epidemia en los hospitales en los que trabajaban.

la familia humana

Con la expresión "efecto mariposa" se ha querido expresar que, en un mundo globalizado, las acciones tienen consecuencias que afectan a todas las personas. Esta imagen recuerda que ya no se debe pensar solo en lo que interesa a uno mismo, sino que hay que ser conscientes que las acciones de las personas tienen consecuencias en los demás; y no solo en los más cercanos, sino también en personas que viven en otras partes del mundo. Cada vez es más evidente que tenemos una casa común, la Tierra, y que todos formamos la gran familia humana.

1 Lee el texto "El efecto mariposa" escrito por la delegada de Emergencias de la Cruz Roja en Sierra Leona, África, durante la epidemia del ébola.

- ¿En qué consiste el efecto mariposa?
- ¿Crees que es verdad o te parece un poco exagerado?
- La autora del artículo aplica este efecto para hablar de la necesidad de solidaridad, ¿piensas que es posible el efecto mariposa de la solidaridad?
- Según el texto, ¿qué hay que hacer para que se haga realidad el efecto mariposa de la solidaridad?

7 Los orígenes del cristianismo

¿Por qué estoy cambiando? ¿Por qué cuando creces tienes más preocupaciones? ¿Se puede ser feliz siendo siempre como un niño? ¿Por qué a pesar de los cambios siento que sigo siendo yo?

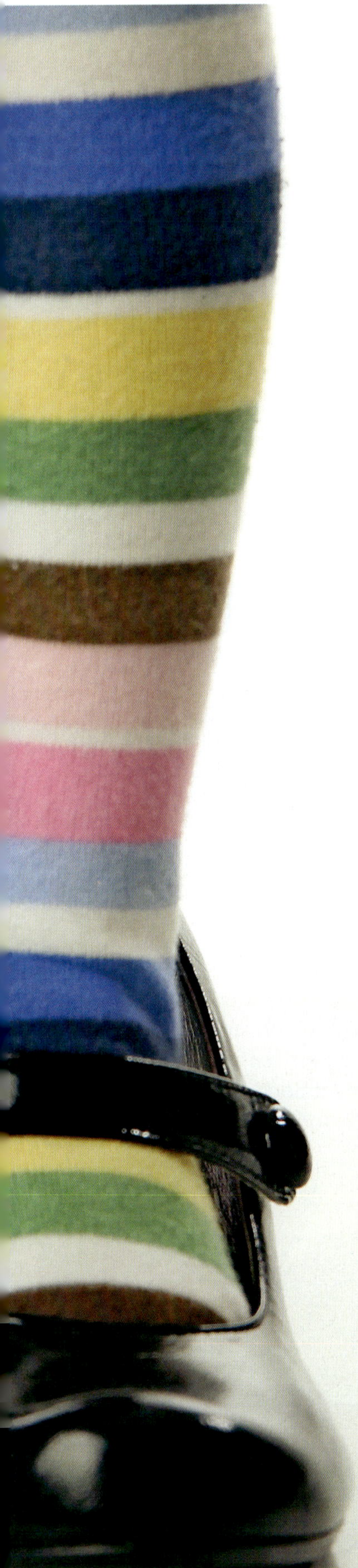

A MI ALREDEDOR

Llega un momento en el que las personas, los grupos o las organizaciones pasan de una etapa inicial, en la que dependen de otros y se dejan guiar, a una etapa adulta, en la que tienen que recorrer su propio camino y tomar decisiones responsablemente.

- ¿Qué te sugiere la imagen?
- ¿La protagonista es una niña o una joven?

DIALOGAMOS

Hay personas que rechazan asumir las responsabilidades que conlleva ser adulto y siguen viviendo como niños. La psicología denomina a esta situación "síndrome de Peter Pan". Lee el siguiente rap de Porta que habla de este síndrome.

EL SÍNDROME DE PETER PAN

Porque el tiempo no perdona, el tiempo pasa.
Las cosas cambian; por eso tengo el síndrome de Peter Pan.

El tiempo pasa factura, parece que no espera.
Hasta el más niño madura aunque no quiera.
Y debe ser verdad, porque ya nada es lo que era.
Si sabes dar marcha atrás, ven y cuéntame la manera.

A veces pienso que me he quedado estancado en mi niñez
cuando la madurez se aleja del pasado.
Mi habitación, mi santuario mundo aparte
donde el arte, que se hace por amor, no es criticado.
Yo por eso tengo el síndrome de Peter.
No quiero crecer, no quieren crecer.
Por eso los niños repiten curso y no les culpo.
El que quiera envejecer
seguro querrá volver cuando sea adulto
porque notas un vacío que algo falta.
Todos te miran mal hoy si piensas en voz alta.
Muchos me miran extrañados al ver todavía
en mis estanterías muñecos acumulados
y si sigo sentándome en el sofá con la merienda
viendo aquellos dibujitos que hoy día pocos recuerdan.
No me da ninguna vergüenza reconocerlo y luego
puedes llamarme *freak*: soy un adicto a los videojuegos.

El tiempo pasa factura, parece que no espera [...].

www.e-sm.net/2ag_7_1

- Señala las frases que más te llaman la atención y explica por qué.
- Según la canción, ¿por qué las personas no quieren crecer?
- ¿Cómo te sientes cuando te tratan como un niño?

smSaviadigital.com PONTE A PUNTO
Comprueba lo que sabes.

1 La comunidad de Jerusalén

1 La muerte de Jesús supuso una gran decepción para sus seguidores, porque pensaban que sus esperanzas no se iban a cumplir. Además, tenían miedo de morir como él murió. Sin embargo, tras recibir la fuerza del Espíritu Santo, los apóstoles superaron el miedo y anunciaron a Jesús con valentía. Este relato cuenta cómo Pedro y Juan fueron arrestados por transmitir la buena noticia de Jesús.

- ¿Por qué se indignan los sacerdotes, jefes del templo y saduceos?
- Según la respuesta de Pedro y Juan, ¿con qué poder curan y enseñan? ¿Quién es el único que puede salvar?
- ¿Qué prohíben a Pedro y a Juan?
- ¿Cuál es su respuesta a la prohibición? ¿Es una respuesta valiente?

LEER LA BIBLIA

ANTE EL SANEDRÍN

Mientras Pedro y Juan hablaban al pueblo, se les presentaron los sacerdotes, el jefe de la guardia del templo y los saduceos, indignados de que enseñaran al pueblo y anunciaran en Jesús la resurrección de los muertos. Los apresaron y los metieron en la cárcel hasta el día siguiente.

Hicieron comparecer en medio de ellos a Pedro y a Juan y se pusieron a interrogarlos:

—¿Con qué poder o en nombre de quién habéis hecho eso vosotros?

Entonces Pedro, lleno de Espíritu Santo, les dijo:

—Jefes del pueblo y ancianos: porque le hemos hecho un favor a un enfermo, nos interrogáis hoy para averiguar qué poder ha curado a ese hombre; quede bien claro a todos vosotros y a todo Israel que ha sido el Nombre de Jesucristo el Nazareno, a quien vosotros crucificasteis y a quien Dios resucitó de entre los muertos; por este Nombre, se presenta este sano ante vosotros. Él es la piedra que desechasteis vosotros, los arquitectos, y que se ha convertido en piedra angular; no hay salvación en ningún otro, pues bajo el cielo no se ha dado a los hombres otro nombre por el que debamos salvarnos.

Les prohibieron severamente predicar y enseñar en el nombre de Jesús. Pero Pedro y Juan les replicaron diciendo:

—¿Es justo ante Dios que os obedezcamos a vosotros más que a él? Juzgadlo vosotros. Por nuestra parte no podemos menos de contar lo que hemos visto y oído.

Hch 4,1-3.7-12.18-20

EUGÈNE BURNAND,
Pedro y Juan corren al sepulcro. París

2 El libro de los Hechos de los Apóstoles describe las características ideales de la primera comunidad. Cuenta cómo vivían los primeros discípulos y la reacción que su modo de vida provocaba en las personas que los veían.

- ¿Cuáles son las principales características de la primera comunidad?
- ¿Por qué su forma de vivir impresionaba a las personas que los veían?
- ¿Crees que los cristianos de hoy día causan la misma admiración?
- Pon algún ejemplo de los cristianos actuales en el que vivan como los primeros cristianos.

VIDA EN COMUNIDAD

Y perseveraban en la enseñanza de los apóstoles, en la comunión, en la fracción del pan y en las oraciones. Todo el mundo estaba impresionado y los apóstoles hacían muchos prodigios y signos. Los creyentes vivían todos unidos y tenían todo en común; vendían posesiones y bienes y los repartían entre todos, según la necesidad de cada uno.

Con perseverancia acudían a diario al templo con un mismo espíritu, partían el pan en las casas y tomaban el alimento con alegría y sencillez de corazón; alababan a Dios y eran bien vistos de todo el pueblo; y día tras día el Señor iba agregando a los que se iban salvando. El grupo de los creyentes tenía un solo corazón y una sola alma.

Hch 2,42-47;4,32

¿Por qué hay cosas o situaciones que nos dan miedo?
¿Qué fuerza sintieron los primeros discípulos para no tener miedo a ser perseguidos?

A MI ALREDEDOR

SIN MIEDO

Sin miedo sientes que la suerte
está contigo,
jugando con los duendes
abrigándote el camino,
haciendo a cada paso lo mejor de lo vivido.
Mejor vivir sin miedo.
Sin miedo, lo malo se nos va
volviendo bueno.
Las calles se confunden con el cielo.
Y nos hacemos aves,
sobrevolando el suelo,
así sin miedo,
si quieres las estrellas vuelco el cielo.
No hay sueños imposibles ni tan lejos.
Si somos como niños.
Sin miedo a la locura, sin miedo a sonreír.
Sin miedo sientes
que la suerte está contigo.
Sin miedo, las olas
se acarician con el fuego.

Si alzamos bien las yemas de los dedos,
podemos de puntillas tocar el universo,
así sin miedo,
las manos se nos llenan de deseos,
que no son imposibles ni están lejos.
Si somos como niños,
sin miedo a la ternura, sin miedo a ser feliz.
Sin miedo sientes
que la suerte está contigo.
Lo malo se nos va volviendo bueno.
Si quieres las estrellas vuelco el cielo.
Sin miedo a la locura, sin miedo a sonreír.

www.e-sm.net/2ag_7_2

3 **El miedo es una de las emociones básicas que tienen los seres humanos. No todas las personas reaccionan igual cuando tienen miedo; unas quedan paralizadas mientras que otras son capaces de afrontar la situación y superarla. Lee la letra de la canción de Rosana.**

- Según la canción, ¿qué ocurre cuando no se tiene miedo?
- ¿El miedo siempre es malo o hay veces que tiene una función positiva?
- ¿Qué cosas te producen miedo? ¿Cómo intentas superar tus miedos?
- ¿Alguna vez has dejado de hacer algo por miedo y luego te has arrepentido?

smSaviadigital.com
INTERACTIVO
En la primera comunidad.

Del miedo al anuncio

Tras la muerte de Jesús, los apóstoles permanecían encerrados por miedo a los judíos. El trágico final de su maestro y el miedo a que ellos pudiesen sufrir el mismo destino les llevó a permanecer ocultos. Por ello, cuando Jesús se les apareció, les animó a no tener miedo.

Sin embargo, todo cambió en el día de Pentecostés: los apóstoles recibieron el Espíritu Santo, que les infundió valor para salir y anunciar a todos abiertamente la muerte y resurrección de Jesús.

Los apóstoles dejaron de tener miedo y anunciaron valientemente el mensaje de Jesús porque, como afirmaron Pedro y Juan ante el sanedrín, obedecían el mandato de Jesús. Así comenzó a extenderse el evangelio por todo el mundo conocido.

La evangelización es el anuncio del mensaje de Jesús o evangelio. La palabra *evangelio* proviene del griego y significa 'buena noticia'. El mensaje de Jesús es la buena noticia, porque anuncia la salvación y la felicidad plena para aquellos que lo aceptan.

Los apóstoles comenzaron predicando el contenido fundamental del evangelio, que recibe el nombre de "kerigma", y que consiste en el anuncio de la muerte y resurrección de Jesús. Transmitían la buena noticia con la palabra, oralmente, e iba de boca en boca. Años después, esta predicación oral se transcribió en los llamados evangelios.

La comunidad ideal

El libro de los Hechos de los Apóstoles, que cuenta los orígenes del cristianismo, ofrece la descripción de cómo era la vida de la primera comunidad de cristianos en Jerusalén.

En los inicios, los cristianos de Jerusalén seguían practicando las tradiciones judías, como acudir al Templo o respetar el descanso del sábado. Por eso, sus vecinos los consideraban otro grupo más perteneciente al judaísmo.

Sin embargo, aunque se sentían herederos de la tradición judía, los cristianos se consideraban una comunidad nueva y diferente. El libro de los Hechos, cuando habla de los cristianos, utiliza la palabra griega *ekklesía* que significa 'asamblea', palabra que también se utilizaba para describir la reunión del pueblo de Israel en el desierto. Esto indica que los cristianos se consideraban el nuevo pueblo de Dios. La palabra *iglesia* deriva de ella, y se utilizaba para nombrar las nuevas comunidades: Iglesia de Jerusalén, Iglesia de Antioquía, etc.

Así, la nueva comunidad se caracterizaba por lo siguiente:

- la escucha de la enseñanza de los apóstoles, o catequesis;
- la fracción del pan o eucaristía, que se celebraba en las casas de los cristianos y que se acompañaba de una comida;
- la caridad: ponían en común lo que tenían para repartirlo entre los necesitados;
- la unidad: tenían una sola alma y un solo corazón;
- y la oración constante.

2 El apóstol Pedro

1 Pedro fue uno de los primeros discípulos. Jesús le llamó para que le acompañara desde el inicio. Pedro fue uno de los apóstoles más cercanos a Jesús, estuvo presente en la transfiguración de Jesús y en la oración en Getsemaní. Por lo que cuentan los evangelios, Pedro era una persona impulsiva que tenía una gran admiración y cariño a Jesús. Lee el relato donde Pedro asegura que nunca abandonaría a Jesús.

- ¿Por qué se van a escandalizar los discípulos?
- ¿Está dispuesto Pedro a seguir a Jesús hasta la muerte?
- ¿Ha sido capaz de mantener su palabra?
- ¿Por qué llora Pedro?

2 A pesar de negar a Jesús, Pedro dio su vida por él. Lee el relato donde Jesús le anuncia que morirá por ser su discípulo.

- ¿Qué imagen utiliza Jesús para anunciar a Pedro su muerte?
- ¿Por qué la muerte de Pedro va a ser un motivo de dar gloria a Dios?
- ¿Sabes dónde y cómo murió Pedro?

3 Pedro ocupó un puesto destacado entre los apóstoles. Los evangelios lo presentan como el líder del grupo que, en varias ocasiones, habló en nombre de los demás. Además, Jesús le confió una misión especial.

- ¿Cuál es la misión que Jesús confía a Pedro?
- ¿Qué relación tiene esta misión con el nombre de Pedro?
- ¿Te sorprende que Jesús elija como piedra de la Iglesia a un apóstol que después lo niega tres veces?

LEER LA BIBLIA

NEGACIONES DE PEDRO

Jesús les dijo:

—Esta noche os vais a escandalizar todos por mi causa, porque está escrito: "Heriré al pastor y se dispersará el rebaño".

Pedro replicó:

—Aunque todos caigan por tu causa, yo jamás caeré.

Jesús le dijo:

—En verdad te digo que esta noche, antes de que el gallo cante, me negarás.

Pedro le replicó:

—Aunque tenga que morir contigo, no te negaré.

Los que prendieron a Jesús lo condujeron a casa de Caifás, el sumo sacerdote, donde se habían reunido los escribas y los ancianos. Pedro lo seguía de lejos hasta el palacio del sumo sacerdote y, entrando dentro, se sentó con los criados para ver cómo terminaba aquello.

Poco después se acercaron los que estaban allí y dijeron a Pedro:

—Seguro; tú también eres de ellos, tu acento te delata.

Entonces él se puso a jurar diciendo:

—No conozco a ese hombre.

Y enseguida cantó un gallo. Pedro se acordó de aquellas palabras de Jesús. Y saliendo afuera, lloró amargamente.

Mt 26,31-35.57-58.69-72.73-75

B *Texto completo p. 124*

APACIENTA MIS OVEJAS

Jesús le dice a Pedro:

—Apacienta mis ovejas. En verdad, en verdad te digo: cuando eras joven, tú mismo te ceñías e ibas adonde querías; pero, cuando seas viejo, extenderás las manos, otro te ceñirá y te llevará adonde no quieras.

Esto dijo aludiendo a la muerte con que iba a dar gloria a Dios.

Jn 21,17-19a

CONFESIÓN DE FE EN CESAREA

Al llegar a Cesarea de Filipo, Jesús preguntó a sus discípulos:

—¿Quién dice la gente que es el Hijo del hombre?

Ellos contestaron:

—Unos que Juan el Bautista, otros que Elías, otros que Jeremías o uno de los profetas.

—Y vosotros, ¿quién decís que soy yo?

Simón Pedro tomó la palabra y dijo:

—Tú eres el Mesías, el Hijo del Dios vivo.

Jesús le respondió:

—¡Bienaventurado tú, Simón!, porque eso no te lo ha revelado ni la carne ni la sangre, sino mi Padre que está en los cielos. Ahora yo te digo: tú eres Pedro, y sobre esta piedra edificaré mi Iglesia, y el poder del infierno no la derrotará.

Mt 16,13-18

¿Por qué, en ocasiones, los amigos se traicionan?
¿Por qué los papas son los sucesores de Pedro y la máxima autoridad en la Iglesia?

A MI ALREDEDOR

UNA GRAN BASÍLICA PARA UNA PEQUEÑA TUMBA

Durante el reinado de Nerón, se produjo un gran incendio en Roma. Algunos consideran que fue provocado por el propio Nerón, ya que después utilizó los terrenos de la zona incendiada para construirse una lujosa residencia. Sin embargo, Nerón culpó a los cristianos e inició una gran persecución contra ellos. Durante esta persecución, el apóstol Pedro fue detenido y sufrió martirio en el circo de Nerón, situado en la colina vaticana. Según la tradición, Pedro pidió ser crucificado con la cabeza hacia abajo porque no se consideraba digno de morir igual que Jesús. Pedro fue enterrado en un cementerio cercano al lugar donde murió. Muchos cristianos quisieron enterrarse cerca de la tumba de Pedro, por lo que se convirtió en lugar de culto y peregrinación.

El emperador Constantino, en el año 324, inició la construcción de una basílica en ese lugar. Con el paso del tiempo, la basílica se fue deteriorando, y se decidió construir una nueva que fue terminada a principios del siglo XVII. Así, la actual basílica de San Pedro del Vaticano está edificada sobre la tumba del apóstol.

4 **La basílica de San Pedro en el Vaticano está construida sobre la tumba del apóstol, donde fue enterrado tras sufrir martirio. La tumba se encuentra debajo del altar de la basílica. Hubo un momento en que se perdió su localización, pero fue redescubierta a comienzos del siglo XX, junto a un antiguo cementerio romano de los siglos I-II d. C.**

- ¿Cuál es el motivo por el que Nerón persiguió a los cristianos?
- ¿Por qué san Pedro fue crucificado con la cabeza hacia abajo?
- ¿Crees que san Pedro imaginó que su tumba daría lugar a una basílica?

De negar a Jesús a morir por él

Pedro es uno de los apóstoles que formaron el grupo inicial de discípulos que Jesús escogió al comienzo de su misión. Desde el primer momento, tuvo una gran cercanía con Jesús y gozó de una consideración especial dentro del grupo. Pedro estuvo presente en algunos momentos trascendentales de la vida de Jesús, como son la transfiguración, la oración en Getsemaní o el juicio.

La noche antes de morir, mientras celebraba la fiesta de la Pascua con sus amigos, Jesús afirmó que iba a ser abandonado por sus seguidores más cercanos. Pedro le dijo que él nunca le abandonaría, pero Jesús le anunció que iba a negarle tres veces esa misma noche. Según cuenta el evangelio, una vez que Jesús fue apresado, Pedro le siguió. Mientras interrogaban a Jesús, Pedro negó por tres veces que conocía a Jesús ante la insistencia de los criados del sumo sacerdote.

Sin embargo, Jesús resucitado le confió la misión de cuidar y confirmar en la fe a los demás discípulos. Desde el momento que recibieron el Espíritu Santo, en Pentecostés, Pedro anunció la muerte y resurrección de Jesús por medio de discursos, signos y bautizos de judíos y paganos. Pedro inició así un proceso de evangelización que culminó con su llegada a Roma, donde predicó a los cristianos de esta ciudad.

En Roma, hacia los años 64 y 67, Nerón inició una persecución contra los cristianos, en ella Pedro fue crucificado. En esa misma persecución, Pablo murió decapitado. Los cristianos consideran a Pedro y a Pablo las columnas de la Iglesia por su protagonismo en los comienzos del cristianismo. Se les conmemora anualmente en una misma fiesta.

La roca de la fe

Cuando Jesús preguntó a sus discípulos qué pensaban ellos sobre él, Pedro, en nombre de los demás, le respondió que le consideraba el Mesías, el Hijo de Dios. En ese momento, Jesús le llamó *Pedro* (se llamaba Simón), que significa 'piedra', para indicar que sería la piedra sobre la que se edificaría la Iglesia. De esta forma, Pedro recibió el encargo de cuidar de los discípulos y de confirmar en la fe a los creyentes.

El Nuevo Testamento demuestra que Pedro tuvo un lugar destacado entre los apóstoles. Pedro hablaba a Jesús en nombre de los apóstoles, en los inicios del cristianismo pronunciaba discursos y tomaba decisiones relacionadas con la vivencia de la fe en las nuevas comunidades para mantener la unidad de los creyentes. El puesto especial de Pedro entre los apóstoles se conoce con el nombre de "primado de Pedro".

El credo afirma que la Iglesia es una, santa, católica y apostólica. Al igual que Pedro, el Papa es signo de la comunión de la Iglesia, y entre sus funciones está la de garantizar la unidad de la fe de la Iglesia de todo el mundo respetando las características propias de cada comunidad.

Lo estudiarás en... HISTORIA DEL ARTE

La basílica era un edificio romano de planta rectangular utilizado para la administración de justicia y asuntos públicos. El cristianismo adoptó la planta de estos edificios para sus templos, conservando el nombre de basílica.

3 Las primeras dificultades

❶ Aunque al hablar de mártires se suele pensar en los cristianos que murieron en Roma, los cristianos sufrieron la primera persecución en Jerusalén. Al poco tiempo de morir Jesús, algunos judíos decidieron matarlos.

- ¿Quiénes huyen de Jerusalén y quiénes permanecen?
- ¿Qué dice el texto sobre Pablo, que entonces todavía se llamaba Saulo? ¿Te sorprende?
- ¿A qué se dedicaban los que huyeron de Jerusalén?
- La persecución ¿fue causa de tristeza o de alegría?

LEER LA BIBLIA

LAPIDACIÓN DE ESTEBAN

Aquel día, se desató una violenta persecución contra la Iglesia de Jerusalén; todos, menos los apóstoles, se dispersaron por Judea y Samaría. Unos hombres piadosos enterraron a Esteban e hicieron gran duelo por él. Saulo, por su parte, se ensañaba con la Iglesia, penetrando en las casas y arrastrando a la cárcel a hombres y mujeres.

Los que habían sido dispersados iban de un lugar a otro anunciando la buena nueva de la Palabra. Felipe bajó a la ciudad de Samaría y les predicaba a Cristo. El gentío unánimemente escuchaba con atención lo que decía Felipe, porque habían oído hablar de los signos que hacía, y los estaban viendo: de muchos poseídos salían los espíritus inmundos lanzando gritos, y muchos paralíticos y lisiados se curaban. La ciudad se llenó de alegría.

Hch 8,1-8

VASARI, *Martirio de san Esteban*. Vaticano

❷ A los pocos años de comenzar el cristianismo, surgieron problemas internos en las comunidades, que los apóstoles trataron de solucionar. En los Hechos de los Apóstoles se describe el Concilio de Jerusalén, que supuso la ruptura con el judaísmo. Este concilio reivindicó que ser cristiano era algo nuevo y distinto, aunque reconocía su origen judío. El Concilio de Jerusalén fue el primero de todos los concilios que ha tenido la Iglesia. Los concilios son congresos que celebra la Iglesia para solucionar algún problema.

- ¿Qué es lo que provocó el altercado con Pablo y Bernabé?
- ¿Cómo se resuelve el problema?
- ¿Qué defienden los que provenían de los fariseos?
- ¿Cuáles son las razones que da Pedro para que no se les obligue a circuncidarse?
- ¿Qué decisión se toma en el Concilio?

PRIMER CONCILIO

Unos que bajaron de Judea se pusieron a enseñar a los hermanos que, si no se circuncidaban conforme al uso de Moisés, no podían salvarse. Esto provocó un altercado y una violenta discusión con Pablo y Bernabé; y se decidió que Pablo, Bernabé y algunos más de entre ellos subieran a Jerusalén a consultar a los apóstoles y presbíteros sobre esta controversia. Al llegar a Jerusalén, fueron acogidos por la Iglesia, los apóstoles y los presbíteros; ellos contaron lo que Dios había hecho con ellos. Pero algunos de la secta de los fariseos, que habían abrazado la fe, se levantaron, diciendo:

—Es necesario circuncidarlos y ordenarles que guarden la ley de Moisés.

Los apóstoles y los presbíteros se reunieron a examinar el asunto. Después de una larga discusión, se levantó Pedro y les dijo:

—Hermanos, vosotros sabéis que, desde los primeros días, Dios me escogió entre vosotros para que los gentiles oyeran de mi boca la palabra del evangelio, y creyeran. Y Dios, que penetra los corazones, ha dado testimonio a favor de ellos dándoles el Espíritu Santo igual que a nosotros. No hizo distinción entre ellos y nosotros, pues ha purificado sus corazones con la fe.

Entonces los apóstoles y los presbíteros con toda la Iglesia acordaron elegir a algunos de ellos para mandarlos a Antioquía con Pablo y Bernabé y enviaron por medio de ellos esta carta:

"Hemos decidido, el Espíritu Santo y nosotros, no imponeros más cargas que las indispensables: que os abstengáis de carne sacrificada a los ídolos, de sangre, de animales estrangulados y de uniones ilegítimas. Haréis bien en apartaros de todo esto. Saludos".

Hch 15,1-2.4-9.22a.23a.28-29

B *Texto completo p. 125*

Mosaico de Pedro y Pablo en la Capilla Real de Palermo, Italia.

¿Por qué eligió Dios a Pablo, un perseguidor de los cristianos, para que fuese un apóstol? Los mártires ¿son algo del pasado o todavía hoy siguen muriendo personas por su fe?

A MI ALREDEDOR

MÁRTIR EN LA AMAZONIA

La hermana Dorothy Stang fue una religiosa misionera estadounidense que, durante más de treinta años, acompañó a los habitantes de la región del río Xingú, en la Amazonia brasileña. Movida por la fe en Dios y su proyecto, se solidarizó con la vida y la lucha de los trabajadores rurales, reclamando una reforma agraria justa y promoviendo el diálogo que llevase a soluciones duraderas para los conflictos relacionados con la posesión y explotación de la tierra en la región amazónica. Porque, como decía: "Tienen el sagrado derecho a una vida mejor en una tierra donde puedan vivir y producir con dignidad sin destruir la selva".

Esta postura chocaba directamente con los intereses de terratenientes que explotan ilegalmente los recursos forestales de la Amazonia, sobre todo árboles exóticos, algunos en extinción, como caoba, cedro y jatobá, que se pagan a muy buen precio en el mercado negro. Por ello, la amenazaron repetidamente, pero ella no se dejó intimidar.

El día 12 de febrero de 2005, la hermana Dorothy caminaba de mañana por un camino de tierra de difícil acceso. Iba con Cícero, un campesino, a participar de una reunión en una comunidad. Este se había quedado un poco atrás. Dos hombres armados salieron a su encuentro, preguntándola si estaba armada, ante lo que les respondió: "Aquí está mi arma", mostrándoles la Biblia y comenzando a leer el pasaje de las bienaventuranzas. A lo que los dos hombres respondieron con disparos, matándola.

www.e-sm.net/2ag_7_3

3 **Desde los orígenes del cristianismo, se ha intentado adaptar el evangelio a las circunstancias concretas de cada cultura, pero sin perder el núcleo del mensaje.**

Hoy día, sigue habiendo personas que se esfuerzan en transmitir el mensaje de Jesús en culturas muy lejanas a la que originó el cristianismo, llegando incluso a sufrir martirio por ser coherentes con el seguimiento de Jesús. Lee el relato de la muerte de Dorothy Stang, religiosa que fue asesinada en la Amazonia.

- ¿Qué defendía la hermana Dorothy?
- ¿Tuvo en cuenta la cultura y el modo de vida de los habitantes del río Xingú?
- ¿Por qué se la puede considerar una mártir?

Persecuciones en Jerusalén

La novedad que supuso la nueva comunidad y la influencia y fama que fue adquiriendo provocó que algunos dirigentes religiosos y políticos del pueblo judío persiguiesen a los cristianos.

Las persecuciones comenzaron con el arresto e interrogatorio de algunos apóstoles, como Pedro y Juan, a los que se les prohibió anunciar la buena noticia de Jesús. Pero, poco a poco, se fueron radicalizando, hasta que se produjo la lapidación de Esteban, que es considerado el primer mártir cristiano. Según el relato, tras esta muerte, se desató una violenta persecución en Jerusalén, que obligó a los cristianos a huir hacia otras regiones de Palestina. Así , esta persecución provocó la expansión del cristianismo, ya que los cristianos predicaban el evangelio en las poblaciones a las que llegaban huyendo.

Otro ejemplo de persecución es la orden que dio el rey Herodes de arrestar a algunos cristianos en Jerusalén. Santiago, el hermano de Juan, murió durante esta persecución, y Pedro fue arrestado y encarcelado. Con su muerte, Santiago se convirtió en el primer apóstol que padeció el martirio.

Estos hechos demuestran que los cristianos fueron perseguidos desde muy pronto. Pero, lejos de conseguir acabar con el cristianismo, las persecuciones favorecieron su expansión fuera de Jerusalén, primero, por el resto de Palestina y, más tarde, por Asia Menor y otras regiones del Imperio romano.

El Concilio de Jerusalén

El anuncio del evangelio entre los paganos o gentiles, es decir, los no judíos, provocó algunas tensiones con los cristianos procedentes del judaísmo, que aún practicaban las tradiciones judías, como la circuncisión, comer alimentos puros o el sábado.

Con el bautismo de Cornelio, que era un militar romano, los paganos entraron a formar parte del cristianismo. Los paganos eran bautizados sin estar circuncidados, ya que no eran judíos. Esto provocó que, en la comunidad de Antioquía, los cristianos de tradición judía afirmasen que para recibir el bautismo había que estar circuncidado. Pablo y Bernabé se oponían a esta práctica, así que decidieron ir a Jerusalén a consultar a los apóstoles.

La reunión con los apóstoles se conoce como el Concilio de Jerusalén, y fue fundamental para el destino del cristianismo. Tras ser presentado el problema a los apóstoles y los responsables de la comunidad de Jerusalén, Pedro afirmó que la incorporación de los paganos al cristianismo es obra del Espíritu Santo. En consecuencia, no se puede imponer la circuncisión como condición para ser bautizados, porque el Espíritu no distingue entre judíos o paganos. El creyente se salva por la fe y amor a Cristo, no por estar circuncidado.

La decisión final del Concilio demostró que el cristianismo no está sometido a la ley judía, y que está abierto a todas las personas, sin distinguir su origen; y por tanto, también a los paganos.

Lo esencial

Los orígenes del cristianismo

La comunidad de Jerusalén

- Tras recibir la fuerza del Espíritu Santo, los discípulos anunciaron abiertamente la muerte y resurrección de Jesús.
- Los primeros cristianos, aunque reconocían su origen judío, se consideraban una comunidad nueva y diferente.

El apóstol Pedro

- A pesar de su amistad con Jesús, Pedro negó conocerlo y lo traicionó.
- Pedro fue el nombre con el que Jesús llamó a Simón, para indicar que él era la "piedra" sobre la que edificaría la Iglesia.
- El primado de Pedro continúa en la Iglesia a través de los papas.

Las primeras dificultades

- Esteban fue el primer mártir cristiano, y murió lapidado.
- Con el bautismo de Cornelio, militar romano, los paganos entraron a formar parte del cristianismo.
- El Concilio de Jerusalén resolvió que no era necesario cumplir las tradiciones judías (circuncisión, alimentos, etc.) para ser cristiano.

smSaviadigital.com
MAPA CONCEPTUAL
Despliega.

SABER MÁS...

PEDRO Y LA COMUNIÓN EN LA IGLESIA

Jesús no solía cambiar el nombre a sus discípulos. [...] En cambio, sí lo hizo con Simón, llamándolo "Cefas", nombre que luego fue traducido en griego por Petros, en latín Petrus.

Y fue traducido precisamente porque no era solo un nombre; era un "mandato" que Petrus recibía así del Señor. El nuevo nombre, Petrus, se repetirá muchas veces en los evangelios y acabará sustituyendo a su nombre originario, Simón.

El dato cobra especial relieve si se tiene en cuenta que, en el Antiguo Testamento, el cambio del nombre por lo general implicaba la encomienda de una misión (Gn 17,5;32,28 ss, etc.). De hecho, la voluntad de Cristo de atribuir a Pedro una importancia particular dentro del grupo de los apóstoles se manifiesta a través de numerosos indicios [...].

Las tres metáforas que utiliza Jesús son en sí muy claras: Pedro será el cimiento de roca sobre el que se apoyará el edificio de la Iglesia; tendrá las llaves del reino de los cielos para abrir y cerrar a quien le parezca oportuno; por último, podrá atar o desatar, es decir, podrá decidir o prohibir lo que considere necesario para la vida de la Iglesia, que es y sigue siendo de Cristo. Siempre es la Iglesia de Cristo y no de Pedro. [...] Pedro, para todos los tiempos, debe ser el custodio de la comunión con Cristo; debe guiar a la comunión con Cristo; debe cuidar de que la red no se rompa, a fin de que así perdure la comunión universal. Solo juntos podemos estar con Cristo, que es el Señor de todos. La responsabilidad de Pedro consiste en garantizar así la comunión con Cristo con la caridad de Cristo, guiando a la realización de esta caridad en la vida diaria.

Benedicto XVI,
Audiencia General, 7-6-2006

- ¿Qué supone el que Jesús ponga a Simón el nombre de Pedro?
- ¿Cuál es el sentido último del primado de Pedro? ¿Qué relación tiene con la unidad y comunión en la Iglesia?

Actividades complementarias

1 Completa el siguiente crucigrama en tu cuaderno. Ten en cuenta lo trabajado en la unidad.

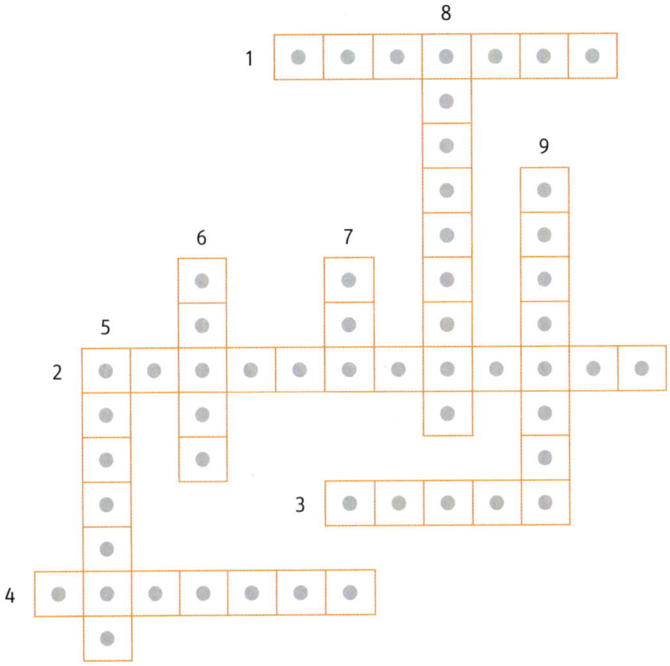

HORIZONTALES

1. Nombre del primer mártir cristiano.
2. Rito judío que provocó el Concilio de Jerusalén.
3. Su canto provocó el llanto de Pedro.
4. El núcleo del Evangelio.

VERTICALES

5. Ciudad donde Pedro confesó que Jesús era el Mesías.
6. Emperador que culpó a los cristianos del incendio de Roma.
7. Los primeros cristianos perseveraban en la fracción del ...
8. Buena Noticia.
9. Apóstol que fue muerto por orden de Herodes.

2 Une en tu cuaderno cada nombre con el correspondiente de la siguiente columna y explica el motivo de tu elección.

Pedro •	• Unidad de la Iglesia
Evangelio •	• Herodes
Pablo •	• Bernabé
Santiago •	• Apacienta
Concilio de Jerusalén •	• Buena noticia
Papa •	• Antioquía

3 Observa la siguiente viñeta de Patxi Velasco Fano.

- ¿Quiénes son los protagonistas de esta viñeta?
- ¿Qué crees que ha pretendido expresar el autor?
- ¿Cómo relacionas esta viñeta con lo trabajado en la unidad?
- Fíjate en alguno de los detalles de la viñeta e intenta explicar su significado.

4 **El papa Pablo VI impulsó unas investigaciones en la basílica de san Pedro para demostrar, con criterios científicos, que está edificada sobre los restos de la tumba del apóstol Pedro. Uno de los indicios que llevaron a afirmar, en el año 1968, a Pablo VI que efectivamente allí están los restos del apóstol es la siguiente frase, que aquí te presentamos cifrada.**

P3dr5, r83g2 p5r l5s cr7st72n5s q8e
3st2m5s s3p8lt2d5s j8nt5 2 t8 c83rp5.

- Descifra la frase en tu cuaderno sabiendo que cada vocal es una cifra numérica distinta.
- ¿Por qué se puede pensar que esta frase es una prueba bastante clara de la existencia en este lugar de los restos del apóstol Pedro?

smSaviadigital.com **VALORA LO APRENDIDO**
¿Qué has aprendido?

Por dentro

Desde que nacemos, estamos inmersos en un proceso de cambio y crecimiento que nos hace pasar por distintas etapas: niñez, adolescencia, juventud, madurez y vejez.
A pesar de los cambios a nivel físico, psíquico, intelectual, moral, social y relacional, las personas seguimos siendo las mismas.

estoy cambiando

La adolescencia es una etapa fundamental del proceso de crecimiento de los seres humanos, y supone un momento de fuertes cambios porque la persona empieza a dejar la niñez. En esta época de la vida, hay algunos cambios difíciles de aceptar. El adolescente debe comprender que son parte del proceso de maduración, y que debe integrarlos para poder aceptarse a sí mismo y vivir feliz una nueva etapa de la vida.

1 A continuación tienes la historia de Santi, un joven de tu edad, que cuenta cómo está viviendo los cambios que se están dando en él.

- ¿Qué le ocurre a Santi?
- ¿Está contento con lo que está viviendo?
- ¿Qué cosas le molestan?
- ¿Te sientes identificado con lo que le pasa a Santi?

2 Al igual que Santi, también tú estás comenzando a notar cambios.

- Además de los cambios en tu cuerpo, ¿qué cambios has notado en tu forma de ser?
- ¿Te preocupan estos cambios?
- ¿Te sientes bien contigo mismo?
- La adolescencia es la introducción al mundo adulto, ¿vas teniendo nuevas responsabilidades?

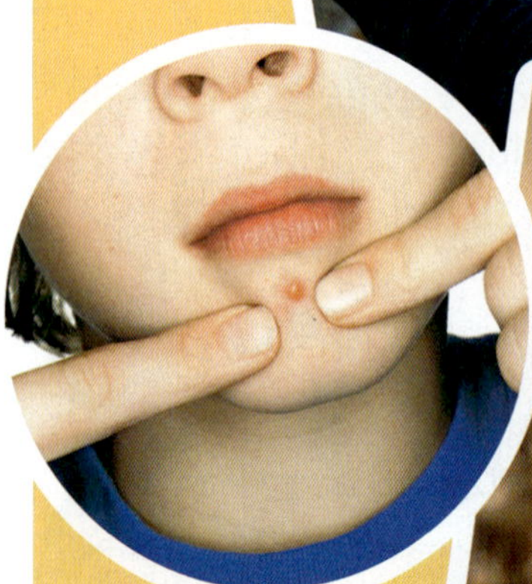

Soy Santi, bueno..., eso creo. Dudo un poco porque últimamente estoy cambiando mucho. Eso dice la gente, y no digamos la familia. Por cierto, me da mucha rabia que me pase "lo típico": vas por la calle y te encuentras con una de esas conocidas de mamá que ves muy de vez en cuando y, al verte, te llena de besos como si fueras un crío. Luego te dice: "¡Pero cómo has crecido...! ¡Si casi no te reconozco!". Y para rematar la jugada te suelta: "¡Tienes bigote y todo...! ¡Estás hecho un hombrecito!". Entonces es cuando yo me mosqueo y mi madre se enfada y dice: "Mira que eres maleducado".

En fin, reconozco que estoy cambiando. La ropa enseguida se me queda pequeña, y noto que estoy más "cachas" que antes, vamos, que estoy más fuerte. He pegado un estirón que no veas. Me da un poco de corte mirarme al espejo, sobre todo si me miro desnudo. Estoy diferente. Además tengo pelillos por todas partes (¡sí, por todas!). Me está cambiando la voz (vaya gallos que me salen de vez en cuando) y tengo algún granillo que otro. Qué corte da cuando en clase alguien se fija y te lo dice.

Ya sé que todo esto es normal, me lo han explicado bien, pero no deja de inquietarme. Esto que me pasa solo lo comento con mi amigo Pablo. ¡Él sí que me entiende! Hemos leído en un libro que somos preadolescentes, y que nos vamos a convertir en seres protestones, un poco locos e insoportables. ¡Vaya! Seguro que no es para tanto.

VARIOS AUTORES,
A fondo. Descubro a Dios en mi vida. PPC, pág. 27

Una persona mayor, que piense en el pasado, comprobará que a lo largo de su existencia se han dado muchos cambios: en la tecnología, en los valores de la sociedad y en la forma de vivir.
Al igual que las personas, el mundo cambia y se transforma.

Por fuera

Trasplantes

Los trasplantes de órganos han supuesto un enorme avance para combatir enfermedades crónicas. En 1946, se realizó el primer trasplante, uno de riñón; luego de corazón; y ya en 2010, en Barcelona, un equipo de médicos dirigidos por Juan Barret llevó a cabo por primera vez un trasplante de cara.

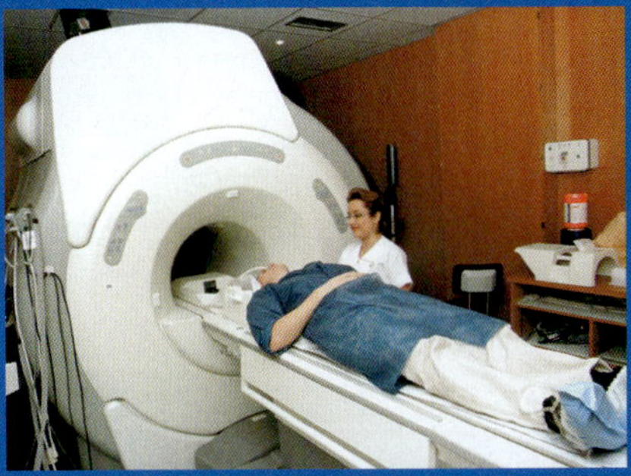

TAC

Han aparecido nuevas herramientas diagnósticas. La revolución tecnológica ha producido la aparición de nuevas herramientas que realizan diagnósticos a través de la imagen. Así, en 1972 apareció el primer TAC, y en 1982 la primera resonancia magnética nuclear.

Los marcapasos

El control de las enfermedades infecciosas ha propiciado que una de las principales causas de muerte en nuestra sociedad sean las enfermedades cardiovasculares. En la lucha contra las enfermedades cardíacas, el tratamiento ha avanzado enormemente con la aparición del cateterismo, de los estent y de los marcapasos.

Robot Da Vinci

Da Vinci es un equipo de cirugía robótica. Se compone de una consola desde la que el cirujano controla una plataforma provista de brazos articulados. Da Vinci permite a los cirujanos, muy entrenados previamente, realizar intervenciones complejas y delicadas mediante pequeñas incisiones muy precisas, lo que facilita una rápida recuperación en el paciente.

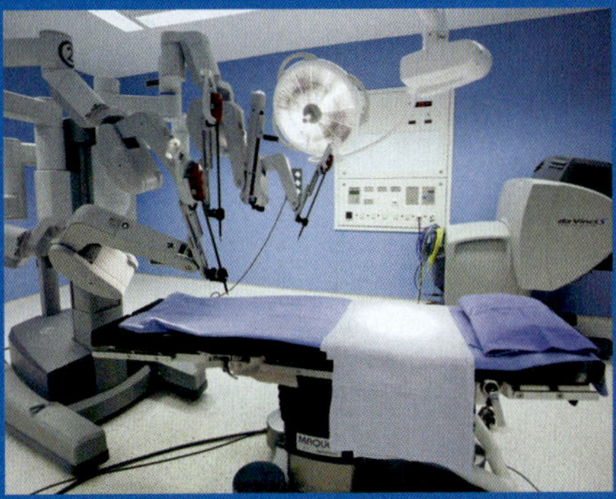

cambios en la medicina

El mundo siempre ha cambiado pero, en la actualidad, lo hace a un ritmo muy rápido y de forma muy continua. Un claro ejemplo de esta situación se puede observar en cómo ha evolucionado la medicina en los últimos años. Lo más destacado, además de los nuevos tratamientos para luchar contra las enfermedades, es que estas novedades provocan cambios en la sociedad y en los modos de vivir de las personas.

1. **Te presentamos algunas de las novedades que ha habido relacionados con la medicina.**
   - ¿Has oído hablar de ellas? ¿Cuál te llama más la atención?
   - Comenta el caso de alguna persona que conozcas que se haya beneficiado de alguno de estos avances.
2. **Lee ahora lo referido a la esperanza de vida.**
   - ¿Por qué se puede decir que los adelantos médicos han influido en la evolución de la esperanza de vida en España?
   - Ahora los ancianos llegan a superar fácilmente los ochenta años, ¿en qué cambia esto nuestra forma de vida?

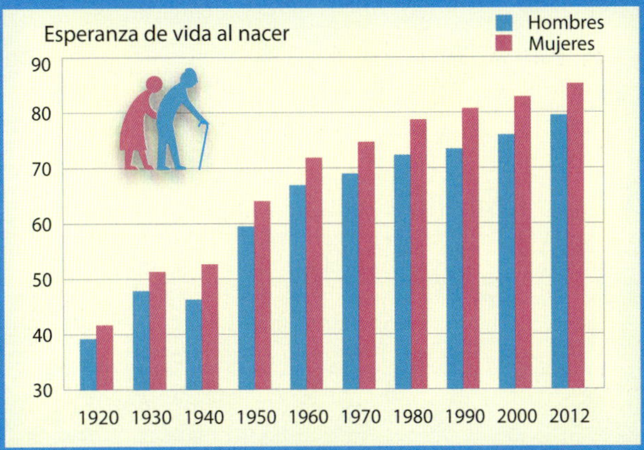

Esperanza de vida

La esperanza de vida es la expectativa de vida de un recién nacido al nacer. Su evolución es uno de de los datos esenciales para conocer cómo progresa la salud en un país. En España, tomando como referencia 1950, en seis décadas y media se ha aumentado en veinte años la esperanza de vida tanto en los hombres como en las mujeres.

8 Id por todo el mundo

¿Hacia dónde voy con mi vida? ¿Qué encrucijadas he superado?
¿Cómo puedo saber si he elegido el camino correcto?
¿Quién me guía en mi recorrido vital?

A MI ALREDEDOR

Observa la imagen que tienes en estas páginas.

- ¿Cómo puede simbolizar la vida de las personas?
- ¿Crees que la vida es una aventura?
- ¿Qué imagen utilizarías tú para describir la vida?
- Los guías son las personas que enseñan el camino a otras personas: ¿quiénes son los guías en tu vida?

DIALOGAMOS

Muchas personas han comparado la vida con un camino que está por hacer y que hay que ir recorriendo. A continuación, tienes la letra de una canción de Diego Torres y Juan Luis Guerra, titulada *Abriendo caminos*.

ABRIENDO CAMINOS

Voy abriendo caminos para dejarte
las cosas buenas que aprendo
mientras camino mis calles.

Me llevaré
las buenas luces que tiene la gente
que me iluminan la vida
y me regalan mi suerte.

Como un río que camina hacia el mar,
quiero ver la risa del sol por las mañanas,
que venga siempre a golpearnos la ventana.
Yo quiero un sol que me acompañe
hablando siempre de frente,
tirando todo lo malo.

Voy abriendo caminos para encontrarte
que en este mundo perdido
también hay buenos amigos.

Y me llevaré
las buenas luces que tiene la gente
y cuando me sienta solo
me cuidaran para siempre.

Como un río que camina hacia el mar,
saca el dolor afuera
y no te quedes a esperar.
Como un río que camina hacia el mar,
ríe, llora que aún queda mucho por andar [...].

www.e-sm.net/2ag_8_1

- Señala las frases que más te gusten y explica por qué.
- ¿Qué caminos vas abriendo en tu vida?
- La canción dice que hay personas grises y otras que no dejan de brillar. ¿Quiénes han brillado en tu camino? ¿Para quién brillas tú?

smSaviadigital.com PONTE A PUNTO
Comprueba lo que sabes.

1 Pablo, el apóstol de los gentiles

1 **Con el pasar de los años, el cristianismo tuvo una gran expansión, y se extendió desde Jerusalén hasta Roma, la capital del Imperio. De esta forma, los apóstoles cumplieron el mandato que Jesús resucitado les había dado.**

- Según Jesús, ¿dónde tiene que ser anunciado su mensaje y la conversión?
- ¿Qué tienen que recibir los apóstoles para comenzar la predicación?
- ¿Crees que los apóstoles cumplieron el mandato de anunciar el evangelio a todos los pueblos? ¿Cuál era el mundo conocido por aquel entonces?

2 **Pablo fue uno de los grandes personajes que llevaron a cabo la expansión del cristianismo más allá del mundo judío. Pasó de perseguir a los cristianos a ser perseguido, y se convirtió en uno de los principales evangelizadores.**

- ¿Cómo era la vida de Pablo antes de convertirse al cristianismo? ¿Se puede decir que Pablo era una persona coherente con sus creencias?
- ¿Cómo describe el encuentro con el Señor?
- ¿Por qué Jesús le dice que le está persiguiendo a él?
- ¿Qué misión le encarga Jesús a Pablo?
- ¿Qué semejanzas hay entre el mandato que Jesús da a los apóstoles, en los textos del ejercicio anterior, y el que da a Pablo?

LEER LA BIBLIA

SED MIS TESTIGOS

Entonces les abrió el entendimiento para comprender las Escrituras. Y les dijo:

—Así está escrito: el Mesías padecerá, resucitará de entre los muertos al tercer día y en su nombre se proclamará la conversión para el perdón de los pecados a todos los pueblos, comenzando por Jerusalén. Vosotros sois testigos de esto. Mirad, yo voy a enviar sobre vosotros la promesa de mi Padre; vosotros, por vuestra parte, quedaos en la ciudad hasta que os revistáis de la fuerza que viene de lo alto.

Lc 24,45-49

Y les dijo:

—Id al mundo entero y proclamad el Evangelio a toda la creación. El que crea y sea bautizado se salvará; el que no crea será condenado.

Mc 16,15-16

PABLO RELATA SU CONVERSIÓN

Todos los judíos conocen mi vida desde mi juventud, la cual transcurrió desde el principio entre mi gente y en Jerusalén; y, puesto que me conocen ya de antes, de mucho tiempo atrás, si quieren pueden dar testimonio de que yo viví como fariseo, conforme a la secta más estricta de nuestra religión.

Yo creí que era mi deber actuar con todos los medios contra el nombre de Jesús el Nazareno. Así, autorizado por los sumos sacerdotes, lo hice en Jerusalén, encerrando en cárceles a muchos de los santos y dando mi voto cuando eran ajusticiados. Repetidas veces, recorriendo todas las sinagogas y ensañándome con ellos, les obligaba a blasfemar, y, rebosando furor contra ellos, los perseguía hasta en las ciudades extranjeras. En este empeño, iba hacia Damasco con poderes y comisión del sumo sacerdote, cuando, hacia el mediodía, durante el camino vi, ¡oh rey!, una luz venida del cielo, más brillante que el sol, que me envolvía con su fulgor a mí y a los que caminaban conmigo. Caímos todos nosotros por tierra y yo oí una voz que me decía en hebreo: "Saúl, Saúl, ¿por qué me persigues? Duro es para ti dar coces contra el aguijón". Yo dije: "¿Quién eres, Señor?". Y el Señor respondió: "Yo soy Jesús, a quien tú persigues. Pero levántate y ponte en pie, pues me he aparecido a ti precisamente para elegirte como servidor y testigo tanto de las cosas que de mí has visto como de las que te manifestaré. Te libraré de tu pueblo y de los gentiles, a quienes te envío para que les abras los ojos, y se vuelvan de las tinieblas a la luz y del dominio de Satanás a Dios; para que reciban el perdón de los pecados y parte en la herencia entre los que han sido santificados por la fe en mí".

Hch 26,4-5.9-18

GIOVANNI P. PANINI, *Ruinas con san Pablo predicando*. Madrid

¿Quedan lugares donde no se conozca aún el evangelio? ¿Es Europa un nuevo lugar de misión? ¿Qué mueve a los misioneros a recorrer el mundo anunciando a Jesús?

A MI ALREDEDOR

HOY SIGUE HABIENDO MISIONEROS

Soy misionero en la República de Vanuatu, en plena Melanesia. Llegué a estas islas cuando tenía dieciocho años, como joven religioso de los Hermanos del Sagrado Corazón. Mi misión es anunciar el evangelio, especialmente entre los jóvenes, por medio de la educación.

La alegría del evangelio, según mi experiencia, no consiste en pasar la vida sin tener problemas, sin tener que superar dificultades. La alegría del evangelio consiste en hacer todo con mucho amor. Es poner el corazón en todo, hasta en las cosas más pequeñas. La alegría del evangelio consiste en sonreír aunque a veces se llore en el alma, aunque la fatiga y el cansancio hagan acto de presencia.

Como misionero educador, he tenido y tengo que pasar por muchas dificultades tantas veces debidas a la diferencia de cultura y de mentalidad de la sociedad melanesia en la que vivo, a la pobreza y falta de medios para realizar mi labor, a la incomprensión y, a veces, incluso al rechazo.

El secreto de vivir feliz y alegre es sentirme muy unido a Jesucristo, que es el motor de mi vida, es meditar y saborear cada día el evangelio, es vivir en fidelidad mi consagración al Señor, es abrir mi corazón de par en par a los jóvenes a quienes he sido enviado.

Antonio López García-Nieto

www.e-sm.net/2ag_8_2

3 **Al igual que Pablo, hoy día, sigue habiendo personas que dedican su vida al anuncio del evangelio: los misioneros que se marchan fuera de sus países para que otras personas puedan conocer a Jesús. Su misión consiste en hablar de Jesús y, al mismo tiempo, en promover el desarrollo de las personas y de la sociedad donde van. Lee el testimonio del misionero Antonio López, que cuenta cómo es su vida en una región de Oceanía.**

- ¿Cuál es la misión del hermano Antonio?
- ¿En qué consiste la alegría del evangelio?
- ¿Qué dificultades ha tenido? A pesar de estas dificultades, ¿es feliz?
- ¿Cuál es su secreto para ser feliz?

El mandato de Jesús

Jesús, durante su vida pública, mostró en varias ocasiones su apertura a gentiles, nombre con el que los judíos denominaban a los que no pertenecían al pueblo de Israel. Jesús curó a judíos y no judíos, e incluso llegó a alabar la fe de estos últimos como ocurrió al curar al criado de un centurión: "En verdad os digo que en Israel no he encontrado en nadie tanta fe" (Mt 8,10).

Tras su resurrección, Jesús encomendó a los apóstoles la predicación del evangelio por todo el mundo. Antes de su muerte, Jesús había anunciado que él venía al mundo a salvar a todos los seres humanos. Además, prometió a sus discípulos que les enviaría el Espíritu Santo para que les guiara en la misión de predicar, bautizar y perdonar.

El día de Pentecostés, los discípulos recibieron el Espíritu Santo. Desde ese momento, comenzaron a predicar el evangelio por Palestina y por las principales ciudades del mundo conocido. De este modo, el evangelio se fue extendiendo y se hizo universal.

Hoy día, la Iglesia se extiende por todo el mundo. Cuando en el credo se califica a la Iglesia de "católica", significa que es universal, porque el mensaje de Jesús se dirige a todos los seres humanos de todos los tiempos y de todos los lugares del planeta. En la actualidad, muchos hombres y mujeres dedican su vida al anuncio del evangelio. Son los llamados misioneros, que dejan todo para entregarse a esta tarea.

Pablo: de perseguidor a apóstol

Pedro, como guía y representante de los apóstoles, cuando bautizó al centurión romano Cornelio y toda su familia (Hch 10-11), abrió el anuncio del evangelio a los paganos, los no judíos, también llamados gentiles. Pero fue Pablo el apóstol que impulsó la idea de que el evangelio debía ser proclamado a todas las personas. Pablo se encargó de anunciar a Jesús más allá de las fronteras del judaísmo, y predicó en territorios situados en el Mediterráneo Oriental (Asia Menor, Grecia, Roma, etc.). Por eso, Pablo es conocido como el apóstol de los gentiles.

Pablo era una persona de carácter profundamente religioso y apasionado. Antes de ser seguidor de Jesús, Pablo era judío, del grupo de los fariseos. Su defensa apasionada del judaísmo le llevó a ser un perseguidor implacable de los cristianos, incluso aprobó y presenció la ejecución de Esteban, el primer mártir.

Pero un día, según cuenta el propio Pablo, en el que se dirigía a Damasco para detener a algunos cristianos, encontró a Jesús en el camino. Desde ese momento, la vida de Pablo cambió radicalmente: Jesús le encomendó la misión de ser su apóstol. Tras ser bautizado, Pablo fue misionero entre los paganos. Viajó y fundó nuevas comunidades en las ciudades que visitaba.

Una vez más, Pablo mostró una gran pasión y convicción en sus nuevas creencias y en la misión que le encomendó Jesús. El que fuera perseguidor de Cristo dio su vida por él en Roma.

2 Los viajes de Pablo

1 En su misión evangelizadora con los gentiles, Pablo encontró oposición entre los cristianos que provenían del judaísmo. Por ello, en muchas ocasiones, Pablo tuvo que justificar que él no había traicionado al judaísmo. Lee el texto en el que Pablo se defiende de las acusaciones que ha recibido.

- ¿En qué se considera Pablo diferente a los falsos apóstoles?
- ¿A qué peligros y dificultades se enfrentó en sus viajes?
- ¿Cómo muestra Pablo su preocupación por las iglesias? ¿Se podría decir que actúa como un padre o una madre? ¿Por qué?

2 Los Hechos de los Apóstoles muestran que Pablo no actuaba por su cuenta en los viajes, sino que siempre se mantenía a la escucha de Dios para saber qué tenía que hacer. Lee el relato donde se cuenta el momento en que Pablo decide ir a Grecia y, de esta forma, llevar el evangelio a nuevos territorios.

- ¿Qué función tiene el Espíritu Santo en la misión de Pablo?
- ¿Cuál es la visión que tiene Pablo?
- ¿Cómo reacciona Pablo ante ella?
- ¿Recuerdas otros textos bíblicos en los que Dios se comunica en sueños?

3 Desde que recibió la misión de anunciar el evangelio, Pablo puso todas sus fuerzas en llevarla a cabo. Lee el texto donde se informa del objetivo de sus viajes.

mapa pp. 126 - 127

- ¿Qué objetivo tienen sus viajes?
- Según el texto, ¿Pablo realiza estos viajes solo?
- ¿Recuerdas algún texto del evangelio donde Jesús envíe a sus discípulos a predicar? ¿Los enviaba solos?

LEER LA BIBLIA

DIFICULTADES DEL APÓSTOL PABLO

¿Que son siervos de Cristo? Voy a decir un disparate: mucho más yo. Más en fatigas, más en cárceles; muchísimo más en palizas y, frecuentemente, en peligros de muerte. De los judíos he recibido cinco veces los cuarenta azotes menos uno; tres veces he sido azotado con varas, una vez he sido lapidado, tres veces he naufragado y pasé una noche y un día en alta mar. Cuántos viajes a pie, con peligros de ríos, peligros de bandoleros, peligros de los de mi nación, peligros de los gentiles, peligros en la ciudad, peligros en despoblado, peligros en el mar, peligros entre falsos hermanos, trabajo y agobio, sin dormir muchas veces, con hambre y sed, a menudo sin comer, con frío y sin ropa. Y aparte todo lo demás, la carga de cada día: la preocupación por todas las iglesias. ¿Quién enferma sin que yo enferme? ¿Quién tropieza sin que yo me encienda?

2 Cor 11,23-29

EL ESPÍRITU SANTO ACOMPAÑA A PABLO

Atravesaron Frigia y la región de Galacia, al haberles impedido el Espíritu Santo anunciar la palabra en Asia. Al llegar cerca de Misia, intentaron entrar en Bitinia, pero el Espíritu de Jesús no se lo consintió. Entonces dejaron Misia a un lado y bajaron a Tróade. Aquella noche, Pablo tuvo una visión: se le apareció un macedonio, de pie, que le rogaba: "Pasa a Macedonia y ayúdanos". Apenas tuvo la visión, inmediatamente tratamos de salir para Macedonia, seguros de que Dios nos llamaba a predicarles el evangelio.

Hch 16,6-10

NUEVOS VIAJES

Unos días más tarde, dijo Pablo a Bernabé:

—Vayamos de nuevo y visitemos a los hermanos en todas las ciudades en que hemos predicado la palabra de Dios para ver cómo están.

Por su parte, Pablo, eligiendo como compañero a Silas, y encomendado por los hermanos a la gracia del Señor, partió y fue recorriendo Siria y Cilicia, confirmando a las iglesias.

Hch 15,36.40-41

San Pablo, pintura mural de la capilla del castillo de Orcau, Barcelona

¿Cómo hubiese sido la evangelización con los medios actuales?
¿Son un ejemplo de una primera globalización los viajes y las cartas de Pablo?

A MI ALREDEDOR

LA ALDEA GLOBAL

Los habitantes de una aldea pueden enterarse de lo que ocurre de manera inmediata gracias a las dimensiones reducidas de la población donde viven. El canadiense Marshall McLuhan afirmó que el planeta Tierra se ha convertido en una especie de aldea de enormes dimensiones, ya que las personas, gracias a la televisión y la radio, pueden enterarse en todo momento de lo que pasa en cualquier lugar. De este modo, la humanidad entera funciona como una aldea.

Este pensamiento de aldea global se ha visto reforzado con la aparición de internet y de la telefonía móvil. Hoy día, cualquiera con acceso a internet puede comunicarse sin obstáculos con otra persona de cualquier punto del planeta.

La aldea global supone, de este modo, la desaparición de las distancias físicas para transmitir información, conocimientos, o simplemente para mantener contacto estrecho entre personas alejadas.

4 **Pablo predicó por distintas regiones y se comunicó con las comunidades a través de cartas. Hoy día, las personas disponen de medios tecnológicos que han reducido las distancias y han permitido una comunicación mundial instantánea.**

- ¿Qué quiere decir el texto con la expresión "aldea global"?
- ¿Por qué el mundo es una aldea global?
- ¿Qué diferencia hay entre la comunicación de hace siglos y la actual?
- Imagina una breve biografía de Pablo situándole en el siglo XXI.

sm**Savia**digital.com
INTERACTIVO
De viaje con san Pablo.

Un Imperio en red

El Imperio romano contaba con una red viaria que permitía conectar las principales ciudades romanas. Debido a la necesidad de garantizar una comunicación eficaz que asegurase los desplazamientos del ejército y la actividad política y económica, se construyeron numerosas calzadas. La mayoría de estas vías romanas partían de la ciudad de Roma, con el fin de conectar la capital con las regiones que dominaba.

Pablo aprovechó la red de calzadas y las rutas marítimas del Imperio para poder llevar el evangelio a nuevas ciudades. Pero Pablo corría grandes peligros en estos viajes, ya que había muchas probabilidades de naufragar y de sufrir agresiones y persecuciones por parte de quienes trataban de impedir su predicación. Pablo viajaba acompañado por sus colaboradores, de los que Bernabé y Silas fueron dos de los más cercanos.

Pablo realizó cuatro grandes viajes con el objetivo de anunciar el evangelio y animar y acompañar a las nuevas comunidades que surgían en su crecimiento en la fe.

Además de los viajes, Pablo escribió numerosas cartas a las comunidades cristianas. Estas cartas muestran a Pablo como un guía que, desde la distancia, se preocupaba por la vida y la fe de las comunidades. Gracias a sus cartas, hoy podemos conocer la vida de las primeras comunidades: sus inicios, sus dificultades, sus alegrías, sus dudas, sus avances en la fe, etc.

Las cartas de Pablo y el libro de los Hechos explican la misión y los viajes de Pablo, pero sobre todo muestran que el Espíritu Santo guiaba a los apóstoles y a Pablo en la evangelización.

Los viajes de Pablo

Primer viaje. Pablo partió de Antioquía con Bernabé para predicar el evangelio y fundar nuevas comunidades por Chipre y Anatolia. En este viaje, predicaron en ciudades como Antioquía de Pisidia, donde fueron perseguidos por los judíos; Iconio, donde predicaron a judíos y paganos, y algunos intentaron apedrearlos; o Listra, donde tras curar a un cojo, los confundieron con Zeus y Apolo. Finalmente, regresaron a Antioquía.

Segundo viaje. En este viaje, que partió nuevamente de Antioquía, Pablo comunicó a las nuevas comunidades la decisión del Concilio de Jerusalén, por la que se consideraba que no era necesario que los gentiles fueran circuncidados para recibir el bautismo. En Tróade, Pablo tuvo una visión en la que Dios le comunicó que fuera a Macedonia, en Grecia. Así, visitó Filipos, Tesalónica, Atenas y Corinto, donde pasó más de un año junto a Aquila y Priscila, dos fieles colaboradores.

Tercer viaje. El objetivo de este viaje y también del anterior era fortalecer la fe en las comunidades que había fundado. En este tercer viaje destaca la evangelización de la ciudad de Éfeso.

Viaje a Roma. Tras ser detenido en Jerusalén y acusado ante las autoridades romanas de Judea, Pablo pidió ser juzgado por el emperador, ya que era ciudadano romano. Después de permanecer un tiempo en Cesarea, fue llevado a Roma, donde se le permitió vivir y predicar con una cierta libertad. Finalmente, Pablo murió decapitado.

3 Las comunidades de Pablo

1 **En un grupo, las personas desempeñan tareas distintas. Cada uno debe realizar una función que beneficia a todos. En las comunidades que Pablo fundó, las personas también desempeñaban diferentes funciones para la comunidad. Lee la carta donde Pablo expone las distintas funciones o ministerios que se daban en la comunidad de Corinto.**

- Haz una lista de los distintos ministerios reflejados en la carta.
- Aunque hay diferentes carismas o ministerios, ¿en qué se da la unidad?
- ¿Quién otorga estos carismas? ¿Con qué objetivo?
- ¿Qué imagen usa para mostrar la unidad y la diversidad?

2 **Pablo tuvo que enfrentarse a problemas que iban surgiendo en la vida de las comunidades que fundó. Lee cómo Pablo reprendía a la comunidad de Corinto.**

- ¿Por qué no puede alabar a esta comunidad?
- ¿Qué problema se refleja en la carta?
- Señala algunos problemas que se den, hoy día, en la Iglesia.

3 **Pablo predicó y fundó comunidades en las ciudades que visitaba pero, al tener que continuar su tarea misionera, eligió a personas que eran los responsables de las mismas. Lee estos pasajes de la carta a Timoteo y de los Hechos.**

- ¿Qué nombre reciben las personas que presiden la comunidad?
- ¿En qué tienen que ser modelo los responsables de la comunidad?
- Enumera las funciones que tienen.
- ¿Con qué gesto se les comunica la misión de dirigir la comunidad?
- ¿Hoy día sigue habiendo presbíteros? ¿Qué otro nombre reciben?

LEER LA BIBLIA

DIVERSIDAD EN LA UNIDAD

Hay diversidad de carismas, pero un mismo Espíritu; hay diversidad de ministerios, pero un mismo Señor; y hay diversidad de actuaciones, pero un mismo Dios que obra todo en todos. Pero a cada cual se le otorga la manifestación del Espíritu para el bien común. Y así uno recibe del Espíritu el hablar con sabiduría; otro, el hablar con inteligencia, según el mismo Espíritu. Hay quien, por el mismo Espíritu, recibe el don de la fe; y otro, por el mismo Espíritu, don de curar. A este se le ha concedido hacer milagros; a aquel, profetizar. A otro, distinguir los buenos y malos espíritus. A uno, la diversidad de lenguas; a otro, el don de interpretarlas. El mismo y único Espíritu obra todo esto, repartiendo a cada uno en particular como él quiere.

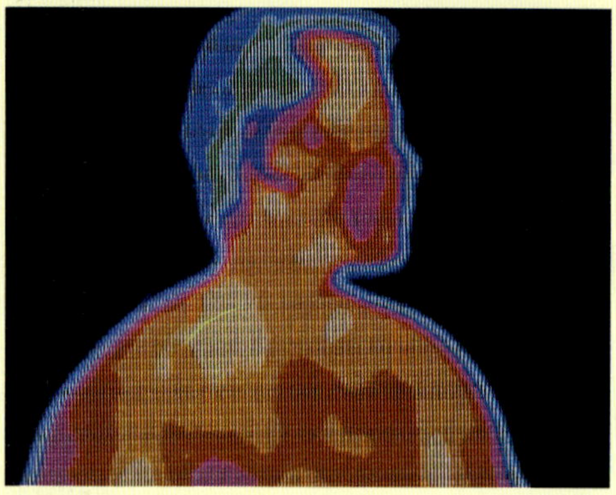

Imagen infrarroja.
El cuerpo humano es armónico y diverso.

Pues, lo mismo que el cuerpo es uno y tiene muchos miembros, y todos los miembros del cuerpo, a pesar de ser muchos, son un solo cuerpo, así es también Cristo. Pues bien, vosotros sois el cuerpo de Cristo, y cada uno es un miembro.

1 Cor 12,4-12.27

EUCARISTÍA MAL CELEBRADA

Al prescribiros esto, no puedo alabaros, porque vuestras reuniones causan más daño que provecho. En primer lugar, he oído que cuando se reúne vuestra asamblea hay divisiones entre vosotros; y en parte lo creo; realmente tiene que haber escisiones entre vosotros para que se vea quiénes resisten a la prueba. Así, cuando os reunís en comunidad, eso no es comer la Cena del Señor, pues cada uno se adelanta a comer su propia cena, y mientras uno pasa hambre, el otro está borracho.

1 Cor 11,17-21

LOS RESPONSABLES DE LA COMUNIDAD

Tened cuidado de vosotros y de todo el rebaño sobre el que el Espíritu Santo os ha puesto como guardianes para pastorear la Iglesia de Dios, que él se adquirió con la sangre de su propio Hijo.

Bien sabéis que estas manos han bastado para cubrir mis necesidades y las de los que están conmigo. Siempre os he enseñado que es trabajando como se debe socorrer a los necesitados, recordando las palabras del Señor Jesús, que dijo: "Hay más dicha en dar que en recibir".

Hch 20,28.34-35

Ordena estas cosas y enséñalas. Que nadie te menosprecie por tu juventud; sé, en cambio, un modelo para los fieles en la palabra, la conducta, el amor, la fe, la pureza. Hasta que yo llegue, centra tu atención en la lectura, la exhortación, la enseñanza. No descuides el don que hay en ti, que te fue dado por intervención profética con la imposición de manos del presbiterio.

1 Tim 4,11-14

Buen Pastor. S. IV, Roma

¿Por qué hay divisiones en la Iglesia?
¿Son más importantes los presbíteros que las demás personas en la Iglesia?

A MI ALREDEDOR

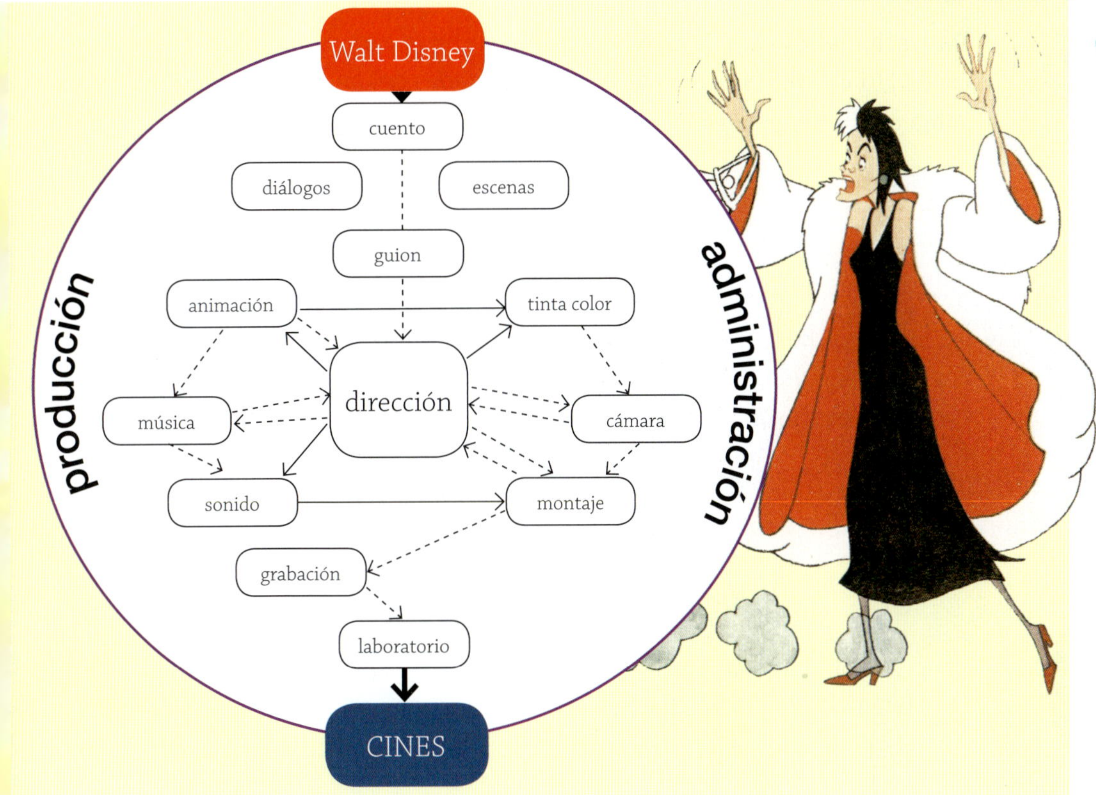

4 **Las grandes empresas, como Walt Disney, tienen organigramas complejos que les permiten elaborar sus productos, en este caso películas.**

- Identifica los distintos departamentos que intervienen en una película animada. ¿Son todos necesarios?
- ¿Qué relación encuentras entre este organigrama y la imagen "Cuerpo de Cristo" de las cartas de Pablo?
- Elabora un esquema para la Iglesia que incluya: Papa, obispos, presbíteros, religiosos y laicos.

Una Iglesia que se organiza

La expansión del cristianismo creó la necesidad de elegir a personas que asumieran el servicio de guiar y dirigir a las nuevas comunidades. Estos responsables continuaron la misión que Jesús había encargado a los apóstoles. La Iglesia es apostólica, porque se da una sucesión de personas que han ido heredando la misión de los apóstoles. El rito por el cual se daba a una persona esta misión era el de la imposición de manos.

Mediante el rito de la imposición de manos se reconocía a una persona como responsable dentro de la comunidad cristiana. Con este rito, la persona recibía el Espíritu Santo que le ayudaría en su nueva tarea. Así, las comunidades comenzaron a tener una estructura organizativa que continúa en la actualidad: obispos, presbíteros, diáconos y laicos.

Antes de la conversión de Pablo, los apóstoles tuvieron que elegir a unas personas que se dedicasen a asistir las necesidades materiales de la comunidad. Eran los diáconos, palabra que procede del griego y significa 'servidor', que ayudaban a aquellos que se encargaban de la predicación del evangelio. La función de los presbíteros es la de predicar y enseñar el mensaje de Jesús, celebrar los sacramentos, orientar a los fieles y dirigir la comunidad. Los presbíteros protegen y transmiten el núcleo de la fe transmitido por los apóstoles.

En los inicios del siglo I, ya se encuentran testimonios que describen las funciones de obispos, presbíteros y diáconos dentro de la Iglesia. Hoy día, constituyen su jerarquía.

La vida de las comunidades

Las comunidades que fundó Pablo se caracterizaban por la diversidad de carismas. El carisma es un don que Dios concede a algunas personas en beneficio de la comunidad, y así, ayudarla a funcionar y a seguir creciendo. Pero esta diversidad no implica división, porque la comunidad encuentra su unidad en que todos comparten la misma fe y creen en un mismo Dios. Para explicar la unidad en la fe de una comunidad con distintos carismas, Pablo utilizó la comparación con el cuerpo humano, que es uno pero con muchos miembros que realizan distintas funciones, y todas ellas necesarias para su buen funcionamiento.

Las comunidades, aunque fundadas bajo la guía del Espíritu Santo, también sufrieron dificultades. En algunas de sus cartas, Pablo denunció los escándalos y divisiones que se dieron en ellas, y los calificó como impropios de los discípulos de Jesús. Para solucionarlo, en sus cartas expuso cuál es la verdadera fe, evitando así que los fieles fueran engañados por falsos predicadores que transmitían con errores el mensaje de Jesús.

Lo estudiarás en... CIENCIAS DE LA NATURALEZA

Las funciones básicas que conforman la estructura y composición de un ser vivo, como organismo capaz de realizarlas para sobrevivir, son nutrición, reproducción y relación.

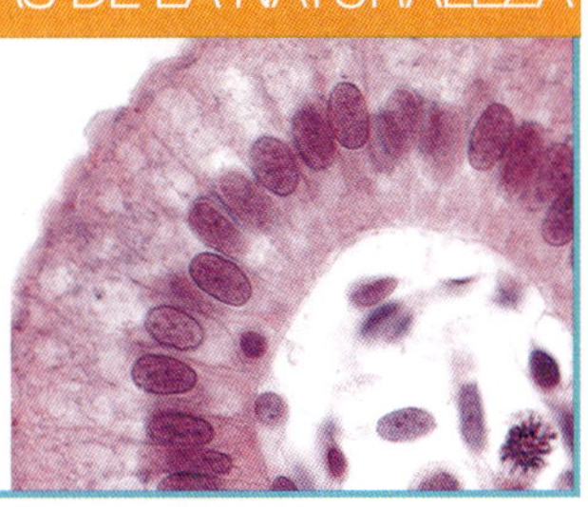

Lo esencial

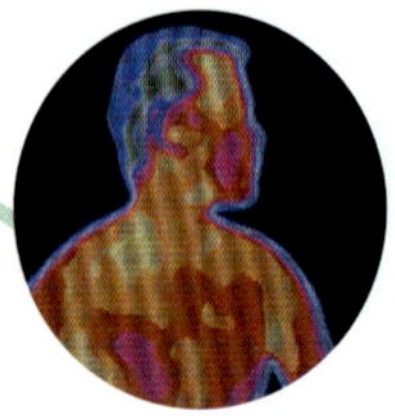

Id por todo el mundo

Pablo, el apóstol de los gentiles

- Tras recibir el Espíritu Santo, los discípulos comenzaron a predicar el evangelio por Palestina y por las principales ciudades del mundo conocido.
- Pablo predicó el evangelio a los gentiles.

Los viajes de Pablo

- Pablo aprovechó la red de calzadas y las rutas marítimas del Imperio romano para llevar el evangelio a nuevas ciudades.
- Pablo realizó cuatro grandes viajes que están recogidos en sus cartas y en los Hechos de los Apóstoles.

Las comunidades de Pablo

- La expansión del cristianismo provocó la necesidad de elegir personas que asumieran el servicio de guiarlas y dirigirlas.
- Los carismas personales se reciben para el bien de la comunidad.

smSaviadigital.com
MAPA CONCEPTUAL
Despliega.

SABER MÁS...

LA IGLESIA CATÓLICA

La palabra *católica* significa "universal" en el sentido de "según la totalidad" o "según la integridad". La Iglesia es católica en un doble sentido: es católica porque Cristo está presente en ella. "Allí donde está Cristo Jesús, está la Iglesia católica". En ella subsiste la plenitud del Cuerpo de Cristo unido a su Cabeza (Ef 1,22-23), lo que implica que ella recibe de él "la plenitud de los medios de salvación" que él ha querido: confesión de fe recta y completa, vida sacramental íntegra y ministerio ordenado en la sucesión apostólica. La Iglesia, en este sentido fundamental, era católica el día de Pentecostés y lo será siempre hasta el día de la parusía. Es católica porque ha sido enviada por Cristo en misión a la totalidad del género humano (Mt 28,19).

CIC n.º 830-831

LA IGLESIA APOSTÓLICA

La Iglesia es apostólica porque está fundada sobre los apóstoles, y esto en un triple sentido:

- Fue y permanece edificada sobre "el fundamento de los apóstoles" (Ef 2,20; Hch 21,14), testigos escogidos y enviados en misión por el mismo Cristo (Mt 28,16-20; Hch 1,8).
- Guarda y transmite, con la ayuda del Espíritu Santo que habita en ella, la enseñanza (Hch 2 42), el buen depósito, las sanas palabras oídas a los apóstoles (2 Tm 1,13-14).
- Sigue siendo enseñada, santificada y dirigida por los apóstoles hasta la vuelta de Cristo gracias a aquellos que les suceden en su ministerio pastoral: el colegio de los obispos, al que asisten los presbíteros [...].

"Para que continuase después de su muerte la misión a ellos confiada, los apóstoles encargaron mediante una especie de testamento a sus colaboradores más inmediatos que terminaran y consolidaran la obra que ellos empezaron. Les encomendaron que cuidaran de todo el rebaño en el que el Espíritu Santo les había puesto para ser los pastores de la Iglesia de Dios. Nombraron, por tanto, de esta manera a algunos varones y luego dispusieron que, después de su muerte, otros hombres probados les sucedieran en el ministerio".

CIC n.º 857.861

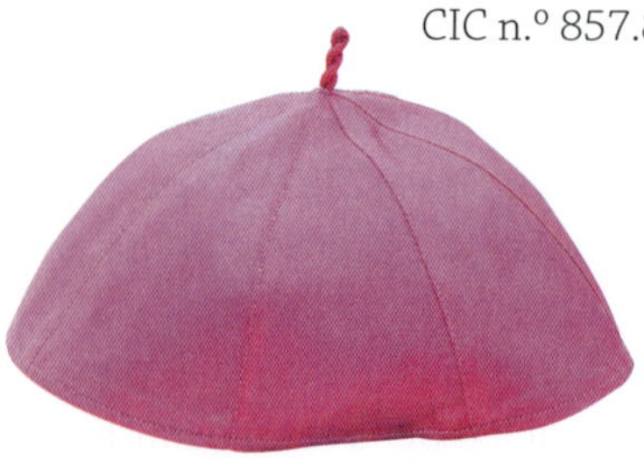

- ¿Qué dos sentidos tiene la expresión "católica" aplicada a la Iglesia?
- ¿Qué quiere decir que la Iglesia es apostólica?
- Elabora un trabajo en un soporte informático donde se refleje la universalidad y apostolicidad de la Iglesia.

Actividades complementarias

1 Intenta completar este rosco de *Pasapalabra* con el menor número de fallos.

A. Amigo y fiel colaborador de Pablo en la ciudad de Corinto.

B. Nombre que también tiene el cayado de los obispos.

C. La Iglesia no se reduce a una ciudad o un país sino que se considera...

D. Ciudad a la que se dirigía Pablo persiguiendo a cristianos cuando se encontró con Jesús.

E. Los apóstoles actúan en la primitiva Iglesia bajo la guía del ....

F. A la comunidad cristiana de esta ciudad Pablo les dedicó una carta o epístola.

G. La fácil comunicación entre dos personas de distintos puntos del planeta a través de internet hace que consideremos hoy al mundo una aldea...

H. La contiene. Isla importante del Mediterráneo oriental que fue recorrida por el apóstol Pablo.

I. Comunidad de los discípulos de Jesús.

J. Pablo fue a esta ciudad para asistir al primer concilio de la Iglesia.

L. Verbo inglés que motiva que los aprendices de conductor la lleven.

M. La portan los obispos como símbolo de la dignidad de su ministerio o servicio en la Iglesia.

N. A Pablo le ocurrió tres veces en sus viajes.

Ñ. La contiene. Una de las tres funciones de los obispos.

O. Finaliza con ella. En las primeras comunidades se dedicaba al servicio material de la comunidad.

P. La contiene. Modo en que murió Pablo.

Q. La contiene. Ciudad en la que Pablo inició su labor misionera.

R. La contiene. Ciudad en la que estuvo encarcelado Pablo durante un tiempo antes de ser enviado a Roma para ser juzgado por su condición de ciudadano romano.

S. Uno de los colabores cercanos a Pablo que le acompañan en sus viajes misioneros.

T. Ciudad en la que Pablo tuvo una visión en la que recibió la indicación de ir a Grecia.

U. La contiene. Uno de los dioses con los que confunden a Pablo y Bernabé en Listra.

V. ¿Cuántos dedos tienen en cada mano los habitantes de Roma?

X. Antepenúltima letra del abecedario.

Z. La contiene. Construidas por los romanos para el comercio y el rápido traslado de las legiones.

2 Encuentra en esta sopa de letras diez ciudades en las que, según la Biblia, estuvo el apóstol Pablo. Busca en los dos sentidos en todas las líneas horizontales, verticales y oblicuas.

E	A	C	I	N	O	L	A	S	E	T
U	F	S	I	U	S	I	A	V	A	U
J	T	E	O	A	L	O	N	I	C	A
E	R	S	S	P	K	N	U	I	C	B
R	O	H	W	O	I	Q	G	T	O	A
U	A	S	R	R	O	L	A	D	M	F
S	D	J	D	I	X	T	I	O	H	Q
A	E	F	T	J	E	B	R	F	W	O
L	F	N	S	N	Z	Y	S	G	T	C
E	A	U	A	O	T	N	I	R	O	C
N	A	S	Q	O	G	T	A	R	S	O

3 Siguiendo la técnica del salto de caballo de ajedrez, y comenzando por donde veas más conveniente, descubre la siguiente frase exclamativa con la que Pablo resume el objetivo de su vida.

	NUN	SI	
EL	DE	GE	A
LIO!	NO	CIO	MÍ
	EVAN	¡AY	

4 A san Pedro y san Pablo se les llama las columnas de la Iglesia por su protagonismo indiscutible en los inicios de la Iglesia.

- Asocia en tu cuaderno cada una de estas palabras con uno de ellos o con los dos y explica el por qué lo haces.

llaves | apóstol | Cornelio | pescador | espada | niega | persigue | primado | gentiles | martirio

smSaviadigital.com **VALORA LO APRENDIDO**
¿Qué has aprendido?

Por dentro

La vida es un camino que todos recorremos. Como en todo trayecto, hay subidas, bajadas, cruces, momentos de vitalidad, de cansancio, de ir solo o acompañados, senderos estrechos, anchos…
Pero lo importante es que es tu camino, que es tu propia vida que nadie puede vivir por ti.

¿hacia dónde voy?

Antes de ponerse a caminar hay que decidir hacia dónde ir. Dependiendo de la meta, cada persona tendrá que elegir las mejores rutas. Para elegir un buen destino, además, hay que saber de dónde se parte. El presente del camino tiene sentido si la persona sabe de dónde ha salido y hacia dónde va.

1 **Todas las personas tienen un objetivo en la vida: ser felices. Pero no todos entienden la felicidad de la misma forma. Es fundamental saber dónde está la felicidad, porque de ello depende la realización de la propia vida. Lee el texto "El camino de la felicidad".**

- Para ti, ¿la felicidad es una meta o un modo de caminar?
- Según el texto, ¿cómo deben ponerse en camino las personas?
- ¿Qué significa ponerse en camino?
- ¿Cómo hay que ser feliz?
- Comenta la frase de san Agustín: "ama y haz lo que quieras".

2 **Lo fundamental al caminar es tener claro el destino. Por ello, es necesario que, en tu vida, tengas claro hacia dónde quieres ir. Y, una vez decidida tu meta, podrás establecer la ruta y los medios que necesitas para alcanzarla. Todo esto se conoce con el nombre de "proyecto personal".**

- Sigue las cinco indicaciones que se dan, a continuación, y elabora tu proyecto personal.

El camino de la felicidad

Se suele decir que "la felicidad no es la meta, sino el modo de caminar". Lo que parece claro es que se nos invita a ser activos, a ponernos en camino, pero no de cualquier manera, sino en la forma que nos pide el corazón: "ama y haz lo que quieras", dice san Agustín. Es todo lo contrario a dejar pasar la vida delante de nosotros sin ser protagonistas de nuestra propia historia. Ponerse en camino significa oír nuestro corazón, descubrir lo que anhela y dirigir nuestra vida por la senda correcta, la que nos lleva a la meta deseada. Y empezar a dar pasos, empezar a actuar según lo que ama nuestro corazón, porque la meta no llega simplemente porque la deseemos, sino porque nos vamos acercando a ella. Hay que empezar a actuar, según el objetivo que nos hemos marcado, y no desviarse del sendero que nos lleve a la meta. Así, si se quiere ser feliz, hay que serlo durante el camino de la vida, amando cada día y cada uno de los momentos que nos acercan a aquello que anhela nuestro corazón.

http://www.e-sm.net/2ag_8_3

proyecto personal

Piensa en cualidades que quieras potenciar, en aspectos que debas mejorar y en situaciones que vas a vivir en este tiempo: estudios, vida familiar, amistades, aficiones…

1 META

EL OBJETIVO DE TU VIDA

2 METAS CERCANAS

objetivos más inmediatos y concretos

➔ no más de tres

3 MEDIOS

lo que vas a utilizar para conseguir los objetivos

➔ dos por objetivo

4 COMPAÑEROS

personas con las que vas a compartir camino

➔ elegidas y obligadas

5 PLAZOS

tiempos que vas a dedicar a lograr estos objetivos

➔ unos meses, máximo un año

➔ fecha de evaluación de lo realizado

La literatura y el cine son un reflejo de lo que piensan y viven las personas. Por ello, muchos literatos y directores han utilizado la imagen de la vida como un camino para el argumento de sus libros o de sus películas.

Por fuera

El Señor de los Anillos

Esta novela ha sido leída por millones de personas. Incluso muchas poco habituadas a la lectura se han sentido atrapadas por este apasionante relato de J. R. R. Tolkien, escrito entre las dos guerras mundiales del siglo pasado. Además, la recreación en películas realizada por Peter Jackson ha popularizado más aún esta obra.

El éxito de esta historia se basa, por supuesto, en el indiscutible valor literario del libro y en la magnífica ejecución en la versión cinematográfica. Pero también en lo que cuenta ya que, a pesar de ser un relato fantástico, *El Señor de los Anillos* conecta con nuestra vida.

El protagonista es Frodo, un pequeño hobbit, alguien que no tiene ninguna de las grandes cualidades de sus amigos y compañeros de aventura y, por ello, es el personaje con el que más fácilmente se puede identificar el lector o espectador.

La lucha entre el bien y el mal y las múltiples aventuras y elementos fantásticos que aparecen en el relato son metáforas de la vida, pues en la trama se plantea un gran objetivo para alcanzar, y cuya consecución se divide en múltiples etapas con retos, que con ingenio, amistad y coraje se van superando.

Como sucede en la vida, las dificultades y obstáculos no faltan. Junto a los apoyos positivos que tiene Frodo, están también las fuerzas del mal reflejadas en trampas, ejércitos de orcos y extrañas y malignas criaturas, todas ellas dirigidas por el mal absoluto: Sauron.

Sauron no aparece como un personaje más, ni tan siquiera en el final, cuando se espera una épica lucha entre él y Frodo. En lugar de esto, cuando Frodo llega solo a su meta, nadie está allí para impedirle que destruya el anillo y alcance su objetivo último. Pero en realidad, el libro sí termina con una definitiva batalla, es la que culmina la lucha que se presenta en toda la aventura y que se ve reflejada tan claramente en Frodo. Este conflicto es más intenso que todas las batallas que se ven, pues no es una pelea con flechas y espadas, es una pelea interna, es la que tiene Frodo consigo mismo para cargar con el anillo y avanzar evitando sucumbir al deseo de quedárselo y conseguir el poder que proporciona.

Nuestro mundo también está repleto de posibilidades y también de peligros. Pero nuestra principal lucha es contra obstáculos internos, codicia, egoísmo, orgullo... Nuestra tarea igualmente es vivir y avanzar, hacerlo hacia nuestras metas o sueños, andando un camino increíble con retos que superar, logros que conseguir, y donde no solo al final, sino ya durante el trayecto, se va disfrutando de gratos momentos y pequeñas victorias.

el camino de la felicidad

Posiblemente hayas visto las diferentes entregas de la película *El Señor de los Anillos* o hayas leído la novela que fue escrita por Tolkien. En ella, se narra el viaje que Frodo tiene que llevar a cabo para destruir el anillo único que había sido forjado por Sauron y que tenía el poder de someter a los demás. Es un viaje lleno de aventuras y dificultades que Frodo debe realizar junto con sus compañeros de viaje.

1 Cuando alguien lee un libro, le vuelve a dar vida. No hay dos lecturas iguales, cada cual lo interpreta a su manera. Lee la interpretación sobre la novela de Tolkien.

- ¿Por qué *El Señor de los Anillos* es una de las novelas más famosas?
- ¿Qué metáfora de la vida representa esta novela?
- Los verdaderos enemigos del camino de la vida ¿se encuentran dentro o fuera de la persona? Nombra alguno.
- ¿Conoces otras novelas o películas donde se utilice la imagen del camino? Di el título de alguna.

9 Protagonista en el Imperio

¿Qué relación existe entre religión y política? ¿Cuándo el cristianismo paso a ser la religión oficial del Imperio romano?, ¿qué consecuencias tuvo ese paso?

A MI ALREDEDOR

Desde siempre, ha existido una relación complicada entre la religión y el poder. Mira las imágenes de la página anterior.

- ¿Qué relaciones observas entre la religión y el poder?
- ¿Conoces más ejemplos en que la religión y el poder estén relacionados?
- ¿Cuál es tu opinión sobre esta relación?

DIALOGAMOS

Según la revista *Forbes*, publicación especializada en el mundo de los negocios y las finanzas, las personas con mayor influencia mundial en el 2015 han sido:

1.º Vladimir Putin, presidente Fed. Rusa

2.º Angela Merkel, Canciller Federal de Alemania

3.º Barack Obama, presidente EE. UU.

4.º Papa Francisco

5.º Xi Jinping, presidente de China

6.º Bill Gates, presidente de Microsoft

7.º Janet Yellen, presidenta de la Reserva Federal EE. UU.

8.º David Cameron, primer ministro Reino Unido

- Fíjate en la lista de personas que cita la revista *Forbes*. ¿Quiénes son políticos, quiénes empresarios y quiénes banqueros?
- El papa Francisco ¿pertenece a alguna de esas categorías? ¿Cómo se le podría clasificar? ¿Qué tipo de influencia tiene?
- ¿Quién crees que influye en el mundo para conducirlo hacia donde le interesa? ¿Quiénes dirías que son "los poderosos" en el mundo de hoy?

smSaviadigital.com PONTE A PUNTO
Comprueba lo que sabes.

1 Perseguidos por Cristo

1 Durante años, los cristianos fueron perseguidos y martirizados. En medio de estas dificultades, mostraron un gran valor y no temían a la muerte, porque imitaban a Jesús que también había dado su vida. Lee el texto donde Jesús anuncia a sus discípulos que va a morir de forma violenta en Jerusalén.

- ¿Qué dice Pedro a Jesús? ¿Te parece el comentario normal de un amigo?
- ¿Cuál es la respuesta de Jesús?
- Según Jesús, ¿qué tiene que hacer quien quiera seguirle?
- Explica con tus palabras la frase de Jesús: "Quien quiera salvar su vida, la perderá; pero el que la pierda por mí, la encontrará".

LEER LA BIBLIA

JESÚS PREDICE SU PASIÓN

Desde entonces comenzó Jesús a manifestar a sus discípulos que tenía que ir a Jerusalén y padecer allí mucho por parte de los ancianos, sumos sacerdotes y escribas, y que tenía que ser ejecutado y resucitar al tercer día. Pedro se lo llevó aparte y se puso a increparlo:

—¡Lejos de ti tal cosa, Señor! Eso no puede pasarte.

Jesús se volvió y dijo a Pedro:

—¡Ponte detrás de mí, Satanás! Eres para mí piedra de tropiezo, porque tú piensas como los hombres, no como Dios.

Entonces dijo a los discípulos:

—Si alguno quiere venir en pos de mí, que se niegue a sí mismo, tome su cruz y me siga. Porque quien quiera salvar su vida, la perderá; pero el que la pierda por mí, la encontrará.

Mt 16,21-25

MASACCIO, *San Pedro: martirio y disputa con Simón*. Florencia

2 Durante los primeros siglos, los cristianos, además de ser perseguidos por el poder, también tuvieron que defenderse de los ataques de miembros de otras religiones o de herejes cristianos. Acusaban a los cristianos de no ser buenos creyentes, de ir en contra de la verdadera creencia en Dios o de no ser buenos ciudadanos. Lee los consejos que da la carta de Pedro a aquellos que sufren estos ataques.

- ¿Cómo tienen que responder los cristianos a quienes dicen cosas falsas de ellos?
- ¿Por qué es mejor sufrir haciendo el bien que haciendo el mal?
- ¿Estás de acuerdo con esta forma de actuar o piensas que habría que actuar de otra manera con quien calumnia?

INVITACIÓN A DAR TESTIMONIO

Pero si, además, tuvierais que sufrir por causa de la justicia, bienaventurados vosotros. Ahora bien, no les tengáis miedo ni os amedrentéis. Más bien, glorificad a Cristo el Señor en vuestros corazones, dispuestos siempre para dar explicación a todo el que os pida una razón de vuestra esperanza, pero con delicadeza y con respeto, teniendo buena conciencia, para que, cuando os calumnien, queden en ridículo los que atentan contra vuestra buena conducta en Cristo. Pues es mejor sufrir haciendo el bien, si así lo quiere Dios, que sufrir haciendo el mal. Porque también Cristo sufrió su pasión, de una vez para siempre, por los pecados, el justo por los injustos, para conduciros a Dios. Muerto en la carne pero vivificado en el Espíritu.

1 Pe 3,14-18

STEFANO MADERNO, *Martirio de santa Cecilia*. Roma

¿Por qué hay personas dispuestas a dar la vida por un ideal?
¿Qué valores merecen ser defendidos hasta la muerte?

A MI ALREDEDOR

VIDA ENTREGADA

Si me sucediera un día —y ese día podría ser hoy—, ser víctima del terrorismo que parece querer abarcar en este momento a todos los extranjeros que viven en Argelia, yo quisiera que mi comunidad, mi Iglesia, mi familia, recuerden que mi vida estaba entregada a Dios y a este país. Que ellos acepten que el único maestro de toda mi vida no podría permanecer ajeno a esta partida brutal. Que recen por mí.

¿Cómo podría yo ser hallado digno de tal ofrenda? Que sepan asociar esta muerte a tantas otras tan violentas y abandonadas en la indiferencia del anonimato. Mi vida no tiene más valor que otra vida. Tampoco tiene menos. [...] He vivido bastante como para saberme cómplice del mal que parece, desgraciadamente, prevalecer en el mundo, incluso del que podría cegarme ciegamente.

Desearía, llegado el momento, tener ese instante de lucidez que me permita pedir el perdón de Dios y el de mis hermanos los hombres, y perdonar, al mismo tiempo, de todo corazón, a quien me hubiera herido.

[...] Y a ti también, amigo del último instante, que no habrás sabido lo que hacías. Sí, para ti también quiero este GRACIAS, y este "A-Dios" en cuyo rostro te contemplo. Y que nos sea concedido reencontrarnos, ladrones bienaventurados, en el paraíso, si así lo quiere Dios, Padre nuestro, tuyo y mío. ¡Amén!

Christian de Cherge

3 **La película *De dioses y hombres* recrea un suceso real: el secuestro y asesinato en Argelia de siete monjes cistercienses. Ocurrió en 1996, durante los enfrentamientos entre el gobierno y grupos de extremistas. Este fragmento del padre Christian revela el sentido que dio a su muerte.**

- Señala las frases que más te hayan impactado y di el porqué.
- ¿Por qué está tranquilo el padre Christian?
- ¿Qué quiere decir con la expresión: "que nos sea concedido reencontrarnos, ladrones bienaventurados, en el paraíso"?
- ¿Influye su fe para poder escribir este texto?

smSaviadigital.com
INTERACTIVO
Perder y encontrar.

Hasta dar la vida

Jesús anunció a sus discípulos que él iba a morir violentamente en Jerusalén, pero también les avisó de que ellos sufrirían persecución y serían odiados por su causa.

Las persecuciones de cristianos comenzaron al poco tiempo de la muerte de Jesús en Jerusalén, y poco a poco se extendieron a Roma y a todo el Imperio. Los cristianos que dieron su vida por Cristo reciben el nombre de *mártir*, palabra que procede del griego y significa 'testigo'. El mártir es aquel que, con el testimonio y entrega de su propia vida, se convierte en testigo de Cristo. En la Iglesia primitiva, el martirio fue considerado la forma más grande de santidad, ya que el mártir imitaba a Jesús incluso en la entrega de su vida.

La gran mayoría de los mártires del primer cristianismo fueron enterrados en las catacumbas, que eran enterramientos subterráneos a las afueras de la ciudad. Pronto se convirtieron en lugares de culto donde los cristianos acudían a celebrar la eucaristía y a rezar ante los que habían dado la vida por Cristo. En tiempos de persecución, sirvieron como escondite.

El primer emperador que persiguió a los cristianos fue Nerón, y los acusó de haber provocado el incendio de Roma. Pero no todos los emperadores persiguieron a los cristianos, y también hubo largos períodos de calma.

Defendiéndose de los ataques

Las autoridades políticas romanas acusaron a los cristianos de ateísmo, porque se negaban a adorar a los dioses y al emperador romanos. También les acusaron de practicar costumbres contrarias a la moral, como el canibalismo, ya que 'comían' el cuerpo de Jesús.

La carta de Pedro invita a los cristianos a estar siempre dispuestos a dar explicación a todo el que pida razón de la propia esperanza. Así, surgen los "padres apologetas", cristianos que en los primeros siglos defendieron el cristianismo ante los ataques de las autoridades políticas y de los intelectuales.

El objetivo de esta defensa era justificar y defender el cristianismo de las acusaciones que sufrían, y exponer en qué consistía realmente la religión cristiana y su estilo de vida. Un padre apologeta muy importante fue san Justino, filósofo que vivió en Roma y que murió mártir por la fe en Cristo.

Pero los ataques provenían también de dentro del propio cristianismo. Así, las herejías surgidas del cristianismo plantearon problemas a la Iglesia. Dos de las herejías principales de esa época son el ebionismo y el gnosticismo. El ebionismo negaba que Jesús fuera el Hijo de Dios. Por su parte, los gnósticos defendían que la salvación consistía en poseer un conocimiento secreto al que solo una minoría podía acceder.

2 Un cristianismo exigente

1 La fe es un regalo que se recibe. Por ello, es necesario que haya alguien que la anuncie y ayude a los nuevos creyentes a comprender el mensaje de Jesús. Desde el inicio, la Iglesia estableció un proceso de iniciación en la fe para aquellos que querían ser bautizados. Lee el relato de los Hechos de los Apóstoles donde se cuenta cómo Felipe transmitió la buena noticia de Jesús al ministro de la reina de Etiopía.

- ¿Qué está leyendo el ministro?
- ¿Qué le pregunta Felipe? ¿Qué responde el ministro?
- El eunuco pregunta si el texto habla del profeta o de otra persona. Según tú, ¿de quién habla el texto del profeta Isaías?
- Al final del relato, ¿qué pide el eunuco?

LEER LA BIBLIA

FELIPE Y EL ETÍOPE

Vio venir a un etíope; era un eunuco, ministro de Candaces, reina de Etiopía e intendente del tesoro, que había ido a Jerusalén para adorar. Iba de vuelta, sentado en su carroza, leyendo al profeta Isaías. El Espíritu dijo a Felipe:

—Acércate y pégate a la carroza.

Felipe se acercó corriendo, le oyó leer al profeta Isaías, y le preguntó:

—¿Entiendes lo que estás leyendo?

Contestó:

—¿Y cómo voy a entenderlo si nadie me guía?

E invitó a Felipe a subir y a sentarse con él. El pasaje de la Escritura que estaba leyendo era este: "Como cordero fue llevado al matadero, como oveja muda ante el esquilador, así no abre su boca. En su humillación no se le hizo justicia. ¿Quién podrá contar su descendencia? Pues su vida ha sido arrancada de la tierra".

El eunuco preguntó a Felipe:

—Por favor, ¿de quién dice esto el profeta?; ¿de él mismo o de otro?

Felipe se puso a hablarle y, tomando pie de este pasaje, le anunció la buena nueva de Jesús. Continuando el camino, llegaron a un sitio donde había agua, y dijo el eunuco:

—Mira, agua. ¿Qué dificultad hay en que me bautice.

Mandó parar la carroza, bajaron los dos al agua, Felipe y el eunuco, y lo bautizó.

Hch 8,27b-38

JAN VAN SCOREL, *El apóstol Felipe bautizando al eunuco etíope* (detalle)

2 Los primeros cristianos, aunque querían seguir el mensaje de Jesús, no siempre vivieron de acuerdo con él. Pablo, ante los problemas que surgían en las comunidades que iba fundando, tuvo que escribirles para ayudarles a superar esta situación. Lee lo que dijo a los cristianos de Corinto.

- Explica con tus palabras qué quiere decir que el cristiano es una criatura nueva.
- ¿Por medio de quién reconcilió Dios al mundo consigo mismo?
- ¿Cómo actúa Pablo? ¿En nombre de quién?
- ¿Qué pide Pablo a los corintios?

RECONCILIADOS CON DIOS

Por tanto, si alguno está en Cristo es una criatura nueva. Lo viejo ha pasado, ha comenzado lo nuevo. Todo procede de Dios, que nos reconcilió consigo por medio de Cristo y nos encargó el ministerio de la reconciliación. Porque Dios mismo estaba en Cristo reconciliando al mundo consigo, sin pedirles cuenta de sus pecados, y ha puesto en nosotros el mensaje de la reconciliación. Por eso, nosotros actuamos como enviados de Cristo, y es como si Dios mismo exhortara por medio de nosotros. En nombre de Cristo os pedimos que os reconciliéis con Dios.

2 Cor 5,17-20

REMBRANDT, *Regreso del hijo pródigo* (detalle). San Petersburgo

A MI ALREDEDOR

LAS ETAPAS DEL PERDÓN

La excandidata presidencial colombiana piensa que el perdón es fundamental para recuperarse de una experiencia traumática como la que atravesó. No es fácil hacerlo, es un proceso complejo y con varias etapas.

"La primera es la más superficial, decides que te vas a liberar de tu pasado y vas a perdonar. Pero la mayoría de las personas lo concibe desde el punto de vista cristiano, es como hacerle un favor a quien nos hizo daño. Pero no es así, en realidad es una estrategia de liberación personal. Si no perdonas, estás amarrado a tu ira, a lo agrio de tus sentimientos, y eso te envenena. El otro ni se entera, pero tú sigues macerando la sed de venganza".

"Después viene el manejo de la memoria, no puedes recordar constantemente los momentos desagradables de la vida porque hace daño, así que hay que tener memoria selectiva, no se trata de ignorar estos instantes, sino de saber cuándo deben regresar".

La tercera autoriza a la mente a traer de vuelta el recuerdo para mirarlo de frente: "Es necesario ir al detalle de ese sufrimiento y verbalizar lo que se sintió para ponerle palabras, de esa manera se convierte en algo externo, lo que permite verlo con perspectiva y distancia".

BBC.com. Mundo, 21-09-2013

3 **En el año 2002, Ingrid Betancourt, candidata a la presidencia de Colombia, fue secuestrada por las FARC (Fuerzas Armadas Revolucionarias de Colombia). Durante seis años estuvo retenida en la selva, hasta su liberación en julio de 2008. Fueron años de condiciones de vida durísimas. Después de aquella experiencia, Betancourt intenta rehacer su vida y perdonar a sus secuestradores. Tareas nada fáciles.**

- Explica con tus palabras las tres etapas del perdón que propone Ingrid Betancourt.
- ¿Por qué perdonar es "una estrategia de liberación personal"?
- ¿Te resulta fácil perdonar a quien te ha hecho daño? ¿Cómo lo haces?

La iniciación cristiana

En los primeros siglos, ser cristiano era un compromiso exigente, pues sabían que arriesgaban su propia vida. Quienes querían incorporarse a la nueva religión comenzaban un proceso de preparación, llamado iniciación cristiana.

La iniciación cristiana era una catequesis que recibían los futuros cristianos, o catecúmenos, hasta que recibían el bautismo. Esta catequesis se componía de dos contenidos fundamentales: el mensaje de Jesús y la vida cristiana. Es decir, se presentaban las verdades fundamentales de la fe cristiana y de la persona de Cristo, y se exponían los aspectos principales del estilo de vida de los cristianos.

La iniciación terminaba con el bautismo, sacramento que recibían la noche de la vigilia pascual, en la que celebra la resurrección de Jesús. Con el bautismo, los catecúmenos se incorporaban de manera plena a la vida de la comunidad. Durante la celebración del sacramento, renunciaban al pecado, para expresar su intención de dejar todo aquello que les apartaba de Cristo, y manifestaban su confesión de fe en Dios y el compromiso de seguir a Cristo y llevar una vida conforme a su mensaje. Después, el obispo les imponía las manos, para transmitirles el Espíritu Santo, y los bautizaba con el agua, que simboliza la vida y la purificación, en el nombre del Padre, del Hijo y del Espíritu Santo, siguiendo el mandato de Jesús (Mt 28,19). El bautismo se realizaba por inmersión en una pequeña piscina reservada para la celebración del bautismo.

La reconciliación

Debido a las persecuciones, el miedo a ser encarcelado o incluso ejecutado llevó a muchos cristianos a apostatar de su fe, es decir, a renunciar a su religión públicamente. De esta forma, muchos cristianos se apartaron de la comunidad y rompieron la comunión con ella.

Una vez que las persecuciones terminaron, algunas de esas personas que habían renunciado al cristianismo quisieron volver a la comunidad. Pero su perdón planteó un grave problema a la Iglesia porque el bautismo era la única ocasión en la que el cristiano recibía el perdón de los pecados y donde renunciaba definitivamente a ellos. Por tanto, no existía ningún rito para recibir el perdón después.

Así que, para conseguir que estas personas volvieran a la vida de la comunidad, la Iglesia instauró la reconciliación posterior al bautismo, pero que se podía recibir solo una vez en la vida. La persona arrepentida de su apostasía debía confesar públicamente su pecado al obispo. Entonces, el obispo le imponía una penitencia para que entrara a formar parte del grupo de los penitentes, y no podía participar de la celebración de la eucaristía. Pasado un tiempo, y tras cumplir la penitencia, el obispo le imponía las manos para transmitirle el perdón de Dios y ser admitido de nuevo a la celebración de la eucaristía.

Años más tarde, durante la Edad Media, la reconciliación pasó de ser una confesión pública a una confesión privada, y desde entonces se puede recibir más de una vez en la vida.

3 Religión del Imperio

1 **Aunque el cristianismo fue perseguido durante los tres primeros siglos, después se convirtió en religión oficial y pasó a tener un puesto central en la vida política del Imperio romano. Pero Jesús, con su vida, dejó claro que no se podía mezclar el poder con el evangelio. Lee el texto donde Jesús muestra qué relación debe darse entre la religión y la política.**

- ¿Con qué objetivo los sumos sacerdotes y escribas envían espías a Jesús?
- ¿Qué preguntan a Jesús?
- ¿Cuál es su respuesta?
- ¿Qué opinas sobre el razonamiento que usa Jesús para responder y no caer en la trampa?

LEER LA BIBLIA

AL CÉSAR LO QUE ES DEL CÉSAR

Los sumos sacerdotes y los escribas, comprendiendo que había dicho la parábola por ellos, intentaban echarle mano en aquel mismo momento, pero tuvieron miedo al pueblo. Y, manteniéndose ellos al acecho, le mandaron unos espías que simulaban ser justos, con el fin de sorprenderlo en alguna palabra y así poder entregarlo al poder y autoridad del gobernador. Le preguntaron, pues:

—Maestro, sabemos que hablas y enseñas con rectitud y no tienes acepción de personas, sino que enseñas según verdad el camino de Dios. ¿Es lícito que nosotros paguemos tributo al César o no?. Habiendo advertido su astucia, les dijo:

—Mostradme un denario. ¿De quién es la imagen y la inscripción?

Le dijeron:

—Del César.

Y él les dijo:

—Pues bien, dad al César lo que es del César y a Dios lo que es de Dios.

Y no pudieron acusarlo ante el pueblo de nada de lo que decía; y se quedaron mudos, admirados de su respuesta.

Lc 20,19-26

Denario. Mérida

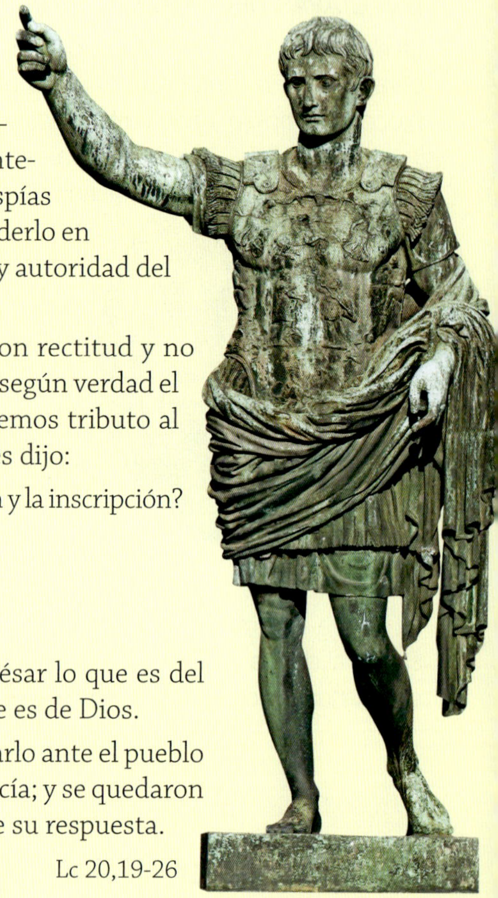

César Augusto. Roma

2 **Cuando el cristianismo se promulgó religión oficial del Imperio, se obligó a todos los ciudadanos a convertirse y creer en el mensaje de Jesús. De esta forma, ser cristiano no era una opción libre sino una imposición. Lee la siguiente parábola de Jesús.**

- Explica qué pasa con la semilla según sea el lugar donde caiga.
- ¿Quién puede ser el sembrador?
- Según esta parábola, ¿la fe se impone o se anuncia y cada uno la acepta libremente?

EL SEMBRADOR

Salió el sembrador a sembrar. Al sembrar, una parte cayó al borde del camino; vinieron los pájaros y se la comieron. Otra parte cayó en terreno pedregoso, donde apenas tenía tierra, y como la tierra no era profunda brotó enseguida; pero en cuanto salió el sol, se abrasó y por falta de raíz se secó. Otra cayó entre abrojos, que crecieron y la ahogaron. Otra cayó en tierra buena y dio fruto: una, ciento; otra, sesenta; otra, treinta. El que tenga oídos, que oiga.

Mt 13,3-9

VAN GOGH, *El sembrador* (detalle). Otterlo, Holanda

¿Utilizan las religiones el poder para imponer sus creencias?
¿En una sociedad democrática se debe permitir la expresión de la fe?

A MI ALREDEDOR

DECLARACIÓN UNIVERSAL DE DERECHOS HUMANOS

Toda persona tiene derecho a la libertad de pensamiento, de conciencia y de religión; este derecho incluye la libertad de cambiar de religión o de creencia, así como la libertad de manifestar su religión o su creencia, individual y colectivamente, tanto en público como en privado, por la enseñanza, la práctica, el culto y la observancia. ART. 18

CONSTITUCIÓN ESPAÑOLA

Se garantiza la libertad ideológica, religiosa y de culto de los individuos y las comunidades sin más limitación, en sus manifestaciones, que la necesaria para el mantenimiento del orden público protegido por la ley.

Nadie podrá ser obligado a declarar sobre su ideología, religión o creencias.

Ninguna confesión tendrá carácter estatal. Los poderes públicos tendrán en cuenta las creencias religiosas de la sociedad española y mantendrán las consiguientes relaciones de cooperación con la Iglesia católica y las demás confesiones. ART.16

CONCILIO VATICANO II

La persona tiene derecho a la libertad religiosa. Esta libertad consiste en que todos los hombres han de estar inmunes de coacción, tanto por parte de individuos como de grupos sociales y de cualquier potestad humana, y esto de tal manera que, en materia religiosa, ni se obligue a nadie a obrar contra su conciencia, ni se le impida que actúe conforme a ella en privado y en público, solo o asociado con otros, dentro de los límites debidos.

Dignitatis humanae n.º 2a

3 **Aunque, en algunos momentos de la historia, el poder y la religión se han unido, las sociedades democráticas han establecido la libertad de conciencia y de religión como uno de sus principios fundamentales de la dignidad humana. La Iglesia católica defiende también la libertad religiosa como un derecho fundamental de las personas para respetar sus conciencias.**

- ¿En qué consiste la libertad religiosa?
- ¿Cómo se debe actuar para que se respete la libertad religiosa?
- ¿Por qué es necesario que el derecho a la libertad religiosa esté recogido en estas colecciones de documentos normativos?
- ¿Piensas que la sociedad Española respeta siempre este derecho? Pon algún ejemplo.

De perseguidos a tolerados

En los inicios del siglo IV, se produjo un cambio trascendental en la relación del poder político de Roma con los cristianos. El emperador Constantino, en el año 313, estableció la tolerancia religiosa con el Edicto de Milán. Gracias a esta orden imperial, el cristianismo dejaba de ser una religión prohibida y perseguida y se convertía en una religión más del Imperio, pudiendo ser practicada libremente. Con este documento, Constantino comenzó el acercamiento entre el poder y el cristianismo, como agradecimiento a la ayuda de Dios en su victoria frente a Majencio, su rival para ser emperador. Según una leyenda, anteriormente a la batalla del puente Milvio, Constantino tuvo la visión de una cruz y un sueño en el que se le pedía que pusiese ese signo en los escudos. Constantino cumplió con lo que se le pedía en el sueño y derrotó a Majencio, quedándose como emperador del Imperio romano de Occidente.

Desde entonces, Constantino favoreció al cristianismo frente a otras religiones. Dio una buena posición social a los cristianos y les donó territorios y edificios para el culto, incluso mandó construir una basílica sobre la tumba de Pedro. Además, convocó el Concilio de Nicea para frenar las herejías y para evitar divisiones que rompieran la unidad política del Imperio.

Religión oficial del Imperio

En el año 380, con el Edicto de Tesalónica, el emperador Teodosio convirtió al cristianismo en la religión oficial del Imperio. Esto supuso que los ciudadanos del Imperio debían hacerse cristianos y abandonar las demás religiones las cuales fueron prohibidas. Así, el cristianismo pasó de ser una religión perseguida a ser la religión oficial y única del Imperio romano. Desde ese momento, comenzó una cristianización de toda la vida social, dando lugar a una civilización y cultura marcadamente cristiana que perdura hasta hoy día:

Se instauró el calendario cristiano, con el domingo como festividad semanal y con las celebraciones de la Navidad y de la Semana Santa; los ritos paganos que celebraban los cambios de estación se cristianizaron; poco a poco se eliminó la esclavitud y los juegos con sacrificios humanos; se desarrolló una legislación sobre la familia que favorecía la estabilidad del matrimonio y la protección de la infancia; la Iglesia comenzó a tener un papel más activo en la vida social.

Pero muchos cristianos no aceptaron este trato de favor por parte del poder político y reclamaron con insistencia la independencia de la Iglesia con respecto al emperador, pues se sentían utilizados para los intereses del poder imperial.

Protagonista en el Imperio

Perseguidos por Cristo

- Jesús anunció a sus discípulos que ellos también serían perseguidos a causa de su nombre.
- El primer emperador que persiguió a los cristianos fue Nerón, quien los acusó de haber provocado el incendio de Roma.
- Los "padres apologetas" defendieron al cristianismo de los ataques exteriores (autoridades políticas) e interiores (herejías).

Un cristianismo exigente

- En los primeros siglos, ser cristiano era un compromiso exigente, ya que en muchas ocasiones se arriesgaba la propia vida.
- Los apóstatas que habían renunciado a la fe cristiana podían volver a ella mediante el perdón.

Religión del Imperio

- Con el Edicto de Milán (año 313), el cristianismo dejaba de ser una religión perseguida y pasaba a ser tolerada.
- Con el Edicto de Tesalónica (año 380) el cristianismo se convirtió en la religión oficial del Imperio.

smSaviadigital.com
MAPA CONCEPTUAL
Despliega.

SABER MÁS...

LA IGLESIA ES SANTA

La Iglesia, unida a Cristo, está santificada por él; con él y en él, ella también ha sido hecha santificadora. Todas las obras de la Iglesia se esfuerzan en conseguir la santificación de los hombres en Cristo y la glorificación de Dios. En la Iglesia es en donde está depositada la plenitud total de los medios de salvación. Es en ella donde conseguimos la santidad por la gracia de Dios.

La Iglesia, en efecto, ya en la tierra se caracteriza por una verdadera santidad, aunque todavía imperfecta. En sus miembros, la santidad perfecta está todavía por alcanzar: Todos los cristianos, de cualquier estado o condición, están llamados cada uno por su propio camino, a la perfección de la santidad, cuyo modelo es el mismo Padre.

Al canonizar a ciertos fieles, es decir, al proclamar solemnemente que esos fieles han practicado heroicamente las virtudes y han vivido en la fidelidad a la gracia de Dios, la Iglesia reconoce el poder del Espíritu de santidad, que está en ella, y sostiene la esperanza de los fieles proponiendo a los santos como modelos e intercesores [...].

CIC n.º 824.825.828

- ¿Cuál es la causa de la santidad de la Iglesia?
- ¿Por qué la santidad de la Iglesia en la tierra aunque es verdadera es imperfecta?
- ¿Qué objetivo tiene la Iglesia al canonizar o declarar santos a ciertas personas?

Actividades complementarias

1 **Completa el siguiente acróstico en tu cuaderno. Ten en cuenta lo trabajado en esta unidad.**

1							M	●	●	●	●				
2			●	●	●	●	A	●	●	●	●	●			
3					●	●	R	●	●						
4					●	●	T	●	●	●	●	●	●		
5	●	●	●	●	●	●	I	●	●	●	●	●	●	●	
6			●	●	●	●	R	●	●	●	●				
7	●	●	●	●	●	●	I	●							
8					●	●	O	●	●	●	●	●	●	●	●

1. Nombre del edicto que estableció la libertad para el cristianismo.
2. Al hacerse el Imperio romano oficialmente cristiano progresivamente fue desapareciendo la...
3. Primer emperador que persiguió a los cristianos.
4. Lugar donde fueron enterrados los mártires.
5. Nombre del rito por el cual una persona que había renunciado a la fe volvía a ser admitida a la vida de la comunidad.
6. Forma de realizar el bautismo en los orígenes del cristianismo.
7. Nombre del emperador que proclamó el Edicto de Tesalónica.
8. Herejía que defendía que la salvación se daba por un conocimiento secreto.

2 **Une en tu cuaderno las palabras de las dos columnas y explica el motivo de tu elección.**

Constantino •	• defensa del cristianismo
catecúmeno •	• herejía
Teodosio •	• morir por Cristo
penitente •	• Edicto de Milán
mártir •	• reconciliación
padre apologeta •	• Edicto de Tesalónica
Ebionismo •	• iniciación cristiana

3 **El arte paleocristiano es el que se desarrolló en los primeros seis siglos del cristianismo. Observa esta imagen de un objeto hecho en este período y contesta a las preguntas.**

- Este objeto era clave para celebrar uno de los sacramentos en la comunidad cristiana, ¿cuál era?
- ¿Por qué estos objetos estaban situados en la puerta de los templos cristianos o incluso fuera de ellos?

4 **El cuadro dedicado a las mártires santa Leocadia y santa Engracia es una obra que está en el monasterio de san Lorenzo de El Escorial y que realizó, en el siglo XVI, el pintor toledano Luis de Carvajal. Obsérvalo y contesta en tu cuaderno las siguientes preguntas.**

- Según el pintor, indica quién es cada una.
- En las figuras hay detalles relacionados con el martirio que sufrieron. Describe en tu cuaderno dónde están los siguientes objetos: clavo, garfio, palma y cruz grabada.
- Uno de los anteriores objetos es el símbolo de los mártires, ¿por qué?

5 **Ordena cronológicamente estos hechos de la historia de la Iglesia y encontrarás un pensamiento de san Ireneo de Lyon, uno de los padres apologetas.**

de Dios / incendio de Roma	La gloria / Jesús resucita
viviendo / Ed. de Tesalónica	es el ser / padres apologetas
en plenitud. / domingo: fiesta	humano / Edicto de Milán

smSaviadigital.com **VALORA LO APRENDIDO**
¿Qué has aprendido?

[Por dentro]

Las personas que han dado la vida por sus ideas y creencias tienen una característica en común: la autenticidad.
Son personas que han mostrado que merece la pena ser fieles y luchar por mantener unos ideales.

soy auténtico

La persona es un ser abierto que se va construyendo con sus decisiones. No existe un destino marcado al cual se adaptan las personas, sino que en sus manos está lo que ellos quieren ser, y serán lo que decidan que quieren ser. Por eso, las decisiones que tome cada persona deben responder a lo que es y quiere ser. De esta forma, podrá llegar a ser persona auténtica.

1 Lee el siguiente testimonio de Paco, un muchacho de dieciocho años que cuenta cómo quiere vivir su vida.

- ¿Cuál es el objetivo de la persona que escribe este testimonio?
- Explica con tus palabras la frase "¡qué distinto lo que somos de lo que pudimos ser!".
- ¿Qué relación tiene la autenticidad con la felicidad?
- ¿Qué relación tiene la autenticidad con la libertad?

2 Solo puedes ser auténtico si sabes qué quieres ser en tu vida y cómo quieres ser.

- Imagínate al final de tu vida, ¿cómo te gustaría ser?
- ¿Qué cosas no te ayudan a ser como tú eres?
- Enumera los cinco valores más importantes de tu vida.
- ¿Alguna vez has tenido que tomar una decisión donde podías ir en contra de estos valores? ¿Qué decidiste?

Ser lo que puedo ser

Quiero dar testimonio de lo que vivo. Deseo llegar a descubrir el porqué de mis actuaciones, el modo profundo por el que me muevo. Saber por qué actúo y en qué empleo mi tiempo y mis energías. Y saberme contento de hacerlo así. Tomar las riendas de mi vida, que no me encuentre un día diciendo como aquellos viejos: "¡Qué distinto lo que somos de lo que pudimos ser!".

Que toda mi vida tenga una unidad, que mis instintos no guíen mi existencia, que mis gustos y apetencias en cada momento, no sean los que gobiernen mi vida; que mi vida esté dirigida por mi interior, por un objetivo que pueda dar sentido a todos mis actos.

Soy cristiano, pero no me conformo con decirlo. Quiero vivirlo y disfrutar de la felicidad que me produce el saber que Dios me ama y me llama hijo. Él me da la fuerza para recorrer el camino de mi vida con responsabilidad y apoyado en Jesús de Nazaret.

DELEG. DIOCESANA DE CATEQUESIS DE SEVILLA, *Nos ponemos en camino*. PPC

Ser auténtico es una tarea ardua, ya que solemos recibir muchas presiones para que abandonemos nuestros ideales y asumamos los que dictan las modas.

Por fuera

modas y publicidad

La publicidad y las modas son dos de las influencias más poderosas que las personas pueden recibir del exterior. La publicidad está muy presente en la vida de los seres humanos e influye en ellos de manera muy importante. Existen estudios que demuestran cómo la publicidad suscita el consumo de un producto y genera unos determinados usos y costumbres que son las modas, aunque tú creas que decides libremente.

1 **Los anuncios de la televisión y de la prensa están hechos para convencer a las personas de que compren ese producto que anuncian. Normalmente, la publicidad no se limita a presentar las características de lo que anuncian, sino que suelen acompañarlo de una propuesta de vida, de unos valores, de un ideal de felicidad. Observa las imágenes de esta página.**

- ¿Qué productos venden?
- Hay productos que se asocian claramente con una marca. ¿Qué marcas reconoces en esta página? ¿Qué otras conoces tú?
- ¿Qué elementos sueles valorar cuando tienes que comprar algo?, ¿cómo influye la marca en tu decisión?
- ¿Estas de acuerdo con el eslogan de Media Markt? ¿Qué están vendiendo?

2 **Elegir varios anuncios y analizarlos siguiendo las preguntas del ejercicio anterior.**

APÉNDICE BÍBLICO

Unidad 2, p. 24.
Somos seres en relación

JESÚS Y LA SAMARITANA

Llegó Jesús a una ciudad de Samaría llamada Sicar, cerca del campo que dio Jacob a su hijo José; allí estaba el pozo de Jacob. Llega una mujer de Samaría a sacar agua, y Jesús le dice:
—Dame de beber.
Sus discípulos se habían ido al pueblo a comprar comida. La samaritana le dice:
—¿Cómo tú, siendo judío, me pides de beber a mí, que soy samaritana?
Jesús le contestó:
—Si conocieras el don de Dios y quién es el que te dice "dame de beber", le pedirías tú, y él te daría agua viva.
La mujer le dice:
—Señor, si no tienes cubo, y el pozo es hondo, ¿de dónde sacas el agua viva?; ¿eres tú más que nuestro padre Jacob, que nos dio este pozo, y de él bebieron él y sus hijos y sus ganados?
Jesús le contestó:
—El que bebe de esta agua vuelve a tener sed; pero el que beba del agua que yo le daré nunca más tendrá sed: el agua que yo le daré se convertirá dentro de él en un surtidor de agua que salta hasta la vida eterna.
La mujer le dice:
—Señor, dame esa agua: así no tendré más sed, ni tendré que venir aquí a sacarla.
La mujer entonces dejó su cántaro, se fue al pueblo y dijo a la gente:
—Venid a ver un hombre que me ha dicho todo lo que he hecho; ¿será este el Mesías?
Salieron del pueblo y se pusieron en camino adonde estaba él.
En aquel pueblo muchos samaritanos creyeron en él por el testimonio que había dado la mujer:
—Me ha dicho todo lo que he hecho.
Así, cuando llegaron a verlo los samaritanos, le rogaban que se quedara con ellos. Y se quedó allí dos días. Todavía creyeron muchos más por su predicación, y decían a la mujer:
—Ya no creemos por lo que tú dices; nosotros mismos lo hemos oído y sabemos que él es de verdad el Salvador del mundo.

Jn 4,5-15.28-30.39-42

Unidad 2, p. 30.
La fe, un encuentro personal

AUMÉNTAME LA FE

Cuando volvieron a donde estaban los demás discípulos, vieron mucha gente alrededor y a unos escribas discutiendo con ellos. Al ver a Jesús, la gente se sorprendió y corrió a saludarlo. Él les preguntó:
—¿De qué discutís?
Uno de la gente le contestó:
—Maestro, te he traído a mi hijo; tiene un espíritu que no lo deja hablar; y cuando lo agarra, lo tira al suelo, echa espumarajos, rechina los dientes y se queda rígido. He pedido a tus discípulos que lo echen y no han sido capaces.
Él, tomando la palabra, les dice:
—¡Generación incrédula! ¿Hasta cuándo estaré con vosotros? ¿Hasta cuándo os tendré que soportar? Traédmelo.
Se lo llevaron. El espíritu, en cuanto vio a Jesús, retorció al niño; este cayó por tierra y se revolcaba echando espumarajos. Jesús preguntó al padre:

[Textos bíblicos]

SAMARÍA. Región del centro de Palestina. En el 721 a. C., fue invadida por los asirios, que se establecieron allí. Su población estaba constituida por la mezcla de colonos extranjeros y habitantes de la zona, y por eso adoraban a Yahvé y a otros dioses. Vivían, en tiempos de Jesús, enemistados con los judíos, que los despreciaban.

MARCELLO VENUSTI, *Jesús y la samaritana*. Siena, Italia

EL ESPÍRITU MALIGNO. En la cultura de la época de Jesús, desconocían muchas enfermedades. Atribuían a la acción de espíritus malignos enfermedades que hoy son diagnosticadas y tratadas.

Esto ocurría, por ejemplo, con la epilepsia, la histeria, la esquizofrenia y otras enfermedades mentales.

HENRY MOORE, *Cabeza dividida*

Textos bíblicos

—¿Cuánto tiempo hace que le pasa esto?
Contestó él:
—Desde pequeño. Y muchas veces hasta lo ha echado al fuego y al agua para acabar con él. Si algo puedes, ten compasión de nosotros y ayúdanos.
Jesús replicó:
—¿Si puedo? Todo es posible al que tiene fe. Entonces el padre del muchacho se puso a gritar:
—Creo, pero ayuda mi falta de fe.

Mc 9,14-24

Unidad 3, p. 40.
Dios se manifiesta en las alianzas

EL DILUVIO. Los autores de la Biblia utilizaron relatos de otras culturas para transmitir la experiencia de alianza de Dios con la humanidad. En concreto, en las culturas asiria y babilonia, se habla de un diluvio universal en el poema de Gilgamesh. El acontecimiento original del diluvio pudieron ser unas grandes inundaciones ocurridas en Babilonia, la región donde el pueblo de Israel sufría el exilio, que está bañada por los ríos Tigris y el Éufrates, que en época de deshielo y lluvias podían desbordarse inundando sus orillas habitadas.

Arca de Noé. Ilustración de la Biblia de Nuremberg

EL DILUVIO

La tierra estaba corrompida ante Dios y llena de violencia. Dios vio la tierra y, en efecto, estaba corrompida, pues todas las criaturas de la tierra se habían corrompido en su proceder.
Dios dijo a Noé:
—Por lo que a mí respecta, ha llegado el fin de toda criatura, pues por su culpa la tierra está llena de violencia; así que he pensado exterminarlos junto con la tierra. Fabrícate un arca de madera de ciprés. Haz compartimentos en el arca, y calafatéala por dentro y por fuera. La fabricarás así: medirá ciento cincuenta metros de larga, veinticinco de ancha y quince de alta. Haz una claraboya a medio metro del remate, pon una puerta al costado del arca y haz una cubierta inferior, otra intermedia y otra superior.
Yo voy a enviar el diluvio a la tierra para exterminar toda criatura viviente bajo el cielo; todo cuanto existe en la tierra perecerá. Pero yo estableceré mi alianza contigo, y entrarás en el arca con tu mujer, tus hijos y sus mujeres. Meterás también en el arca una pareja de cada criatura viviente, macho y hembra, para que conserve la vida contigo. De cada especie de aves, de ganados y de reptiles de la tierra, entrará una pareja contigo para conservar la vida. Recoge toda clase de alimentos y almacénalos para que os sirva de sustento a ti y a ellos.
Noé hizo todo lo que le mandó Dios.
El Señor dijo a Noé:
—Entra en el arca con toda tu familia, pues tú eres el único justo que he encontrado en tu generación.
Noé entró en el arca con sus hijos, su mujer y sus nueras, para librarse de las aguas del diluvio. De los animales puros e impuros, de las aves y de todos los reptiles de la tierra, entraron con Noé en el arca de dos en dos, macho y hembra, como Dios había mandado a Noé. Pasados siete días, las aguas del diluvio cubrieron la tierra.
En el año seiscientos de la vida de Noé, el día diecisiete del segundo mes, reventaron las fuentes del gran abismo y se abrieron las compuertas del cielo, y estuvo lloviendo sobre la tierra cuarenta días y cuarenta noches.
El año seiscientos uno, el día primero del mes primero se secó el agua en la tierra. Noé abrió la claraboya del arca, miró y vio que la superficie del suelo estaba seca. El día veintisiete del mes segundo la tierra estaba seca.
Entonces dijo Dios a Noé:
—Sal del arca con tu mujer, tus hijos y tus nueras. Haz salir también todos los animales que están contigo, todas las criaturas: aves, ganados y reptiles; que se muevan por la tierra, sean fecundos y se multipliquen en ella.
Dios dijo a Noé y a sus hijos:
—Yo establezco mi alianza con vosotros y con vuestros descendientes, con todos los animales que os acompañan, aves, ganados y fieras, con todos los que salieron del arca y ahora viven en la tierra. Establezco, pues, mi alianza con vosotros: el diluvio no volverá a destruir criatura alguna ni habrá otro diluvio que devaste la tierra.

Y Dios añadió:
—Esta es la señal de la alianza que establezco con vosotros y con todo lo que vive con vosotros, para todas las generaciones: pondré mi arco en el cielo, como señal de mi alianza con la tierra. Cuando traiga nubes sobre la tierra, aparecerá en las nubes el arco y recordaré mi alianza con vosotros y con todos los animales, y el diluvio no volverá a destruir a los vivientes. Aparecerá el arco en las nubes, y al verlo recordaré la alianza perpetua entre Dios y todos los seres vivientes, todas las criaturas que existen sobre la tierra.
Aún dijo Dios a Noé:
—Esta es la señal de la alianza que establezco con toda criatura que existe en la tierra.

Gn 6,11-7,1.7-12;8,13-17;9,8-17

Unidad 4, p. 52.
Una fe que se institucionaliza

EL TEMPLO DE SALOMÓN

Me propongo construir un templo al Nombre del Señor, mi Dios, según lo dicho por el Señor a David mi padre: "Tu hijo, al que pondré en tu lugar sobre tu trono, será quien construya el templo a mi Nombre".
Llegó a Salomón la palabra del Señor que decía:
—Por este templo que estás levantando, si caminas según mis preceptos, obras según mis leyes y guardas todos mis mandatos, caminando conforme a ellos, yo te cumpliré mi palabra, la que prometí a David tu padre: habitaré en medio de los hijos de Israel y no abandonaré a mi pueblo, Israel.
Salomón inició la construcción del templo y la concluyó.
Entonces congregó Salomón a los ancianos de Israel en Jerusalén, todos los jefes de las tribus y los cabezas de familia de los hijos de Israel ante el rey, para hacer subir el arca de la alianza del Señor desde la ciudad de David, Sión.
Dijo entonces Salomón:
—El Señor puso el sol en los cielos, mas ha decidido habitar en densa nube. He querido erigirte una casa para morada tuya, un lugar donde habites para siempre. Y ahora, Dios de Israel, cúmplase la palabra que declaraste a tu siervo David, mi padre. ¿Habitará Dios con los hombres en la tierra? Los cielos y los cielos de los cielos no pueden contenerte, ¡cuánto menos este templo que yo te he erigido! Que día y noche tus ojos se hallen abiertos hacia este templo, hacia este lugar del que declaraste: "Allí estará mi Nombre". Atiende la plegaria que tu servidor entona en este lugar.

1 Re 5,19;6,11-14;8,1.12-13.26-27.29

JUAN BAUTISTA MONEGRO, *Salomón*. San Lorenzo de El Escorial

Interior: con el altar de oro del incienso, la mesa en la que se colocaban doce panes cada sábado y la 'menorá', lámpara de aceite de siete brazos.

Exterior: con el altar donde se sacrificaban animales como ofrendas de fuego.

Sancta sanctórum: con dos querubines que franqueaban el arca de la alianza, donde estaban las tablas de los Diez Mandamientos.

[Textos bíblicos]

JOB representa a las personas honradas que sufren desgracias, y pierde sus bienes, su salud, sus amistades, etc. Este personaje está también representado en las culturas de los sumerios, egipcios y babilonios. Job es un libro sapiencial en el que mediante extensos diálogos y discursos se invita a una confianza total en Dios, por encima de adversidades difíciles de comprender y asumir.

Unidad 4, p.54.

Una fe que desconcierta

JOB

Había en la tierra de Hus un hombre llamado Job. Era justo, honrado y temeroso de Dios y vivía apartado del mal.

Un día que sus hijos e hijas comían y bebían en casa del hermano mayor, llegó un mensajero a casa de Job con esta noticia:

—Estaban los bueyes arando y las burras pastando a su lado, cuando cayeron sobre ellos unos sabeos, apuñalaron a los mozos y se llevaron el ganado. Solo yo pude escapar para contártelo.

No había acabado este de hablar, cuando llegó otro con esta noticia:

—Estaban tus hijos y tus hijas comiendo y bebiendo en casa del hermano mayor, cuando un huracán cruzó el desierto y embistió por los cuatro costados la casa, que se derrumbó sobre los jóvenes y los mató. Solo yo pude escapar para contártelo.

Entonces Job se levantó, se rasgó el manto, se rapó la cabeza, se echó por tierra y dijo:

—Desnudo salí del vientre de mi madre y desnudo volveré a él. El Señor me lo dio, el Señor me lo quitó; bendito sea el nombre del Señor.

A pesar de todo esto, Job no pecó ni protestó contra Dios.

Entonces Satán hirió a Job con llagas malignas, desde la planta del pie a la coronilla. Job cogió una tejuela para rasparse con ella y se sentó en el polvo. Su mujer le dijo:

—¿Todavía persistes en tu honradez? Maldice a Dios y muérete.

Él le contestó:

—Hablas como una necia. Si aceptamos de Dios los bienes, ¿no vamos a aceptar los males?

Job abrió por fin la boca y maldijo su día, diciendo:

—¡Muera el día en que nací!. Me sucede lo que más temía lo que más me aterraba me acontece. Carezco de paz y de sosiego, intranquilo por temor a un sobresalto.

El Señor interpeló a Job:

—¿Te atreves a violar mi derecho, a condenarme por salir tú absuelto?

Job respondió al Señor:

—Reconozco que lo puedes todo, que ningún proyecto te resulta imposible. Te conocía solo de oídas, pero ahora te han visto mis ojos; por eso, me retracto y me arrepiento, echado en el polvo y la ceniza.

El Señor bendijo a Job al final de su vida más aún que al principio.

Job 1,1.13-15.18-22;2,7-10;3,1-3a.25-26;40,1.8;42,1-2.5-6.12a

Unidad. 7, p. 88.

El apóstol Pedro

NEGACIONES DE PEDRO

Jesús les dijo:

—Esta noche os vais a escandalizar todos por mi causa, porque está escrito: "Heriré al pastor y se dispersarán las ovejas del rebaño". Pero cuando resucite, iré delante de vosotros a Galilea.

Pedro replicó:

—Aunque todos caigan por tu causa, yo jamás caeré.

Jesús le dijo:

—En verdad te digo que esta noche, antes de que el gallo cante, me negarás tres veces.

Pedro le replicó:

—Aunque tenga que morir contigo, no te negaré. Y lo mismo decían los demás discípulos.

Los que prendieron a Jesús lo condujeron a casa de Caifás, el sumo sacerdote, donde se habían reunido los escribas y los ancianos. Pedro lo seguía de lejos hasta el palacio del sumo sacerdote y, entrando dentro, se sentó con

los criados para ver cómo terminaba aquello. Pedro estaba sentado fuera en el patio y se le acercó una criada y le dijo:
—También tú estabas con Jesús el Galileo.
Él lo negó delante de todos diciendo:
—No sé qué quieres decir.
Y al salir al portal lo vio otra y dijo a los que estaban allí:
—Este estaba con Jesús el Nazareno.
Otra vez negó él con juramento:
—No conozco a ese hombre.
Poco después se acercaron los que estaban allí y dijeron a Pedro:
—Seguro; tú también eres de ellos, tu acento te delata.
Entonces él se puso a echar maldiciones y a jurar diciendo:
—No conozco a ese hombre.
Y enseguida cantó un gallo. Pedro se acordó de aquellas palabras de Jesús: "Antes de que cante el gallo me negarás tres veces". Y saliendo afuera, lloró amargamente.

Mt 26,31-35.57-58.69-75

Unidad. 7, p. 90.
Las primeras dificultades

PRIMER CONCILIO

Unos que bajaron de Judea se pusieron a enseñar a los hermanos que, si no se circuncidaban conforme al uso de Moisés, no podían salvarse. Esto provocó un altercado y una violenta discusión con Pablo y Bernabé; y se decidió que Pablo, Bernabé y algunos más de entre ellos subieran a Jerusalén a consultar a los apóstoles y presbíteros sobre esta controversia. Ellos, pues, enviados por la Iglesia provistos de lo necesario, atravesaron Fenicia y Samaría, contando cómo se convertían los gentiles, con lo que causaron gran alegría a todos los hermanos. Al llegar a Jerusalén, fueron acogidos por la Iglesia, los apóstoles y los presbíteros; ellos contaron lo que Dios había hecho con ellos. Pero algunos de la secta de los fariseos, que habían abrazado la fe, se levantaron, diciendo:
—Es necesario circuncidarlos y ordenarles que guarden la ley de Moisés».
Los apóstoles y los presbíteros se reunieron a examinar el asunto. Después de una larga discusión, se levantó Pedro y les dijo:
—Hermanos, vosotros sabéis que, desde los primeros días, Dios me escogió entre vosotros para que los gentiles oyeran de mi boca la palabra del evangelio, y creyeran. Y Dios, que penetra los corazones, ha dado testimonio a favor de ellos dándoles el Espíritu Santo igual que a nosotros. No hizo distinción entre ellos y nosotros, pues ha purificado sus corazones con la fe. ¿Por qué, pues, ahora intentáis tentar a Dios, queriendo poner sobre el cuello de esos discípulos un yugo que ni nosotros ni nuestros padres hemos podido soportar? No; creemos que lo mismo ellos que nosotros nos salvamos por la gracia del Señor Jesús.
Toda la asamblea hizo silencio para escuchar a Bernabé y Pablo, que les contaron los signos y prodigios que Dios había hecho por medio de ellos entre los gentiles.
Entonces los apóstoles y los presbíteros con toda la Iglesia acordaron elegir a algunos de ellos para mandarlos a Antioquía con Pablo y Bernabé. Eligieron a Judas llamado Barsabás y a Silas, miembros eminentes entre los hermanos, y enviaron por medio de ellos esta carta: "Hemos decidido, el Espíritu Santo y nosotros, no imponeros más cargas que las indispensables: que os abstengáis de carne sacrificada a los ídolos, de sangre, de animales estrangulados y de uniones ilegítimas. Haréis bien en apartaros de todo esto. Saludos".

Hch 15,1-12.22-23.28-29

Negación de Pedro. San Isidoro, León

El YUGO es un instrumento de madera que se coloca a los animales de tiro en el cuello o en la cabeza, y que va sujeto al carro o al arado. Poner el yugo a los animales significaba sujetarles para exigirles un gran esfuerzo. Por eso, poner un yugo significa también imponer obligatoriamente una carga pesada y difícil de realizar y soportar.

Viajes de Pablo

❶ **Pablo de Tarso fue un fariseo intransigente que persiguió a los discípulos de Jesús hasta su encuentro con Cristo resucitado en el camino de Damasco, hacia el año 35. En el libro de los Hechos de los Apóstoles, sobre todo a partir del capítulo 13, Pablo es el personaje central que impulsó la Iglesia bajo la acción del Espíritu Santo.**

- Escribe en tu cuaderno la lista de los sitios en los que Pablo estuvo en cada viaje.
- Según el mapa, ¿cuántas veces viajó en barco Pablo en sus viajes misioneros?
- Localiza en Google Earth las ciudades que visitó Pablo.

❷ **Pablo dirigió trece cartas a los cristianos de algunas ciudades o regiones para animarles en la fe y exhortarles a ser fieles al mensaje del evangelio. En ellas Pablo afronta situaciones concretas que se plantean en las primeras comunidades.**

- Consulta la Biblia y localiza en el mapa dónde estaban las comunidades a las que Pablo dirigió cartas.
- ¿Cuáles son las comunidades a las que envió dos cartas?
- ¿A qué tres personas concretas les escribió Pablo cartas?

ANTIOQUÍA era la capital de la provincia romana de Siria. Fue la primera comunidad de discípulos de Jesús fuera de Palestina. Allí se les empezó a llamar cristianos. Desde Antioquía partió Pablo a sus viajes misioneros.

En la Iglesia que estaba en Antioquía había profetas y maestros: Bernabé; Simeón, llamado Níger; Lucio, el de Cirene; Manahén, hermano de leche del tetrarca Herodes; y Saulo. Un día que estaban celebrando el culto al Señor y ayunaban, dijo el Espíritu Santo:
—Apartadme a Bernabé y a Saulo para la obra a que los he llamado.
Entonces, después de ayunar y orar, les impusieron las manos y los enviaron.

Hch 13,1-3

GALACIA, región habitada por los gálatas en la zona central de Turquía. En esta región, Pablo fundó, con dificultades, las comunidades de Listra, Iconio y Antioquía de Pisidia. Primero, acudía a las sinagogas de la comunidad judía, aunque con poco éxito. Su mensaje era mejor acogido en casas particulares, donde una familia y sus sirvientes iniciaban una comunidad.

Al ver el gentío, los judíos se llenaron de envidia y respondían con blasfemias a las palabras de Pablo. Entonces Pablo y Bernabé dijeron con toda valentía:
—Teníamos que anunciaros primero a vosotros la palabra de Dios; pero como la rechazáis y no os consideráis dignos de la vida eterna, sabed que nos dedicamos a los gentiles. Así nos lo ha mandado el Señor: Yo te he puesto como luz de los gentiles, para que lleves la salvación hasta el confín de la tierra.

Hch 13,45-47

ÉFESO era el centro comercial, político y religioso de su entorno. Pablo se estableció en ella en el segundo y tercer viaje. En Éfeso fue apresado por la denuncia de los que tenían negocios en torno al templo de Artemisa.

Cierto platero, llamado Demetrio, proporcionaba a los orfebres ganancias no pequeñas labrando en plata templetes de Artemisa. Reuniendo a estos y a los demás obreros del ramo, les dijo:
—Pablo ha seducido a mucha gente diciéndoles que no son dioses los que se fabrican con las manos.
Hch 19,24-25a.26b

CORINTO, ciudad griega abierta por el oeste al mar Jónico y al este al Egeo, y a medio camino entre Esparta y Atenas, tenía uno de los puertos más transitados de la antigüedad. La comunidad allí fundada por Pablo la componían desde estibadores y esclavos hasta ricos mercaderes.

Mirad: por tercera vez estoy a punto de ir a vosotros; y tampoco ahora viviré a costa vuestra. Pues no busco lo vuestro, sino a vosotros. Por mi parte, con sumo gusto gastaré y me desgastaré yo mismo por vosotros.
2 Cor 12,14a.15a

TARSO era una ciudad con gran desarrollo cultural. La mayoría de sus habitantes gozaba de la ciudadanía romana y de sus derechos inherentes, que Pablo utilizó para el desempeño de su tarea misionera.

DERECHOS DE LOS CIUDADANOS ROMANOS

A votar en las asambleas. A hacer contratos legales y tener propiedades. A contraer matrimonio con otra persona ciudadana romana y a que sus hijos fueran también ciudadanos de Roma. A conservar la ciudadanía si se trasladaban a una colonia romana. A la defensa en los tribunales. A apelar las decisiones de los jueces y los magistrados. A no ser torturado, azotado o condenado a muerte, salvo en casos de traición. A ser juzgado en Roma cuando era acusado de traición. En ningún caso un ciudadano podía ser crucificado.

ROMA, capital del Imperio. A ella fue conducido Pablo prisionero por su condición de ciudadano romano. En Roma, Pablo ejerció, junto con Pedro, su labor apostólica consolidando la Iglesia naciente hasta morir en martirio bajo espada.

Los hermanos de Roma, que habían oído hablar de nuestras peripecias, salieron a recibirnos al Foro Apio y Tres Tabernas. Al verlos, Pablo dio gracias a Dios y se sintió animado. Una vez en Roma, le permitieron a Pablo vivir por su cuenta en una casa, con el soldado que lo vigilaba.
Hch 28,15-16

Proyecto didáctico
Equipo didáctico SM/PPC

Autoría
Juan Manuel Rueda

Edición
José Luis Centeno, Raquel Alcalde

Corrección
Tomás Verger

Ilustración
ARCHIVO SM, José Luis Cortés, Patxi Velasco Fano, GlezBros, José Luis Navarro García, SHUTTERSTOCK

Fotografía
Javier Calbet, Fidel Puerta, José Manuel Navia, Matías Costa Marchisio, Sergio Cuesta, María Pía Hidalgo / ARCHIVO SM; Leire Mayendia, Olimpia Torres, Mario Dequel, Félix Moreno Arrastio, Nico Montero, Antonio López García-Nieto, Rogelio Núñez Partido, Diego Lezama Orezzoli; Mel Curtis, Doug Menuez, Nick Rowe / PHOTODISC; GETTY IMAGES / STONE IMAGES; Collection Centre Pompidou, Dist. RMN / Droits réservés / Agence photographique RMN (Réunion de Musées Nationaux); Delfim Martins / Keydisc; Suzanne Tucker / Dreamstime; Alianza Editorial; SIEDE PREIS; DDB Tandem; JUPITER IMAGES / GETTY IMAGES; CONTACTO; EFE; SCALA; FIRO FOTO; ORONOZ; G TRES ONLINE; DIGITAL VISION; CORBIS; IMAGE100; FANCY; PHOVOIR; PHOTOLINK; INGIMAGE; THINKSTOCK; Image Source; Itstockphoto; Brand x Pictures; CORDON PRESS; Ablestock; 123RF; SHUTTERSTOCK; ESO (Observatorio Europeo Austral); iStock; BIG; MUSEO DEL PRADO; AGE FOTOSTOCK; ALBUM

Diseño de cubierta e interiores
Estudio SM

Maquetación
Enrique Castilla, Pedro Martínez

Coordinación técnica y de diseño
Carmen Corrales

Coordinación editorial
José Laguna

Dirección editorial
Pedro Miguel García Fraile

Este libro corresponde al Segundo curso de Educación Secundaria y forma parte del proyecto editorial de Ediciones SM/PPC, que ha sido debidamente supervisado y aprobado por la Comisión Episcopal de Enseñanza y Catequesis, el 25 de abril de 2016.

Todas las actividades contenidas en este libro han de ser realizadas en un cuaderno aparte, nunca en el propio libro. Los espacios incluidos son meramente indicativos y su finalidad es puramente didáctica.

Gestión de las direcciones electrónicas
Debido a la naturaleza dinámica de Internet, Ediciones SM no puede responsabilizarse por los cambios o las modificaciones en las direcciones y los contenidos de los sitios web a los que remite en este libro.

Con el objeto de garantizar la adecuación de las direcciones electrónicas de esta publicación, Ediciones SM emplea un sistema de gestión que redirecciona las URL, que con fines educativos aparecen en la misma, hacia diversas páginas web. Ediciones SM declina cualquier responsabilidad por los contenidos o la información que pudieran albergar, sin perjuicio de adoptar de forma inmediata las medidas necesarias para evitar el acceso desde las URL de esta publicación a dichas páginas web en cuanto tenga constancia de que pudieran alojar contenidos ilícitos o inapropiados. Para garantizar este sistema de control es recomendable que el profesorado compruebe con antelación las direcciones relacionadas y que comunique a la editorial cualquier incidencia a través del correo electrónico **ediciones@grupo-sm.com**.

Parque Empresarial Prado del Espino
C/ Impresores, 2
28660 Boadilla del Monte (Madrid)
ISBN: 978-84-675-8729-6
Depósito Legal: M-3814-2016
Impreso en la UE / *Printed in EU*